媒体融合

——十年十课题

杨驰原 ◎ 编著

中国书籍出版社
China Book Press

图书在版编目（CIP）数据

媒体融合：十年十课题 / 杨驰原编著. —北京：中国书籍出版社, 2024.10

ISBN978-7-5068-9769-3

Ⅰ. G219.2

中国国家版本馆CIP数据核字第20244RB838号

媒体融合：十年十课题

杨驰原　编著

责任编辑	庞　元
责任印制	孙马飞　马　芝
封面题字	刘建华
封面设计	东方美迪
出版发行	中国书籍出版社
地　　址	北京市丰台区三路居路 97 号（邮编：100073）
电　　话	（010）52257143（总编室）　　（010）52257140（发行部）
电子邮箱	eo@chinabp.com.cn
经　　销	全国新华书店
印　　厂	北京永诚印刷有限公司
开　　本	787毫米×1092毫米　1/16
印　　张	21.5
字　　数	486千字
版　　次	2025 年 1 月第 1 版
印　　次	2025 年 1 月第 1 次印刷
书　　号	ISBN 978-7-5068-9769-3
定　　价	158.00 元

版权所有　翻印必究

自 序

前几天出差，在北京大兴国际机场的书店里买了本书——《历史的游荡者》，这是被誉为"史界鬼才"的《翦商》作者李硕大病初愈后的新作，内容是他回顾并精心整理自己自2005年起的历史研究成果，集结成首部学术文集。在飞机上品读之后感到，虽然该书有些文章内容和观点已经很陈旧，但总体来看仍不失为一部可读性、严谨性和专业性很强的历史研究巨作。这给了我很大启发。

自2014年8月18日中央下发《关于推动传统媒体和新兴媒体融合发展的指导意见》到现在，十年间我国媒体融合作为国家战略在各级媒体中强力推进，取得丰硕成果。作为传媒行业专业期刊的《传媒》杂志一直对媒体融合十分关注，开辟了专栏。作为《传媒》杂志主编，本人对媒体融合持续跟踪研究了十年，在媒体机构和高校作了20多场相关讲座，并作为负责人承接和申报了10多个相关课题。受李硕启发，我想：何不将自己十年来研究的课题成果结集出版？

《传媒》的主办单位中国新闻出版研究院作为新闻出版国家智库，每年都会承接大量新闻出版管理部门的课题，院属各部门也会申报很多年度课题，本书所收录的课题，有中宣部和原国家新闻出版广电总局委托的，也有《传媒》自行向中国新闻出版研究院申报立项的。编辑过程中面对一个个亮眼的题目、一页页熟悉的文字，如收藏家抚摸自己的藏品，倍感亲切，如数家珍。同时，做课题过程中的记忆片段也在大脑里奔涌而来……

"媒体融合背景下新闻作品版权保护研究报告"是中宣部2015年11月的委托课题项目，同时委托了几个部门分头做，要求2个月内完成，中国新闻出版研究院领导研究决定把这个"急活"交给传媒杂志社来做。课题结项后，

媒体融合

时任中宣部副部长庹震召集分头做该课题的几个部门负责人到中宣部开结题座谈会，当时我正在武汉出差，得到通知后赶紧买高铁票往回赶，打车、高铁、地铁、步行，折腾得浑身是汗，坐到座谈会椅子上，会议刚好开始。这是一场同课题的大竞技，最终，传媒杂志社根据自己的课题成果压缩整理成《我国新闻作品版权保护现状、问题与对策》，该文在《传媒》发表后，被《新华文摘》全文转载。

"学术期刊出版人才现状调研报告"是2016年5月原国家新闻出版广电总局人事司委托给中国新闻出版研究院的课题，也是"急活"，要求3个月内完成，院领导又把这个"急活"交给了传媒杂志社，原本是安排以传媒杂志社为主，抽调院属其他三家杂志人员组成课题组，后来为集中力量、便于指挥，院班子确定该课题由分管传媒杂志社的院领导牵头，完全由传媒杂志社负责。传媒杂志社举全社之力，组成课题组，分成三个调研组，在短短一个多月的时间里，先后在北京、上海、重庆、辽宁、福建、广西六个省、直辖市、自治区组织了6场座谈会，邀请全国94家学术期刊机构所属的300多家学术期刊的代表进行了座谈。经过数据分析、座谈问题整理，进入撰写阶段。统稿时，我到海南参加会议，一进宾馆，来不及休息，马上对课题初稿从头到尾开始审改。

"报道改革开放新闻作品研究报告"课题，是2018年为纪念我国改革开放40周年传媒杂志社在中国新闻出版研究院所立课题，得到了新华社《新华每日电讯》原总编解国记、时任中国记协国内部主任及光明日报社通联部主任刘昆等行家、大家的支持，评出了40年40文，其中有《实践是检验真理的唯一标准》《东方风来满眼春》等新闻名篇。所评出的40文和这些文章的作者，有很多精彩的故事，我计划把这些故事挖掘、整理出来，以图书加新媒体的形式制作发行，这将对纪念改革开放40周年具有特殊意义，但由于时间、人力所限，未能如愿，现在想起来还满是遗憾。

"全国区县报发展调研报告"是中宣部传媒监管局委托传媒杂志社的课题，有58家区县报需要调研，委托方要求尽量做到全覆盖。按照要求，采取实地走访、召开座谈会与函询三者相结合的调研方式，对58家区县报发展情况进行全面调研摸底。2019年7月1日至8月15日，历时46天，课题组共走访了23家县市报社，组织了两次座谈会。出差密度之大、工作强

自 序

度之大，均属职业生涯纪录。

"中国传媒业创新报告"是中国新闻出版研究院常规课题，每年由院属传媒研究所负责，从2015年起改为由传媒杂志社负责。在撰写《中国传媒业创新报告2016-2017》时，负责课题的两位主力员工一个被借调到中宣部，另一个被高薪挖走了，新员工又无做课题经验，导致课题迟迟没结题，而该课题成果将在数日后于贵阳召开的第十二届中国传媒年会上发布，时间紧任务重，我就在筹备年会之余抽出一天时间集中统改课题，干到傍晚已经很疲劳了，晚餐就想加点能量，于是点了一瓶6.6两装的红星二锅头，喝掉后从20点30分一口气干了5个半小时，到凌晨2点完工。7年前的我还算年轻，有战斗力，现在喝上三两就昏昏欲睡了。

本书收录了2014年到现在十年间我作为课题组负责人所做的20多个课题中选出的10个质量较高的课题。每个课题从选题到立项、从开题到调研、从经费管理到统稿审改，我都亲力亲为。因此，每个课题当年的艰难曲折都历历在目，现在这些艰难曲折都变成了温馨回忆。

我自知不是科研高手，我所带的团队以年轻人为主，科研能力也欠佳，因此有些课题不得不借助外力，中国人民大学周蔚华教授、宋建武教授、匡文波教授三位传媒教育界大咖及其团队，以及中国新闻出版研究院杨春兰、新华社研究院陈国权、中国地市报人杂志社主编高秉喜等专家，对相关课题给予了大力支持，在此深表谢意。但愿这些凝聚着我和我的传媒杂志社团队，凝聚着上述专家学者智慧和汗水的课题的结集出版，能给学界业界的研究者提供些许参考；但愿这本课题集能对媒体融合未来的深度实践和理论探索发展提供一些思路和借鉴。

传媒杂志社社长兼主编　杨驰原
2024年8月23日于哈尔滨玉翠秀府

目录 CONTENTS

引　编　我国媒体深度融合的动力及趋势 / 1

第一编　**我国地市级媒体融合发展情况调研报告 / 9**
　　第一章　课题立项背景和调研情况 / 11
　　第二章　地市媒体融合的基本情况：占领新阵地 / 15
　　第三章　地市媒体融合的发展方向：拓展新功能 / 24
　　第四章　地市媒体融合的提升策略：激发新动能 / 35
　　第五章　地市媒体融合的未来发展：探索新路径 / 41

第二编　**媒体融合背景下新闻作品版权保护研究报告 / 47**
　　第一章　新闻作品版权保护的现状 / 50
　　第二章　目前新闻作品版权保护存在的问题及危害 / 55
　　第三章　加强新闻作品版权保护的建议 / 61
　　第四章　附　录 / 67

第三编　**以审批准入推动媒体融合发展课题研究 / 85**
　　第一章　媒体融合和网络出版的政策背景 / 87
　　第二章　调研方法与问题设定 / 90
　　第三章　被调研网络出版单位类别和股份构成 / 92

第四章　被调研单位融合发展取得的成果 / 94
第五章　通过调研发现被调研单位发展存在问题 / 103
第六章　对策和建议 / 107

第四编　全国区县报发展调研报告 / 111

第一章　调研方法与问题设定 / 113
第二章　调研情况 / 114
第三章　调研成果 / 116
第四章　取得的成绩 / 119
第五章　面临的困境与挑战 / 123
第六章　对策与建议 / 131

第五编　学术期刊出版人才现状调研报告 / 137

第一章　学术期刊出版人才队伍建设基本情况 / 140
第二章　加强学术期刊出版人才队伍建设的措施和成效 / 145
第三章　我国学术期刊出版人才队伍建设存在的主要问题
　　　　及其成因分析 / 152
第四章　加强学术期刊出版人才队伍建设的建议 / 162
附录：《学术期刊出版人才现状调查问卷》分析报告 / 166

第六编　中国传媒创新报告（2017—2018） / 179

第一章　2017—2018年传媒业创新背景 / 181
第二章　2017—2018年传媒业十大创新亮点 / 185
第三章　传媒业创新发展的趋势 / 193
第四章　2017—2018年媒体创新案例 / 196

目 录

第七编　报道改革开放新闻作品研究报告 / 203

第一章　改革开放 40 年相关新闻报道综述 / 205

第二章　新闻报道对推进改革开放的意义 / 217

第三章　报道改革开放新闻作品蕴含的新闻价值 / 229

第四章　报道改革开放的优秀新闻作品——40 年 40 文 / 233

第八编　我国新闻采编队伍现状调查研究 / 237

第一章　我国新闻采编人员队伍建设基本情况 / 239

第二章　我国新闻采编队伍建设存在的主要问题及其成因分析 / 243

第三章　加强新闻采编队伍建设的建议 / 250

第九编　融媒时代"中央厨房"的运作模式与发展趋势报告 / 257

第一章　融媒体时代"中央厨房"的建设背景与概述 / 259

第二章　"中央厨房"的发展现状与运作模式 / 264

第三章　"中央厨房"发展存在的问题及应对策略 / 269

第四章　对"中央厨房"发展的建议 / 274

第五章　"中央厨房"的实践案例 / 278

第十编　我国手机媒体发展现状与趋势 / 289

第一章　手机媒体的定义、特点和研究现状 / 291

第二章　手机媒体的发展阶段及其引发的传播变革 / 297

第三章　手机媒体发展现状 / 309

第四章　手机媒体发展中存在的问题 / 318

第五章　手机媒体未来发展趋势 / 325

第六章　推动我国手机媒体进一步发展的对策建议 / 329

引 编

我国媒体深度融合的动力及趋势

此文发表在《传媒》2021年第24期

进入新世纪以来，尤其是近十年间，在互联网技术的飞速发展和推动下，新媒体发展迅猛，在新媒体的冲击下，传统媒体日渐式微，各国都在探索通过媒体融合，保持和提高媒体的传播力、引导力、影响力、公信力，以实现媒体在移动互联网时代的健康发展。但由于国情和体制不同，各国媒体融合的发展路径选择也完全不同，我国的媒体融合在上升为国家战略后，通过七年艰苦卓绝的探索，形成了鲜明的中国特色，在三大动力的合力之下，正在加快向纵深发展。

第一动力：顶层设计——牵引力

　　我国的媒体融合，以2014年8月18日中央发布的《关于推动传统媒体和新兴媒体融合发展的指导意见》为标志，可分为前后两个时期：前期是媒体的自发探索期，投入少，实践者也少，多数在观望；2014年媒体融合上升为国家战略后，习总书记和党中央对媒体融合发展做出进一步的指示和战略部署，这种顶层设计形成的巨大牵引力，是媒体融合发展的最大动力，具体体现在以下三个方面。

（一）习总书记和党中央的高度重视和具体谋划

　　2016年2月19日，习近平总书记在党的新闻舆论工作座谈会上讲道："党的新闻舆论工作是党的一项重要工作，是治国理政、定国安邦的大事，要适应国内外形势发展，从党的工作全局出发把握定位，坚持党的领导，坚持正确政治方向，坚持以人民为中心的工作导向，尊重新闻传播规律，创新方法手段，切实提高党的新闻舆论传播力、引导力、影响力、公信力。"媒体融合是做好新闻舆论工作的重要战略部署，2019年1月25日上午，中共中央政治局就全媒体时代和媒体融合发展举行第十二次集体学习,习总书记发表了重要讲话,人民网特意摘取十大"金句",供网友阅读。十大"金句"对媒体融合的未来发展既有宏观指示,又有具体部署。习总书记还在多个会议、多种场合谈过媒体融合发展,这是世界各国元首从未有过的,充分体现了以习近平同志为核心的党中央对媒体融合的高度重视。

(二)新政频出

中央和相关媒体管理部门出台了一系列推动和规范媒体融合发展的政策。笔者供职的《传媒》杂志自2011年起,每年年初都对前一年的传媒新政进行盘点,每年推评年度十大传媒新政。通过2014年以来7年间的盘点发现在这些新政中,绝大部分是关于媒体融合或与媒体融合相关的。具有代表性的是《关于推动传统媒体和新兴媒体融合发展的指导意见》《关于加强县级融媒体中心建设的意见》《关于加快推进媒体深度融合发展的意见》三个政策。据此,笔者整理和选定了7年间推动媒体融合发展的十大新政。

2014—2021年媒体融合发展十大新政

序号	名称	发布时间	发布单位
1	《关于推动传统媒体和新兴媒体融合发展的指导意见》	2014.8.18	中央深改组
2	《关于积极推进"互联网+"行动的指导意见》	2015.7	国务院
3	《三网融合推广方案》	2015.9	国务院办公厅
4	《关于在全国范围全面推进三网融合工作深入开展的通知》	2016.3.1	国务院三网办
5	《关于进一步加快广播电视媒体与新兴媒体融合发展的意见》	2016.7.18	国家新闻出版广电总局
6	《国家"十三五"时期文化发展改革规划纲要》	2017.5.7	中办、国办
7	《关于加强县级融媒体中心建设的意见》	2018.11.14	中央全国深改委
8	《网络音视频信息服务管理规定》	2019.11.18	国家网信办、文旅部、国家广电总局
9	《关于加快推进媒体深度融合发展的意见》	2020.9	中办、国办
10	《广播电视和网络视听"十四五"科技发展规划》	2021.10.20	国家广电总局

（三）是会议部署

媒体融合的目标是做大做强主流舆论，为加强党的新闻舆论工作，2016年2月19日，中央召开党的新闻舆论工作座谈会，习近平总书记在讲话中明确指出了在新的时代条件下党的新闻舆论工作职责和使命的"48字"方针；2017年1月5日，中宣部组织召开了推进媒体深度融合工作座谈会；2018年9月19日，中宣部在上海召开媒体深度融合现场推进会，认真学习领会和贯彻落实习近平总书记在全国宣传思想工作会议上的重要讲话精神，研究借鉴解放日报·上观新闻整体转型的探索实践，交流各地各媒体的经验做法；2018年9月20日至21日，中宣部在湖州市长兴县召开县级融媒体中心建设现场推进会，总结交流各地经验做法，对在全国范围推进县级融媒体中心建设作出部署安排，要求2020年底基本实现在全国的全覆盖。这些会议的部署也是顶层设计的重要组成部分，为推进媒体融合发展起到了积极作用。

第二动力：新科技应用——推动力

科技是社会发展的最重要推动力，回顾新闻业的发展，从手抄到活字印刷，从铅与火到激光照排，从音频到视频再到短视频，每一次跨越都是科技进步的结果。近几年，VR、AR、MR、AI以及区块链、裸眼3D等新技术在传媒领域的应用越来越广、越来越深入，已经应用到采编、经营、生产和分发、版权保护等各个方面。

（一）采编方面

VR新闻、写稿机器人、AI合成主播、区块链编辑部都是近几年涌现的传媒新科技在采编方面的应用。

中央各大媒体和部分省市媒体积极探索VR新闻，所推出的新闻报道具有沉浸式特点，颇受受众欢迎，其中以央视为代表。打开央视网，在其"新视角"频道里，设置了《VR浸新闻》栏目，分VR暖故事、VR大事件、VR任意门、VR大突发四个板块，内容十分丰富。长城新媒体集团注重技术赋能，运用视频、直播、VR、AR、MR等新视频形态提升内容新颖性，提升主旋律内容传播力、感染力，推出系列新媒体产品。

写稿机器人早期最著名的"快笔小新"，是2015年11月7日新华社正式推出的机器人写稿项目。后起之秀是封面新闻开发的"小封"，2018年6月的世界杯期间，小封发表的稿件总阅读量超2亿，被誉为"世界杯明星记者"；目前每月写稿量过万，写稿的领域涉及体育、财经、生活、科技等8大类别24个小类。

AI合成主播在新华社、光明日报等媒体应用较早、影响大，新华社与搜狗公司继2018年推出全球首个AI主播、2019年推出全球首个AI女主播以后，在2020年两会期间又推出了3D立体版AI主播"新小微"。

全国首个区块链编辑部是2020年5月20日由长江云倡导、12个省市的主流新媒体参与的，秉持"策划众筹""传播去核"的运行理念。该编辑部紧扣全国两会重要议程，利用各家媒体资源优势，运用5G传播、AI人工智能、异地全息投影等新媒体传播技术，开展云端大型联合报道。

（二）经营方面

5G的赋能，使各媒体开始尝试利用媒体新技术做经营，取得初步成效。例如，作为人民日报媒体技术公司的主打项目，其精心打造的全国党媒平台可为合作伙伴提供H5制作工具、VR/AR、无人机、人工智能等全方位技术支撑，降低驾驭新技术的门槛。全国党媒信息公共平台还针对短视频、5G通信、智慧媒体等技术领域进行建设规划，在拓宽网络全渠道、加强地方媒体平台级联动、提供融媒体中心技术支持等方面发力，为入驻党媒持续赋能。再如，荆州日报城市融媒体中心通过VR技术展现荆州文化旅游和红色旅游资源。推出的云端沉浸式展览展示服务平台，通过合作可以为党建、旅游景点、房产家居、卫生健康等行业提供VR全景展示、策划、拍摄、制作发布以及分享服务。

（三）生产和分发方面

央视网、人民日报、封面新闻、新浪新闻等优秀的智慧广电、智慧报业、智慧商业平台代表，不断深化在智能创作、生产流程智能化、AI主播、智能分发等领域的创新引领，带动传媒行业智能化转型，打造以用户为中心，以人工智能、大数据为引擎的智能媒体。例如，2018年新华智云推出的"媒体大脑·MAGIC短视频智能生产平台"，宣告短视频生产进入智能时代，三年来得到广泛应用。

（四）版权保护方面

区块链技术的去中心化和不可逆改性等特征推动了数据储存革命，简化数据存储、管理、取证流程，近年来应用到版权尤其是新媒体版权保护方面。2021年9月24日，中央网信办秘书局、中宣部办公厅等17个部委办公厅（司）共同下发《关于组织申报区块链创新应用试点的通知》，其中试点内容第8项是"区块链+版权"。笔者2019年初到美国培训和考察，了解到美国对应用区块链保护新媒体版权十分重视，15天的培训，有3位专家讲新媒体如何利用区块链来做版权保护。

第三动力：发展资金充沛——驱动力

媒体融合发展，仅有顶层设计的牵引力、新技术应用的推动力是不够的，融合需要资金来投入，这就需要第三动力——发展资金相对充沛的驱动力。

为推动媒体融合，我国从中央到地方都投入了比较充沛的资金。中央文化体制改革和发展工作领导小组办公室决定自2019年起建设"国家文化产业发展项目库"，每年遴选一批重点文化产业项目入库，原新闻出版改革发展项目库入库项目纳入国家文化产业发展项目库管理。该项目库重点申报方向中第一项"新闻信息服务"、第二项"内容创作生产"和第四项"文化传播渠道"，都与媒体融合密切相关，国家每年拿出大量资金来扶持这些项目。地方党委和政府在支持媒体融合发展方面也不遗余力，重庆财政每年投入1亿元融合发展资金，5000万元给报业，5000万元给广电；上海的澎湃新闻、江苏的交汇点客户端、山东的新黄河客户端等，都获得了不菲的专项资金支持。

反观美国，作为传媒业最发达的国家之一，美国的媒体融合可以用"起得早、队形散、步伐慢"来形容。步伐慢就慢在缺少融合发展资金。美国的媒体都属于商业媒体，市场化程度高，投资讲求回报，对媒体融合这样投入高、见效慢或风险大的项目，各媒体的投入都是谨小慎微的，这一点笔者在2019年在美国考察学习时深有感触。当时笔者参观了纽约媒体实验室，这是一个由来自纽约的大学和媒体公司组成的联合开发实验室，致力于推进新兴媒体技术的研究与创新。2018年在南昌举办的首届世界VR产业大会，纽约媒体实验室执行董事贾斯汀·亨德里克斯应邀出席并发表了演讲，内容很精彩，讲的是未来媒体技术，因为这个缘由，笔者和培训班其他同学慕名前去，但大失所望。该实验室是在一个很破旧的厂房里边建起来的，没看到现代技术场景，也没看到先进媒体设备。亨德里克斯一再解释，资金短缺，正在想办法完善实验室。与之相比，我国一些普通高校的新闻传播学院或相关研究机构，如中山大学、西北政法大学、大连外国语大学、武汉理工大学，笔者去过的几家，他们教学实验室的设备都非常先进，都是纽约媒体实验室没法比的。当然，我们的资金和设备有较严重的浪费现象，这点是需要重点改进的。

媒体深度融合的三大趋势

我国的媒体融合在政策的牵引力、技术的推动力、资金的驱动力"三驾马车"的合力之下，取得突破性进展，融合发展呈现出鲜明的中国特色，未来可期。

（一）在第二个百年新征程中，媒体深度融合将助力主力军挺进主战场

目前正在进行的党史教育，让我们重温了党媒在我党百年历史中发挥的巨大作用。2020年9月，中办、国办印发了《关于加快推进媒体深度融合发展的意见》，提出要推动主力军全面挺进主战场，以互联网思维优化资源配置，把更多优质内容、先进技术、专业人才、项目资金向互联网主阵地汇集、向移动端倾斜，让分散在网下的力量尽快进军网上、深入网上，做大做强网络平台，占领新兴传播阵地。站在我党第二个百年的新起点，如何尽快让党媒主力军挺进主战场，是占领主流舆论阵地的关键。媒体深度融合可以使我们的主力军更强大，更能适应网络主战场，更能发挥出引领导向、传播正能量的作用，能够更好地完成习近平总书记在党的新闻舆论工作座谈会上提出的"48字"职责使命。

（二）传统媒体融合发展形成的影响力将逐步转化实现盈利

近年来，传统媒体通过融合发展，影响力得到很大提升。从中央媒体来看，新华社客户端目前下载量已经突破2.7亿，综合影响力位居国内媒体前列；人民日报官方微博上线至今，粉丝已达1.2亿。地方媒体几乎都建立了自己的"两微一端"，发行几万份的报纸，其"两微一端"的粉丝、下载量可达十几万甚至几十万。但如何将影响力变成盈利是融合发展的关键问题，这个问题不解决好，不能变"输血"为"造血"，就无法实现可持续发展。经过近年的不断探索，现在这一问题已经初见曙光。在笔者的采访和调研中了解到，一些主流媒体所办新媒体已经实现了盈利，上海报业集团2020年已经实现新媒体收入占比超过50%的业绩，封面传媒、新湖南客户端、掌上春城客户端等也都实现了盈利。未来，这种变影响力为盈利，将成为主流媒体融合发展的主攻方向。

（三）文化强国建设为媒体融合提供了大显身手的绝佳机遇

党的十九大报告提出，中国特色社会主义进入新时代，我国社会主要矛盾已经转化为人民日益增长的美好生活需要和不平衡不充分的发展之间的矛盾。媒体面临的主要任务是：在引领导向的同时，如何满足人民群众日益增长的文化需求。2021年3月11日，十三届全国人大四次会议表决通过了关于国民经济和社会发展第十四个五年规划和2035年远景目标纲要的决议，提出到2035年建成文化强国。2021年9月17日，习近平总书记在长沙考察，第一次专门视察文化产业园区，提出必须格外重视发展文化产业。在文化强国建设背景下，媒体融合将大显身手，成为建设文化强国的重要力量。

（此课题主要观点被《新华文摘》2022年08期《论点摘编》栏目转发）

第一编

我国地市级媒体融合发展情况调研报告

中国新闻出版研究院（2021年）院级课题
编号：2021-Y-YME-071

负责人：杨驰原
所在单位/部门：《传媒》杂志社
结题时间：2022年10月

前　言

2020年9月,中央《关于加快推进媒体深度融合发展的意见》以习近平总书记关于以"全程、全息、全员、全效"为特征的"全媒体"的理论概括为指导,提出了建设全媒体传播体系的发展目标,其中要求完善中央媒体、省级媒体、市级媒体和县级融媒体中心四级融合发展布局。此后,国家"十四五"规划写入了"推进国家、省、市、县四级融媒体中心（平台）建设"。2022年4月,中央有关部门对地市级媒体的深度融合发展作出工作部署,要求开展地市级融媒体中心（或平台）的试点建设工作。

现阶段,我国地市级媒体在媒体融合转型方面的整体进展如何？其体制机制、平台搭建、内容生产、人才队伍建设等方面的情况能否适应深度融合的需要？存在哪些问题和挑战？这些都是加快推进地市级媒体深度融合、建设全媒体传播体系过程中必须解决的重要问题。

目前对地市级媒体融合的研究还较少,多为个案研究,缺乏宏观视野,适用性与代表性有待商榷。基于此,本课题组向全国19个省、直辖市、自治区共120余家地市级媒体发放了调查问卷,回收有效问卷70份。这些调查对象较为全面地体现了我国媒体的地域差异及经济社会发展水平差异,以及媒体种类差异和自身发展规模差异,能够在较大程度上反映我国目前地市级媒体的融合转型情况。与此同时,课题组还以问卷调查、实地调研、深度访谈中获得的一手资料为基础,结合对代表性媒体机构所运营的移动客户端的应用体验分析、内容分析等方法,探讨了地市级媒体深度融合的发展模式、特色经验及当前存在的共性问题,以期为探索我国地市级媒体深度融合发展的路径提供借鉴。

本课题组

2022年10月8日

第一章　课题立项背景和调研情况

第一节　课题立项背景

2014年8月18日，中央全面深化改革领导小组第四次会议审议通过了《关于推动传统媒体和新兴媒体融合发展的指导意见》，这标志着媒体融合在我国上升为国家战略，至今已8年有余。2020年9月，中共中央办公厅、国务院办公厅印发了《关于加快推进媒体深度融合发展的意见》，并发出通知，要求各地各部门结合实际认真贯彻落实。推动媒体融合发展是适应媒体格局深刻变化、巩固宣传思想文化阵地、壮大主流思想舆论的必然选择，是更好地传播党和政府声音、更好地满足人民群众信息需求的重要途径。

从中央级、省级媒体引领发展，到县级融媒体中心基本实现全国全覆盖，我国头部和尾部的媒体融合在政策支持下已取得积极进展，然而处于两者之间的地市级媒体的融合发展出现了一些现实问题，相比之下也稍显缓慢和滞后。据资料显示，我国共有293个地级市，占全国地级行政区总数的88%，而地区只剩7个，地级市已取代地区成为地级行政区的主体。一方面，地市级媒体在"中央—省—市—县"的四级媒体融合体制中发挥着起承转合的作用，是做好舆论引导、宣传思想文化的主阵地；另一方面，地级市媒体在融合过程中遭遇瓶颈，受到了网络新媒体和上下级媒体的挤压，深度融合难以进行，持续推动地市级媒体深度融合迫在眉睫。在此背景下，2021年7月，传媒杂志社向中国新闻出版研究院申请了"我国地市级媒体融合情况调研报告"课题，获批立项。

第二节　课题调研情况

本课题立项后，传媒杂志社抽调骨干，与中国人民大学新闻学院宋建武教授的研究团队组成本课题组。课题组实地走访了北京、重庆、湖北、福建、河南、河北、山西等19个省（直辖市/自治区）的52家地市媒体机构，并向全国其他地市级媒体发放了120份调查问卷，回收有效问卷70份。

（一）调研目的

为贯彻落实中央办公厅、国务院办公厅《关于加快推进媒体深度融合发展的意见》及中宣部等部委《推进地市级媒体加快深度融合发展实施方案》，课题组对被列入试点名单的各地市级媒体开展调查研究，以进一步明确地市级媒体深度融合的方法和路径。

（二）调研问题

本次调研以中央关于媒体融合的战略部署、指导意见和具体要求为指导，主要围绕移动传播平台和端口建设，对相关媒体的主流舆论阵地、综合服务平台、社区信息枢纽三大功能的发挥情况，以及自身的体制机制、运营能力等方面展开调研。

1. 基本情况

（1）组织架构：当前设置有哪些部门？各部门的分工和职责是怎样的？关于内容生产、技术、人员等各方面是否有具体的管理规定等。

（2）人员构成：上述各部门的岗位设置、人员组成情况（包含员工总数、专业能力、编制与非编制情况、传统媒体从业人员转岗与新媒体从业人员数量等）。

（3）技术平台：包括硬件设备和软件系统情况，重点关注为了推进媒体融合而进行的设备扩增、平台搭建、技术创新及功能设计等情况。

（4）运营资金来源与营收情况：包括当前媒体资金来源有哪些？主要的盈利方式有哪些？新媒体收入占总收入比例等。

（5）对外开展合作情况：包括同各级媒体机构、互联网商业平台及其他各类信息科技公司进行的合作项目等。

（6）是否有推进深度融合发展的进一步规划与方向。

2. 机构设置与内部管理运营情况

（1）内部组织架构与人员结构。

（2）内容生产模式（包括人员团队配置、技术支持、生产流程等）；传统业务和新媒体业务的沟通调度机制。

（3）主要盈利模式。

（4）人员聘用与薪酬、考核、激励制度，人才引进和培养政策等。

（5）与互联网平台企业及其他信息科技企业合作方式及其他投融资情况。

（6）目前体制机制存在的问题和改革方向是什么？面对的困难有哪些？

3. 全媒体人才培养情况

（1）在各类全媒体人才培养方面已进行的探索尝试及其成果。

（2）目前存在的问题和困难。

4. 移动传播能力建设情况

（1）主要的移动客户端的名称、下载量、日活量。

（2）主要移动客户端的信息聚合、发布、传播、反馈情况（客户端的采编发流程及内容反馈机制）。

（3）主要移动客户端的综合服务板块建设情况，包括板块设置、功能实现、用户使用频率及体验等。

（4）主要移动客户端的社区信息枢纽板块建设情况，包括功能、用户使用频率及体验等。

（5）主要移动端的各类用户入驻情况及用户运营模式是怎样的？

（6）在各移动平台上账号建设与运营的情况，以及其中面临的困难。

5. 内容生产能力建设情况

（1）内容生产能力与规模（每周各类内容产品的条数、时长、字数、字节数）。

（2）内容产品种类（如有无智库型产品、各类 UGC 聚合产品等）。

（3）内容表现形式（包括音视频、图文及其他形式）。

6. 综合服务平台及社区信息枢纽功能建设情况

（1）主要客户端目前聚合的政务服务及本地服务的数量和类别情况以及普通用户使用情况。

（2）是否与当地大数据局（中心）建立合作关系，以提升服务功能？在这一方面已进行了怎样的尝试，还面临着怎样的困难？

（3）主要客户端有无用于社区居民间信息交互的即时通讯模块？其运营情况如何？

（4）该客户端有无为基层社区工作者提供的办公工具模块？

（5）该客户端有无社区生活和服务模块？在社区运营方面进行了怎样的尝试，还面临着怎样的困难？

7. 移动传播平台技术能力建设情况

（1）目前对于信息传播领域有关新技术的应用主要体现在哪些方面？

（2）是否搭建了内容和用户数据库，是否具备相关的数据分析模型？

（3）是否应用了推荐算法，是否具备个人化精准分发能力？

（4）是否组建了专门的技术团队？其组织形态是公司还是部门？其人员规模与结构情况（包括技术研发、产品设计、数据分析）等是怎样的？

（5）目前在这方面的建设中存在的问题和困难有哪些？下一步调整和发展方向是什么？

在调查研究法的基础上，课题组还结合文献研究法、个案分析法，研究了当下有关地市级媒体中心建设情况的文献资料和报道，通过对重点案例的分析，结合调查问卷的实际情况，从基本情况、发展方向、提升策略、未来发展几个方面进行总结，对全国地市级融媒体中心建设情况进行深入分析。最终经过课题组和专家的共同努力，撰写出《我国地市级媒体融合情况调研报告》。

第二章　地市媒体融合的基本情况：占领新阵地

中央《关于加快推进媒体深度融合发展的意见》（以下简称"《意见》"）指出，要推动主力军全面挺进主战场。何为主战场？2019年1月25日，习近平在十九届中央政治局第十二次集体学习时的讲话指出，"人在哪儿，宣传思想工作的重点就在哪儿，网络空间已经成为人们生产生活的新空间，那就也应该成为我们党凝聚共识的新空间"[1]。中国互联网络信息中心（CNNIC）第50次《中国互联网络发展状况统计报告》显示，截至2022年6月，我国手机网民规模达10.51亿，网民使用手机上网的比例高达99.6%，[2]超十亿用户接入互联网，形成了全球最为庞大、生机勃勃的数字社会。在这样的背景下，互联网的移动传播渠道显然成为信息传播和舆论引导的主阵地。能否适应移动传播趋势、推动主力军全面挺进主战场，实现阵地转换，由此成为主流媒体深度融合发展进程中的"关键一跃"。这一目标也是地市级媒体融合转型的总体方向。所以，贯彻落实移动优先理念，加快推进各种资源要素向移动端流动，构成了现阶段地市级媒体融合转型在资源配置重心转移方面的主要任务。

第一节　移动优先：在新渠道上构建新阵地

在渠道选择方面，"移动优先"已经成为地市级媒体融合发展的基本共识之一。具体措施主要包括建设自主可控平台和依托第三方平台建设端口矩阵等。这些举措为推动媒体资源向移动端倾斜、增强连接能力奠定了相应的

---

[1] 习近平.加快推动媒体融合发展构建全媒体传播格局[J].求是，2019（6）：4-8.
[2] 中国互联网络信息中心.CNNIC发布第50次《中国互联网络发展状况统计报告》[EB/OL].http://cnnic.cn/n4/2022/0916/c38-10594.html.

媒体融合

发展基础。

第一,建设移动客户端,做大做强自主可控平台。在课题组调研的72家地市级媒体中,有51家已布局移动客户端建设,占比70.8%。从2022年7月的客户端使用数据来看(见表2-1),部分客户端已拥有了一定规模的用户群体,其中绍兴市新闻传媒中心的"越牛新闻"、长沙市广播电视台的"我的长沙"等客户端的用户月均活跃人数指标表现较好,也从侧面反映出用户对其产品服务及功能的一定程度的认可。

在访谈中发现,地市级媒体负责人与一线员工对建设运营移动客户端的态度也逐步明确和坚定。有地市级媒体负责人明确表示会以移动客户端为主要传播阵地,将建设自主可控平台作为未来工作重心;也有一些在实践中走在前列的单位正在进一步细化其客户端在发展中的定位,探索差异化发展路径,例如苏州广播电视总台建设的"看苏州",立足本地资讯与综合服务,而"无线苏州"则主打音视频内容社区。还有一些单位的负责人和员工正在从犹豫观望转向探索尝试。

第二,借力第三方平台,布局移动传播矩阵。当前,社交媒体平台已经成为社会信息交互的主要渠道,传统主流媒体的信息发布和传播在很大程度上也要借助于这些平台。因此地市级媒体纷纷选择以开设账号等方式入驻第三方平台,建设起了以微信号、微博号、短视频号等为代表的移动端传播矩阵。移动端账号较多的如昆明市融媒体中心,其由报业与广电媒体合并而来,目前共运营有90余个各类账号,涵盖微博、微信公众号、人民号、新华号、头条号、抖音号等。不同移动端账号定位不同,比如以"@昆明发布"为代表的微博号整合了市内106个党务政务微博,以强化政民互动、网络问政为主要目标。[1]

在传播视频化的背景下,地市级媒体也更加注重对音视频社交平台的账号建设和运营,这些媒体以移动直播和短视频为信息呈现模态,运用年轻态、情感化的叙事方式来发布政策、报道社会热点、反映民生疾苦,从而扩大传播力和影响力。成都商报旗下的"红星新闻"抖音号目前已拥有2962.4万粉丝,在深耕高质量深度报道的同时也不断发力视频产品集群的打造,具备扎实的

---

[1] 根据2022年10月昆明市融媒体中心提供"媒体深度融合发展情况"报告整理。

视频内容原创能力，以"短视频+新闻""短视频+知识""短视频+生活文旅"等为特色，探索深度内容的创新表达。①

但这些探索在实践中仍面临诸多挑战。就自建客户端而言，主要的问题是有端口、无运营。当前地市级媒体移动客户端建设水平参差不齐，多数客户端在用户运营方面表现两极化：一方面是较高的装机量；另一方面却是较低的活跃人数，活跃用户规模小、黏性低，造成整体传播力低，影响力小。究其原因，首先是一些媒体在建设初期缺少顶层设计和整体规划，分散建设了多个客户端，导致了重复建设和资源浪费；其次是客户端功能单一，大部分只有本单位生产新闻信息的发布功能，缺少服务功能和互动功能，导致无法有效地吸引用户和留存用户。亟待相关单位对这些端口进行优化整合、关停并转，导入以政务服务为主的多种服务功能，强化运营，增强互动性，集中力量打造一个主要的服务端口和用户入口。

表2-1　2022年7月地市级媒体客户端用户使用数据汇总表②

移动客户端名称	建设及运营主体	月活人数（万）	日活人数（万）
越牛新闻	绍兴市新闻传媒中心	79.64	13.91
我的长沙	长沙市广播电视台	30.64	2.15
南太湖号	湖州市新闻传媒中心	18.08	2.93
大江看看	芜湖传媒中心	14.48	10.19
无线苏州	苏州广播电视总台	13.84	2.21
看苏州		2.95	3.00
掌中九江	九江日报社	7.30	1.27
无锡博报	无锡市广播电视台	6.13	0.90
智慧盐城	盐城广播电视总台	5.70	0.65
掌上洛阳	洛阳日报社	5.66	1.00
蓝睛	青岛市广播电视台	5.62	1.14
爱青岛		3.82	0.40

---

① 传媒茶话会.独家对话｜五年，红星新闻的"两个转型"[EB/OL].https://mp.weixin.qq.com/s/ZRSUxvXZtceb80ugJKOxSQ.

② 数据来源：易观千帆。表中显示为2022年7月月均活跃人数排名前20位的客户端，查询时间为2022年9月25日。

续表

移动客户端名称	建设及运营主体	月活人数（万）	日活人数（万）
扬州发布	扬州日报社	4.98	2.43
无线泉州	泉州广播电视台	4.48	1.06
十堰头条	十堰日报社	4.18	0.96
天下泉城	济南广播电视台	3.98	1.09
无限台州	台州广播电视总台	3.54	0.94
扬帆	扬州广播电视总台	3.44	0.23
知东莞	东莞广播电视台	3.00	1.31
鞍山云	鞍山日报社	2.98	1.44

第二节 重置资源：主力军全面进入主战场

当前，互联网已经成为舆论斗争的主战场，那也应该成为主流媒体舆论引导、思想引领、文化传承、服务人民的主战场；网络空间已经成为人们生产生活的新空间，那也应该成为主流媒体生存发展、迭代升级、增强影响力和竞争力的新空间。

想要实现这一目标，就要求各级主流媒体必须将主要的生产要素、资源有序转移至互联网主战场上，逐步基于互联网的运作方式和运行机制来强化自身功能、开展业务。根据互联网移动媒体建设运营的需要，本研究从媒体组织资源和业务资源两方面考察我国地市级媒体目前的资源配置。

第一，组织资源层面，亟须推动各生产要素向移动端倾斜。《意见》要求，要把更多优质内容、先进技术、专业人才、项目资金向移动端倾斜。[1]中央对于传统媒体在融合发展中要淘汰落后产能、优化资源配置的要求虽然已经明确，但在实际操作中，仍一定程度上流于"浅表化"。从人员岗位分布情况看，大多数地市媒体机构的主要人员仍集中于传统报、台的内容生产和运营岗位，其内容生产的主要目的还是服务于传统媒体的报道需要。从问卷数据来看，全职投入到新媒体建设和运营的人员所占比例平均不到15%，一些发展较为

---

[1] 新华社.中共中央办公厅国务院办公厅印发《关于加快推进媒体深度融合发展的意见》[EB/OL].http://www.gov.cn/zhengce/2020-09/26/content_5547310.htm.

缓慢的媒体中新媒体设岗不足一成；[①]媒体中技术人员占比平均低于10%，[②]主要职能为负责网络设备的维护管理、直播等报道活动的技术保障、网络信息安全及技术培训等，以保障传统媒体生产运营所需为主，与先进互联网技术研发和应用的要求距离较远。在财力投入上，大部分资金还是用于维持传统媒体的生产和运营，对于新媒体建设的投入占比偏小。有媒体负责人谈到，投入至广电设备升级改造的费用高达5000多万，相较之下用于平台建设的资金明显不足。[③]对于地市级电视台而言，设备的高清化改造工程投入巨大，但效果如何尚有待实践的检验。[④]但这一现实也反映出当前地市级媒体在项目资金的配置上也存在失衡。

与此同时，组织架构不仅影响组织中的信息流动和资源流动，也会影响组织的战略制定和决策倾向。当前，地市级媒体的内部组织架构设置主要表现为两类。一类是根据传统职能和层级设置部门的科层制结构，以等级制、程序固化、边界分明为特征，按照传统采编流程（策划、采访、编发等）和单一媒体类型（报纸、电视、广播等）来设计架构。另一类是根据主要业务和项目设置部门的扁平化结构，重新统筹现有的内容资源、技术资源、用户价值和客户价值，围绕面向移动端的主要业务设计架构（见图2-1），在各垂直领域进行专业化内容及服务产品的开发和生产，加强基于客户端的资源运营和业务拓展。

从调研结果来看，多数地市级媒体现有的人力难以支撑其传统媒体业务与新媒体业务并行的局面，多保留着传统的按照职能和层级设置部门的科层制结构，一些媒体内部将报业和广电媒体直接平移为报纸中心和电视中心的二级机构，没有实质性的组织改革，更鲜见按照新媒体产品划分的部门，导致移动客户端往往被作为内容发布端口之一来对待的情况。这一较为粗放的组织架构安排，在实际运行中效果并不理想。"传统和新媒体两边都要投，是两套人马还是一个团队来做？新媒体还要配备采编力量和审核力量，得有

[①] 根据问卷调查数据，专职新媒体人员占比最低为3.61%，最高为26.5%。非专职人员数据未纳入统计。
[②] 根据问卷调查数据，专职技术人员占比最低为3.30%，最高为11.58%。
[③] 根据2022年8月对某市级广电媒体负责人访谈资料整理。
[④] 丁和根，孔令博文.地市级媒体融合发展的理论向度、现实挑战与操作策略[J].当代传播，2020(06)：25-30.

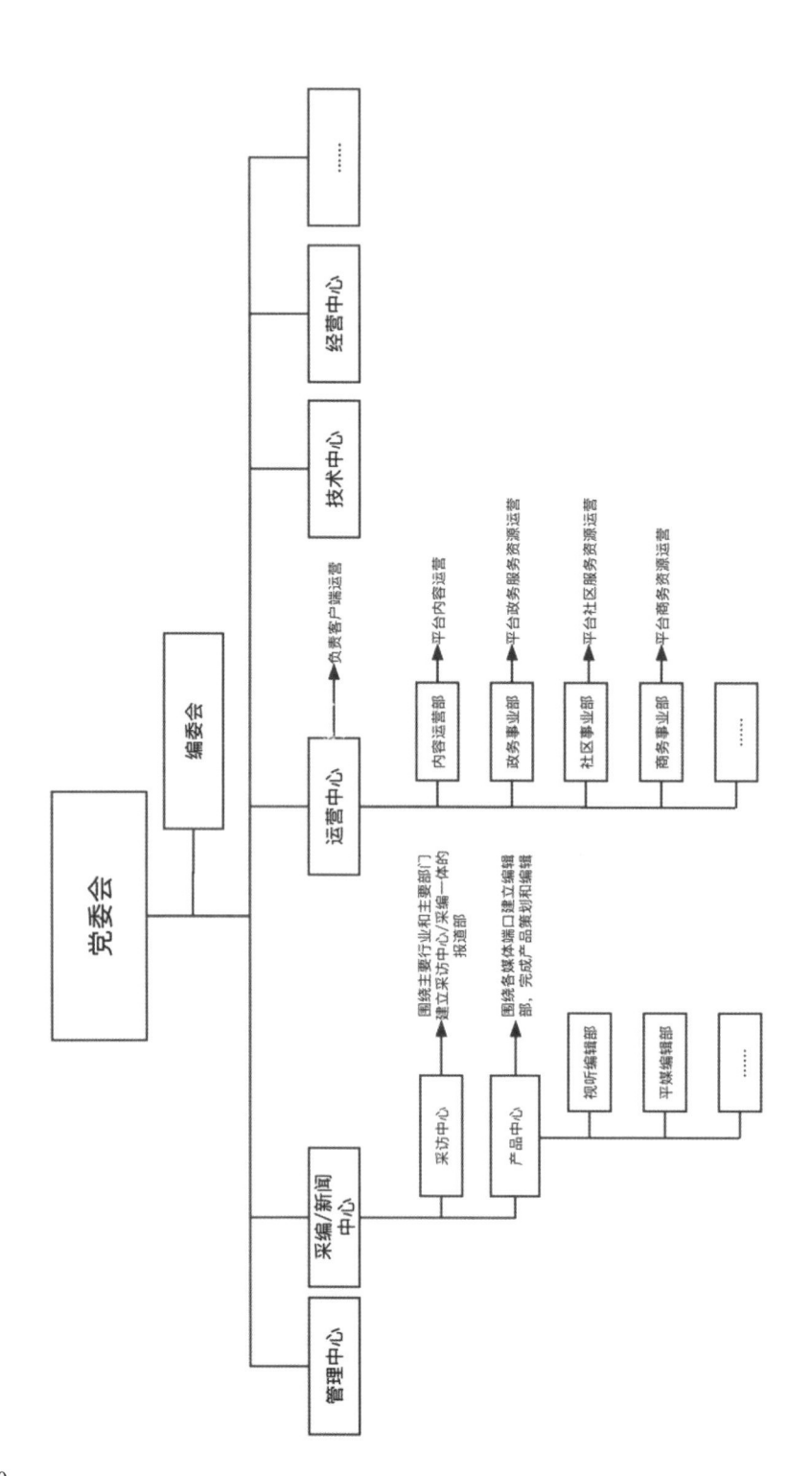

图 2-1 地市级融媒体中心项目事业部制架构示意图

专门的队伍去做整个流程。但现有人才做不到，如果还是按照新闻记者到新媒体编辑和发布的流程，很难达到最好的效果。"[①] 由此可见，组织资源的配置失衡，直接导致客户端无专职运营团队，无法通过跨部门合作来整合社会资源以拓展功能，从而影响了移动端的业务发展。

但也有地市级媒体通过机构改革，在重塑组织架构、优化资源配置上做出探索。例如，安庆市新闻传媒中心围绕客户端业务设置了掌上安庆编辑部、智慧平台部、网络政务部，专注于掌上安庆时政新闻编发、运维及承接市直机关新媒体等业务，[②] 从组织结构上保障了新媒体业务的有序开展。贵阳市融媒体中心也创新采用了事业部运行机制，打破以报业、广电为中心的业务流程模式，传统媒体业务部门纳入融媒体传播业务体系。[③]

第二，业务资源层面，亟待基于互联网发展增量业务。通过分析调研对象提供的关于业务资源的报告资料，我们发现，目前处于转型期的地市级媒体的业务资源，主要分为内容、技术、政务、服务、商务、其他六类。其他类目主要指退税、房租等收入，不计入本报告的讨论中。从结果看，地市级媒体基于不同业务资源形成的运营模式多元，但也存在明显的不均衡（见图2-2）。

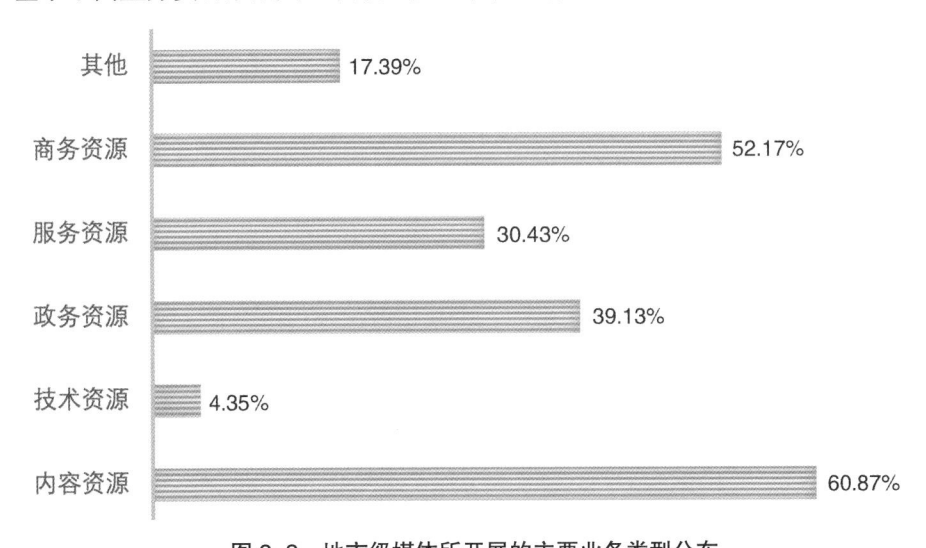

业务类型	占比
其他	17.39%
商务资源	52.17%
服务资源	30.43%
政务资源	39.13%
技术资源	4.35%
内容资源	60.87%

图2-2 地市级媒体所开展的主要业务类型分布

① 根据2021年12月对某市级广电媒体负责人访谈资料整理。
② 根据2022年8月安庆市新闻传媒中心提供"媒体深度融合发展建设情况"报告整理。
③ 根据2022年2月贵阳市融媒体中心提供"媒体深度融合发展建设情况"报告整理。

媒体融合

首先，基于内容资源的传统广告业务（报纸、电视广告等）及品牌推广仍是地市级媒体的主营业务，超过60%的媒体均提及了以内容为依托的盈利模式，一些广电媒体基于视频内容生产优势也会提供纪录片、宣传片制作服务。

其次，依托各类商务资源开展的多元化业务。一是媒体长期积累的产业园区、会展服务、户外媒体、演艺活动等业务，二是布局MCN领域，拓展产业链，例如三亚传媒影视集团与商业企业混改组建起电商直播公司——鹿直播，着力拓展IP开发、运营推广、技能培训等业务。还有一些媒体则依托本地特色产业资源，拓展了直播带货、社区团购、媒体电商等业务，助力脱贫攻坚和乡村振兴战略的实施。南充日报推出的"南充见"客户端电商平台目前入驻商家有上百个，并与四川天府银行、中国电信南充分公司等多家企业签订了项目合作协议。[1]

再次，近四成的媒体基于本地政务资源和公共服务资源开展了政务媒体代运营、政府大型活动策划等业务。例如，宜昌三峡新闻传媒中心在运维市县两级政务网站、移动政务新媒体和市直党政新媒体账号的同时，不断加深与企事业单位的合作，与市组织部、政务数据局等共建"智慧党建""宜格服务"等项目。[2]

最后，技术服务、智库服务等新型业务类型也有涌现。对于技术研发应用能力较强的媒体，技术服务有利于提升其差异化竞争优势。例如昆明市融媒体中心组建了一支150余人的互联网技术应用与研发队伍，包括20余个细分种类工程师。凭借技术优势，昆明市媒体进一步加强了与当地党政部门、机构、企业的合作，承接了客户端、小程序和应用场景的开发、运维、管理、升级等业务。[3]再如三峡新闻传媒中心则基于数据分析能力，注册成立了三峡智库研究院，成为湖北地市首家舆情分析和政经服务媒体智库机构，为宜昌工业和信息化发展、服务业发展等提供决策参考。

从不同业务资源的分布比重来看，一方面，当前地市媒体运营所依托的主要业务资源还是较为传统的内容服务与活动服务等层面，对于政务、服务以及新兴商务资源的利用十分有限。另一方面，由于地市级媒体整体技术能

---

[1] 根据2022年8月南充日报社提供"媒体深度融合发展建设情况"报告整理。
[2] 根据2022年7月宜昌三峡新闻传媒中心提供"媒体深度融合发展建设情况"报告整理。
[3] 根据2022年10月昆明市融媒体中心提供"媒体深度融合发展情况"报告整理。

力较低，基于技术资源开展的具体业务占比极低。尽管传统广告业务仍是媒体主要的盈利来源，但广告营收的整体下滑趋势不容忽视。根据国家广电总局发布的《2021年全国广播电视行业统计公报》，广播和电视的传统广告收入大幅下滑，2020年同比下滑20.95%。与之相对应的是，基于新媒体的业务运营模式仍未建立起来。从媒体反馈的数据看，地市级媒体中，新媒体收入占总营收的比例基本分布在4%至17%的区间内。如果将人力资源配置情况也纳入考量，不难发现，地市级媒体在新旧业务上资源配置失衡的问题极为突出。

由此可见，在当前的媒体融合转型实践中，仍有大部分地市级媒体机构未能按照中央"主力军全面进入主阵地"的要求，及时调整资源配置结构，将主要资源投放于移动客户端的建设和运营，仍是将技术、人才、资金投放于效益与传播力日渐式微的传统媒体内容生产和渠道运营方面。从这个意义出发，我国地市级媒体必须尽快转换观念，以互联网思维优化资源配置，将压缩传统低效业务获取的存量资源，配置到具备强大发展动能的互联网增量业务上，将优质内容、先进技术、专业人才、项目资金向互联网主阵地汇集，向移动端倾斜，这样才能把相对有限的存量资源配置到高效领域，并持续优化生产要素配置，优化内容生产方式，提升本地化服务能力，在建设本地全媒体传播体系中发挥主力军的作用。

> 媒体融合

第三章　地市媒体融合的发展方向：拓展新功能

习近平总书记指出，当今时代，数字技术作为世界科技革命和产业变革的先导力量，日益融入经济社会发展各领域全过程，深刻改变着生产方式、生活方式和社会治理方式。[1]以这一正确判断为指导，我们应该看到，按照中央的部署，在媒体深度融合过程中正在建设的具有"全程、全息、全员、全效"特征的全媒体传播体系，必然要在传统媒体以信息服务及舆论引导为主的功能结构基础上进一步拓展，借助互联网技术平台，聚合社会各方面资源，为用户提供全方位服务，建设生态级平台。具体到地市级媒体，其功能要求主要是主流舆论阵地（权威信息渠道）、综合服务平台和社区信息枢纽。

对标三大功能建设目标，基于地市级媒体的特性，课题组以我国地市级媒体建设运营的移动客户端为研究对象，根据易观千帆显示的用户使用数据，选取了十个地市级媒体自建或运营的客户端作为研究样本。截至2022年7月，这些样本客户端的月均活跃人数在地市级媒体客户端中居于前十位。课题组认为，活跃用户在很大程度上反映了用户对产品功能的认可，连续活跃度反映出产品对用户需求的持续性满足，互联网业内也常将活跃用户视作真正体现产品价值的用户，而市场表现良好的移动客户端较能体现同类客户端产品功能建设与运营的较高水平。课题组对三大功能建设的评估与检视，主要从内容生产与传播能力、综合服务能力、社交服务能力三个方面展开。

---

[1] 新华社.习近平向2022年世界互联网大会乌镇峰会致贺信[EB/OL].http://cpc.people.com.cn/n1/2022/1109/c64094-32562335.html.

第一节　内容生产与传播能力

课题组对"主流舆论阵地（权威信息渠道）"功能的评估，从各样本客户端的内容生产与传播能力入手。

内容生产与传播能力包括但不限于以下几点。

其一，客户端运营单位的原创内容生产能力。指各地市级媒体通过客户端发布的新闻及非新闻信息的原创性作品的生产能力，主要考察移动端发布的本单位生产的内容产品的种类和规模。

其二，内容聚合能力。指客户端运营单位对社会其他主体所生产内容的利用程度，主要通过该客户端能否吸引和支撑各类传播主体入驻，以及客户端所发布内容来源的多元性与丰富度等来考察和评价。

其三，内容传播能力。指客户端所能够触及的用户数量，以及对内容有无精准传播和社交传播的能力，既考察客户端与用户的互动数据，也考察客户端有无社交功能模块以及客户端的技术支撑平台是否具有搜索引擎和精准推荐等内容智能分发技术。

为了更好呈现样本客户端内容发布的特征并保证比较研究的匹配性，本研究采取了构造周抽样（constructedweek）的方法，尽量避开重大事件发生的时段，从2022年8月至10月抽取1个构造周，并完整抓取了在抽样时间内发布于样本客户端对应板块的具体内容和传播数据，最终得到符合条件的内容样本共2766篇。

在内容生产规模方面，根据统计结果，样本客户端在抽样周内发布的内容规模数量基本分布在100—400篇这一区间内。

就生产主体而言，除了个别样本单位，大部分地市级媒体在抽样周内的原创内容数量保持在100篇左右。但不同客户端中，原创内容数量的占比差异较为明显。值得关注的是，区别于原创生产为主的策略，活跃用户比较多的"我的长沙""南太湖号""掌中九江"等客户端，拓展了聚合本地新闻素材及生活资讯的空间，其发布的信息数量均得到了一定规模的提升。

表3-1 样本客户端内容发布情况统计

移动客户端名称	主要内容板块	发布内容篇数	原创内容篇数	原创内容占比
越牛新闻	首页	118	43	36%
我的长沙	推荐	360	15	4%
南太湖号	头条	301	98	33%
大江看看	推荐	90	84	93%
无线苏州	精选	402	382	95%
掌中九江	头条	404	115	28%
无锡博报	热推	373	154	41%
智慧盐城	头条	273	130	48%
掌上洛阳	推荐	167	132	79%
蓝睛	要闻	278	227	82%

在内容来源分布方面，统计结果显示，各样本客户端上，除了市级媒体原创和转载的中央级媒体内容之外，当地政府机构、群团组织、企事业单位等也成为了重要的资讯来源，其中政务、交通、气象、卫生等领域的信息占据了较大比重。在"越牛新闻""无锡博报"（见图3-1、图3-2）等客户端上，还汇聚了来自所在城市行政区域内各区县融媒体中心的资讯，发挥了连接基层媒体的作用。

但从内容来源分布情况看，目前地市级媒体客户端在用户参与生产方面的探索仍十分有限，其内容主要集中于专业生产内容（PGC）和党政机构生产内容（GGC）层面，以普通用户为来源的信息内容占比极低。在样本客户端中，仅有部分客户端开通了开放入驻的聚合类内容发布及管理平台，例如"南太湖号"推出的"融合号"、"我的长沙"推出的"视频号"、"大江看看"推出的"大V号"等；从目前这些客户端的情况来看，开放平台的运营维护也显得困难重重，入驻的用户数量较少，缺少用户交互和实际反馈，容易沦为"僵尸号"，尚未构建起良性的开放互动场域。

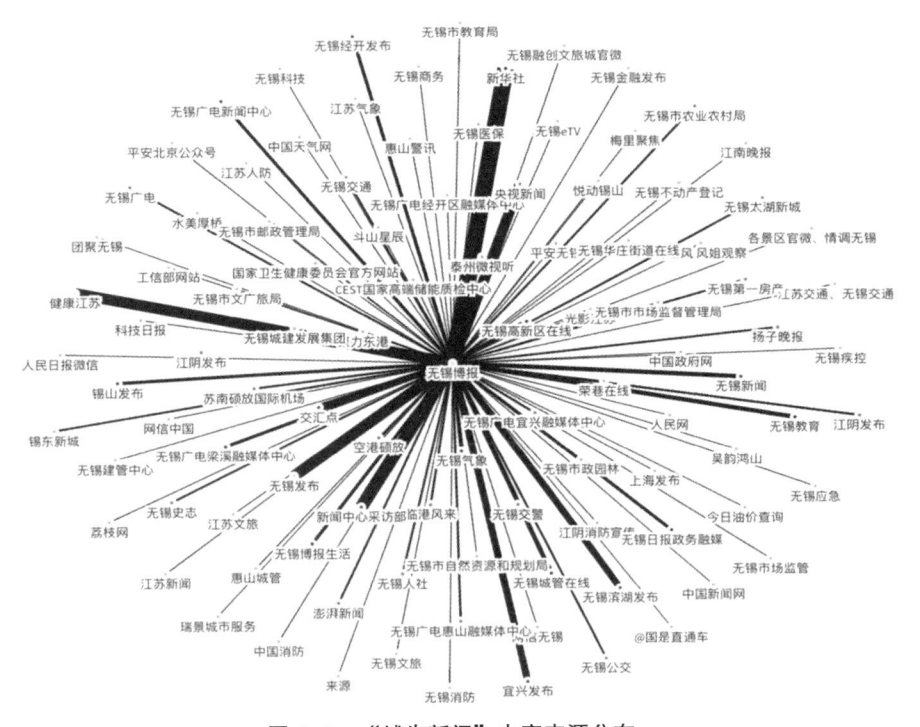

第一编 我国地市级媒体融合发展情况调研报告

图3-1 "越牛新闻"内容来源分布

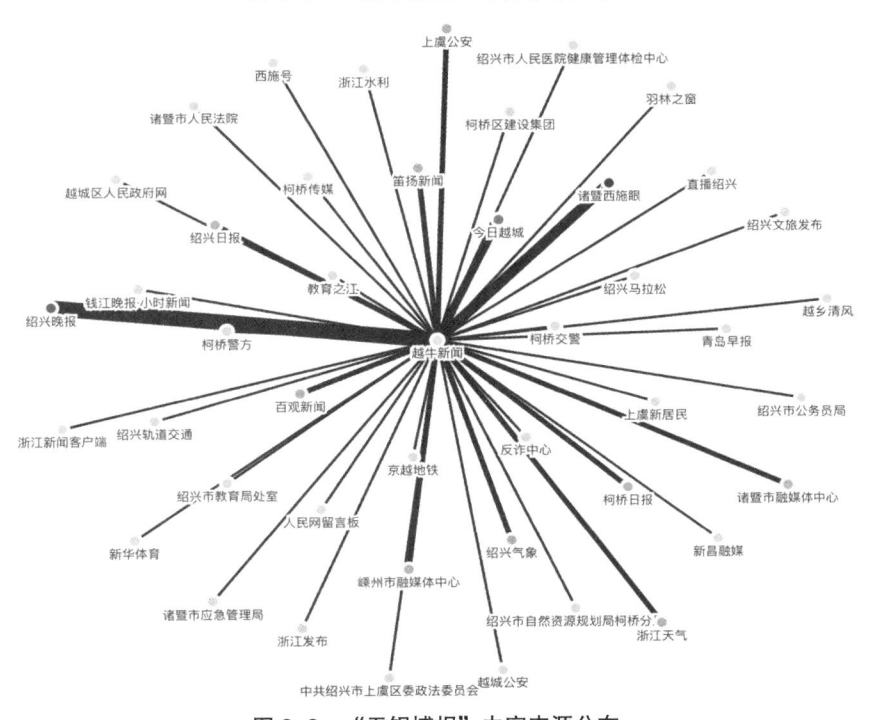

图3-2 "无锡博报"内容来源分布

▶ 媒体融合

在内容互动传播方面，各样本客户端在页面设计和推荐机制层面均有所尝试。其中，多数客户端均在首页设置了"推荐""头条""要闻"等频道，试图进行内容的信息流推荐。"南太湖号"设置了"热榜"模块，实时更新，显示新闻、视频、曝光、提问等板块的热门搜索内容。"无线苏州"则创新以当地方言来命名具体频道板块，"囥好吃"推荐本地美食，"兜白相"呈现本地美景，意在勾连地方意象，唤起地方归属感，贴近本地用户。但在文本抓取过程中发现，尽管多个客户端设置了推荐页面，但并未搭载相应的算法推荐机制，仍是以传统的人工列表模式推荐内容，样本客户端中，仅有"我的长沙""无线苏州"具备相应的智能推荐分发机制，可以基于不同用户、不同内容、不同使用情境进行个性化推送，提升了以不同内容触达不同用户的能力。

第二节 综合服务能力

从互联网传播发展的实际出发，我们看到，一个互联网平台的功能越是丰富和全面，其使用体验越好，其用户就多，用户黏性就高，其信息传播能力就强。这也就是媒体融合战略部署中，要求基层媒体成为"综合服务平台"的逻辑出发点。从这一逻辑起点出发，地市级融媒体中心（或平台）网上新闻信息传播和舆论引导功能的实现，也同样有赖于其通过互联网提供的社会服务能力的提升。地市级媒体通过把与广大人民群众日常工作生活相关的本地化高频应用纳入其网上端口和平台中，扩展了服务功能，有利于提高这些新媒体设施的用户使用率和依赖度，从而提升所运营的新媒体的传播力和影响力。

中央有关部门在规范文件中界定，融媒体机构的综合服务涵盖了党建服务、政务服务、公共服务和增值服务类业务，其中又将公共服务类业务分为了民生服务、文化服务、教育服务等。本报告结合研究对象的实际情况，将一些高频出现的本土化服务类型进一步细化，最后归纳出政务服务、党建服务、民生服务、教育服务、文化服务、交通服务、企业服务、增值服务八种服务类型，并依照这一划分方式，对样本客户端服务功能的具体建设情况进行分类统计，以可视化形式呈现（见图3-3）。

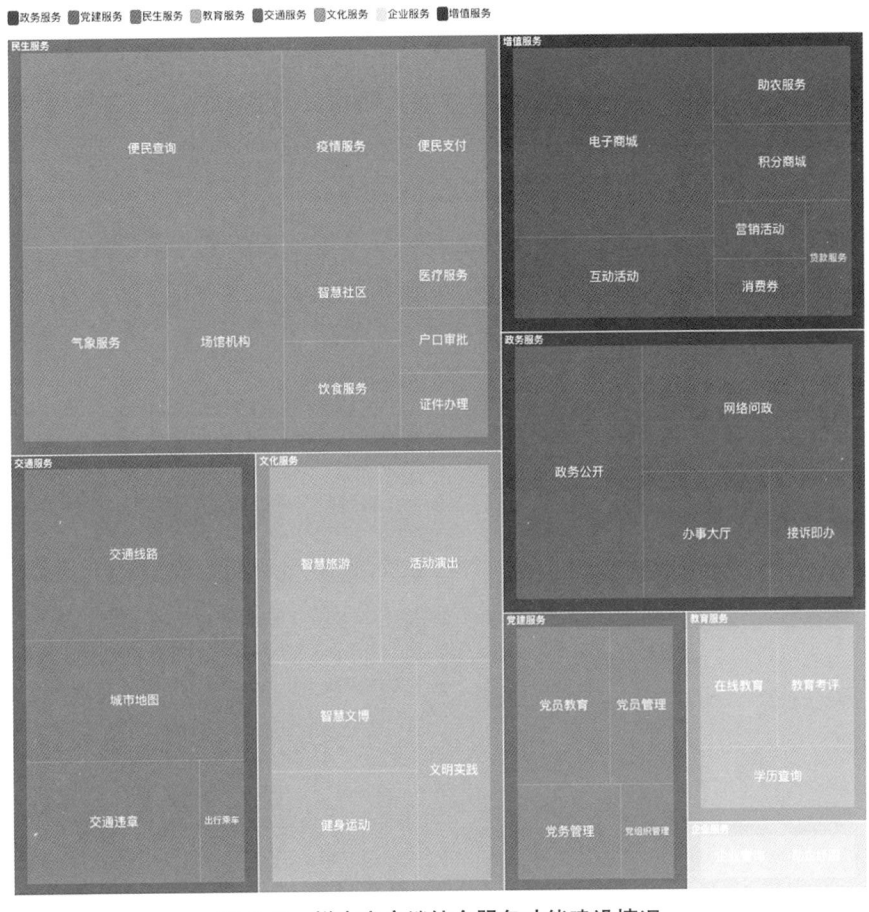

图 3-3 样本客户端综合服务功能建设情况

从功能种类来看，样本客户端民生服务功能模块较为多样，多数涵盖了便民查询、疫情服务、便民支付、气象服务等功能，利用客户端可以实现社保查询、公积金查询、纳税查询、问诊挂号、天气预报查询、疫情防控等功能，部分客户端也可支持水费、电费、燃气费、交通罚款等线上缴费服务；在政务服务模块，多数样本客户端均开辟了政务公开和网络问政的渠道，但提供具体办事端口、接入接诉即办工作平台的远少于前者，侧面反映出其综合服务能力建设多数还停留在信息生产与发布的初级阶段；大部分样本客户端也搭建了增值服务功能模块，一方面通过互动活动、积分商城等模块提升用户的参与度，并从本地实际出发策划活动，利用在线学习、答题对抗、摇一摇抽奖、积分兑换等功能增强活动的趣味性，激发用户的积极性；另一方面通过电子商城、助农商城等模块的建设，运营本地产业资源，拓展业务链条，

▶ 媒体融合

服务经济社会发展。例如，在疫情影响下，湖州市当地农产品销售遭遇冲击，"南太湖号"便迅速上线公益服务"八点秒得"，开辟了战役助农的"绿色通道"，上线当天就售出两千斤赤松茸，[①] 既为农户拓宽销路，也为市民与优质产品之间搭起桥梁。

特别值得一提的是，"我的长沙"客户端在综合服务功能建设上走在了行业前列。统计数据显示，该客户端目前可提供服务功能1988项，分属民生保障、公安办事、交通出行、医疗健康、便民缴费、文体教育、住房服务、企业法人、生活服务九个大类（见图3-4）。该客户端依托其作为长沙市政务

图3-4 "我的长沙"客户端综合服务页面

---

① 浙江之声. 疫情影响农产品销售，湖州南太湖号"八点秒得"平台解农户燃眉之急[EB/OL].http://www.am810.net/9755662.html.

服务平台的唯一官方端口的资源优势,有效地整合了当地政府各部门的服务功能及相关数据资源,打破了组织壁垒和数据孤岛,基本实现了数据互认共享。用户在平台上可轻松实现个人社保、公积金信息一键查询,在线即时开具证明、办理常用证照等。这一综合服务平台的建设,极大地满足了当地居民的基本政务服务需求,创新了治理手段和治理方式,也提升了用户的使用体验,增强了用户黏性。截至2022年10月,"我的长沙"App注册用户数已突破900万,[①]为地市级媒体客户端建设的顶层设计与统筹规划提供了极具借鉴价值的实践经验。

第三节 社交服务能力

如何开展"社区信息枢纽"的建设?这在媒体融合的理论与实践中都是一个重要课题,也是一个难题。课题组认为,早期互联网商业平台上用户之间的关系,基本上是基于"趣缘关系"而形成的网络社区,也常常被称为是"虚拟社区",其信息流动方式,主要是在具有共同兴趣、态度、认知的个体之间的纵向流动。而随着互联网应用"下沉",特别是其本地服务功能开发,如何基于"现实地缘关系"构建网络社区,就成为互联网发展的一大新课题。对于我国基层的主流媒体而言,作为国家治理体系的重要一部分,基于传统政治权力的地域性特征,它需要通过为基层管理者和人民群众提供本地化的信息交互平台来参与当地的基层社会治理,这在客观上必须建构起一个基于地理社区的网络交互空间,这是我们践行网上群众路线的基础设施。对于地市级媒体而言,要想建设这一能力,在当前社会信息交互条件下,必须在平台支撑下,在移动客户端上开发和运营具备本地社交功能的模块,建设地理社区内基于互联网的信息通道,构筑起本地用户之间的新型交往关系。

通过对样本客户端的考察,我们发现,目前共有五个客户端拥有正常运行的社交(类社交)功能模块,具体情况如表3-2所示。

---

① 我的长沙. "我的长沙"App注册用户突破900万!不变初心,服务常新[EB/OL].https://mp.weixin.qq.com/s/7yF2qSUrgWM5JI_4Bj52ew.

媒体融合

表3-2 样本客户端社交模块建设情况

移动客户端	社交模块	具体设置
越牛新闻	报料	包括"热门话题""有事找小编""报料栏目"三个板块,"报料"包含投稿、互助(类社交)、现场、城事等多个子话题
南太湖号	邻里	以社区地图为主视觉页面,设置"家头条""邻里帮""文E家""去唠嗑"四个板块
掌中九江	浔问	设置"随手拍"(类社交)、"热门"、"我的"三个板块
无锡博报	互动	设置"问政"、"博友圈"(类社交)、"活动"三个板块
大江看看	朋友圈	以朋友圈形式为主视觉页面,包括"大江拍客""主持大咖""旅游户外""相约运动"等多个分类

社交服务能力兼具工具性(即时通讯)、表达性(自我表达)、情感性(情感联系)等多重属性,在主流媒体移动客户端的社交功能应用中,服务基层治理也是其重要目的,也是建设和运营这一功能的重要资源来源。因此课题组从工具性对话、参与式协商[①]、适应性治理[②]三个维度来考察各样本客户端的这方面能力。其中,工具性对话表现在对民生需求、社会(社区)公益等问题的即时信息传递中;参与式协商则考察相关功能模块能否通过互动交流,建构社区共识;适应性治理则考察相关模块能否通过制度化、体系化的设计,连接线上线下的社区治理资源,构建社区共同体,提升社区的整体动员能力。

从统计结果来看,目前地市级媒体客户端的社交功能建设总体上还处在起步阶段。首先,样本客户端中有半数建设了即时通讯,开展工具性对话的功能,能够及时收集居民意见和诉求;在协商对话功能方面,一些客户端在所设置的"报料""问政""曝光"等栏目内,增加了互动评论、跟帖等功能,提升了信息反馈时效;更有"大江看看"的"朋友圈"、"无锡博报"的"博友圈"等,通过引入当地风土人情、衣食住行等话题的开放讨论,鼓励用户

[①] 徐珣.社会组织嵌入社区治理的协商联动机制研究——以杭州市上城区社区"金点子"行动为契机的观察[J].公共管理学报,2018,15(01):96-107+158.

[②] 陈荣卓,刘亚楠.城市社区治理信息化的技术偏好与适应性变革——基于"第三批全国社区治理与服务创新实验区"的多案例分析[J].社会主义研究,2019(04):112-120.

成为平台内容的生产者和积极参与者;"南太湖号"推出的"邻里"板块,则展现了社交功能新的建设路向,即与社区工作衔接融合,推进社区内部信息与服务的互联互通,拓展基层社区治理机构实际的组织、协同能力。"邻里"以居民社区为单位设置,主要汇聚本社区新闻、故事、活动等内容,并已内嵌了社区群聊功能(见图3-5),正如研究者所言,"数字社区公共领域中虽然也会经常有针对公共事务的探讨,生成可以影响权力机构决策的公共舆论,不过更多是琐碎的'拉家常'式互动,但是恰恰不能忽视这些日常交往信息,这是强化社区连接的重要因素"①。整体来看,"南太湖号"的做法,更体现出全面建设社交功能的高度自觉。

图 3-5 "南太湖号"客户端社区服务页面

---

① 牛耀红.建构乡村内生秩序的数字"社区公共领域"——一个西部乡村的移动互联网实践[J].新闻与传播研究,2018,25(04):39-56+126-127.

媒体融合

通过对各样本客户端的分析，课题组认为，我国地市级媒体在三大功能的建设上呈现出以下特征。

第一，在主流舆论阵地建设方面，努力把握移动化、社交化、视频化趋势，基于互联网的信息生产与发布能力已基本形成。其一，数字化内容生产能力已经普遍建立，其内容来源正在逐步从PGC向GGC、UCG过渡，能够立足本地特色展开内容生产，并不断拓宽新闻素材、新闻来源的广度，并能够运用多种技术手段乃至智能技术创新内容产品呈现形态。其二，以移动优先为指导，大多数地市级媒体都开发建设了自主的移动客户端，普遍在第三方平台上开设了账号，形成了移动传播矩阵。其三，适应分众化、差异化传播趋势，部分具有先导地位的地市级媒体努力增强内容产品的互动性，并开始尝试精准分发与社交分发。但整体而言，仍存在重自创、轻聚合、轻互动、轻分发的倾向。多数端口发布的新闻和信息，仍局限于本单位的自产内容，社会其他信息生产主体参与度低，且部分客户端和账号的用户评论与反馈板块形同虚设；就整体而言，地市级媒体精准分发能力不足，尚无法满足用户个性化的信息需求，难以提升有效触达率。

第二，在综合服务平台建设方面，服务功能种类与效能不断扩展和提升。以"我的长沙"为代表的地市级媒体客户端，以大数据为核心，通过数据汇集、数据挖掘、用户画像和精准推送，以"一张网整合"的方式打破组织界限和数据壁垒，为市民提供一体化便民应用、一站式指尖服务，正在进行区域性生态级互联网平台建设的有益探索。但也要看到，多数地市级媒体客户端在整合政务服务资源方面受限较多，加之部分地市级媒体的认识局限，综合服务功能整体上开发不足。

第三，在社区信息枢纽建设方面，在建立本地化信息沟通渠道的过程中，正在积极探索基于地缘关系的网络社区的构建途径。多数地市级媒体客户端开设了"报料""互助"等本地化信息沟通功能模块，并有一部分以跟帖等方式优化了网民与政府机构互动交流的功能，有利于及时发现问题，了解民情民意。但大多数样本客户端的社交功能建设还在探索中。

第四章　地市媒体融合的提升策略：激发新动能

实践证明，要想使媒体融合不断向"纵深"发展，必须使传统的媒体机构自身产生可持续发展的内生性动因，激发新动能。这就要使传统媒体的产品生产方式和运作模式满足新的媒介技术要求并适应新的传播关系和传播逻辑。对于地市级媒体而言，其内生动能的取得，也必须基于对内容、技术、制度、人才等结构性要素的系统提升及重组。本部分从内容建设、技术应用、管理创新三个维度来具体考察我国地市级媒体在提升自身发展能力方面的实践。

第一节　以内容建设为根本

作为宣传党的主张、反映人民心声、服务基层治理的主流舆论阵地，地市级媒体正在推动内容供给的变革与创新，立足政治优势和信息资源优势，在坚持正确舆论导向、丰富报道内容、创新内容表达形式、提升内容传播效果等方面做出全方位的努力。

其一，提高政治站位，坚持正确舆论导向。对于我国主流媒体来说，内容建设的关键是坚持正确的舆论导向，并使之形成有效的机制。2016年，习近平总书记在党的新闻舆论工作座谈会上就强调，"新闻舆论工作各个方面、各个环节都要坚持正确舆论导向"[1]。新媒体生态下，信息传播情绪化、极端化等问题在互联网舆论生态中层出不穷。这要求地市级媒体的新闻工作者必须在复杂的舆论环境和信息浪潮中保持定力，牢牢坚持马克思主义新闻观的

---

[1] 新华社. 习近平：坚持正确方向创新方法手段提高新闻舆论传播力引导力[EB/OL].http://www.gov.cn/xinwen/2016-02/19/content_5043970.htm.

媒体融合

基本立场、观点和方法，把坚持正确舆论导向贯穿在新闻采集、制作、分发、反馈等各个环节，强化价值引领；同时，还要不断提升观察和分析问题的层次，提升运用新技术新手段做好调查研究工作的能力，既直抵现场、亲眼所见，又深入网上、掌握大数据[1]，使能够体现政治站位、彰显专业品格、传递社情民意的内容产品成为占据互联网舆论主战场的有力武器。

其二，践行群众路线，丰富报道内容。互联网环境下，多元主体广泛参与传播活动，"每个人都可能成为信息源"[2]。这极大地冲击了传统主流媒体的内容生产方式。但也给主流媒体丰富报道内容创造了良好环境，为我们继承和发扬"群众办报""开门办报"的优良传统，践行党的群众路线准备了更充分的物质条件。从所涉及的社会生活领域看，通过地市级媒体客户端对各种政务服务功能和信息资源的导入，与本地生活息息相关的教育、就业、交通、卫生、娱乐文化等方面的信息，也成为了客户端常规发布内容的重要组成部分；而部分地市级媒体在其移动客户端上建立的"报料""随手拍"及其他各种社交功能，大大扩展了地市级主流媒体的信息源，其中一些内容，直接丰富了这些媒体的内容库，构建起地市级媒体的内容新生态。

其三，顺应传播趋势，创新表达形式。在话语方式上，我国地市级媒体积极培育"网红"记者或主持人，采用年轻人易于接受、符合网络文化特点的传播话语与用户沟通交流。齐齐哈尔市融媒体中心的"看齐鑫哥"（主持人王鑫），每日均会在直播间解读本地政策并沟通协调市民反馈的各类问题，成为在本地颇具影响力和认可度的新媒体品牌。在内容呈现形式上，适应移动化、视频化趋势，移动直播、短视频、H5等成为地市级媒体客户端最常使用的内容模态。其中，以短视频为代表的融合型新闻形式，在网络传播渠道上，大大扩展了主流媒体产品的信息载荷。襄阳广播电视台以"襄视频"系列品牌建设为抓手，每月产量在1200部左右，涵盖了新闻资讯、公益广告、宣传片等多个领域；还成立了襄视频工作室，推出了多部精品纪录片[3]。

其四，运用先进技术，提升传播能力。内容科技是指以人工智能、大数据等信息技术为内核，运用包括区块链、物联网等在内的一系列数据与信息

---

[1] 傅华.深入践行"四力"要求发扬调查研究"传家宝"[J].中国记者，2022（02）：6-10.
[2] 习近平.加快推动媒体融合发展构建全媒体传播格局[J].求是，2019（6）：4-8.
[3] 根据2022年8月襄阳广播电视台提供"媒体深度融合发展建设情况"报告整理。

采集、存储、加工、传输的新技术[①]。应用大数据、可视化等先进技术，能够提升媒体发现力和呈现力，比如，"南充见"客户端将本地活跃度较高的"三国源论坛"14万用户发布内容及相关数据进行整合，共收集网民发布的热点信息2300余条，不仅提高了自身的采编效率，也给当地的舆情应对与处置提供了支持[②]；一些地市级媒体则借助无人机拍摄、传感器采集、大数据抓取等技术，在一定程度上解决了信息获取不充分和时效滞后等问题；还有地市级媒体，如湖州新闻传媒中心的客户端"南太湖号"，以及长沙广播电视台的"我的长沙"等，在取得大数据来源的基础上，积极探索应用精准分发技术提升信息传播效果。

第二节 以先进技术为引领

媒体融合本身就是现代信息技术发展的产物，其所带来的一系列问题的解决，也必须依靠先进技术的应用。整体而言，我国地市级主流媒体在互联网技术研发和维护能力方面，长期存在严重的短板，在媒体深度融合阶段，新媒体技术能力不足带来的负面影响愈发凸显。因此，地市级媒体想要将融合发展落到实处，就必须在坚守内容价值的同时，真正做到"以先进技术为支撑"，将技术建设视作媒体转型发展的关键环节和基础性工作，充分利用互联网、大数据、人工智能等高新技术实现智能生产、精准传播和功能升级。

课题组基于技术主要应用领域，将当前应用于新闻传播领域的技术细分为三类。其一是通信技术，解决信息采集与传输问题；其二是信息处理技术，解决数字化与数据化信息生产加工问题；其三是信息呈现技术，体现在将若干种信息模态，通过相应终端，转化为具体的呈现形式。整体来看，地市级媒体的技术应用主要集中在信息处理技术（即内容科技）范畴内。其主要特点如下。

第一，数字化工具集成平台仍是技术应用主流。在地市级媒体搭建与使用的数字化工具与操作平台中，最具有代表性的便是媒体"中央厨房"。它具备

[①] 人民网.《2019，内容科技（ConTech）元年》白皮书[EB/OL]. http://media.people.com.cn/GB/22114/431528/index.html.

[②] 根据2022年8月南充日报社提供"媒体深度融合发展建设情况"报告整理。

媒体融合

从内容生产制作到传播效果监测的能力，能够实现对特定媒体内部的采编资源整合、统筹和调度，以生产适合不同终端刊播的多样态的内容。"中央厨房"的技术应用特点是数字化信息处理技术的集成，充分体现了内容格式数字化、生产流程数字化以及内容发布网络化的特征。多位访谈对象对其所属媒体技术应用现状的描述集中体现为，"其内容制作工具突破了图、文、音视频等内容格式的限制，投入了H5可视化产品制作、视频生产、网络直播等制作工具；内容发布系统则覆盖了媒体网站、移动客户端等多个渠道"。客观上，通过建设"中央厨房"，地市级媒体得以打通数字化内容的共享、管理、制作与发布，也在形式上实现了生产流程的重构，但对于媒体深度融合所需要的跨越组织、行业的边界，打通多元异构数据，从而推进媒体与各种社会服务提供者的业务及数据的深度融合，这一层面的技术能力还难以满足。

第二，前沿技术研发能力整体较弱。在课题组走访的多家媒体中，大多数地市级媒体的新技术系统开发和维护均依赖于第三方技术供应商，没有自己的技术团队；部分地市级媒体的技术团队的能力配置仍是主要用于支撑音视频模拟、播控等传统制播技术设备运行，围绕前述"中央厨房"技术以及围绕移动端建设、智能化应用的技术人员占比不足10%，能进行研发工作的技术工程师等人数更是寥寥可数，这严重影响了新技术、新应用发挥作用。

第三，急需导入数据级技术应用实现突破。一些发展较快的地市级媒体先行先试，已经在数据化、智能化技术应用上开始了突破。例如，"我的长沙"将新型主流媒体平台与智慧城市数据绑定，通过用户办事行为沉淀数据，挖掘数据，应用数据，逐步搭建"我的长沙"媒体资源库标签体系，并以城市大数据为支撑开发各类信息的算法推荐功能，有效增强了内容的传播力和用户黏性[1]。再如苏州广电大力建设全域智能一体化融合创新体系，打造了"星舰""星聚""星创""星传"四大系列产品，在智能化内容识别及管理技术、基于全网内容训练的知识图谱技术、个性化推荐算法等方面做出了有益探索，并在其运营的移动客户端"看苏州"和"无线苏州"上得到应用，取得良好效果[2]。

---

[1] 国家广电智库. 以数据和智能作为双驱动长沙台探索"文化＋科技"融合新路径[EB/OL].https://mp.weixin.qq.com/s/pD4o4LJra0KZHrrGqfJFXg.

[2] 根据2022年10月26日苏州市广播电视总台提供关于"智慧媒体建设情况"报告资料整理。

第三节 以创新管理为保障

创新管理是增强主流媒体自身活力，从而推动媒体深度融合发展，建设全媒体传播体系的关键所在，而体制机制改革是当前创新管理的主要任务。课题组认为，媒体的所谓体制，是指媒体运营所需的各种资源（包括但不限于人财物）的配置方式，通常是由媒体所承担的任务及其目标决定的，如公益一类事业单位体制意味着该机构运营目标的完全公益化，以及资源配置方式的行政化及价值补偿方式的非市场化；所谓机制，是指这些资源之间的组合方式及相关的利益传递机制，一般包括一个媒体机构建立内部组织的方式、考核方式和奖惩激励方式。从当前我国地市级媒体的融合实践来看，尽管体制机制层面的矛盾整体上较为突出，但也不乏积极发挥能动性的创新探索。其中比较有代表性的举措如下。

其一，破除身份障碍，创新用人机制。在各地反映的困难与问题里，人员编制不足、活力不够是目前我国地市级媒体用人机制的突出矛盾。由于部分地市级媒体长期实行传统事业单位以身份管理为主的用人方式，其中的传统业务部门人员多有"事业编制"，而新媒体业务部门人员和技术类人才又大多是以市场化机制用人，这种人员身份的"双轨制"，常常导致一方面难以人尽其才，另一方面又无法位得其人，带来内部人员流动的障碍，造成组织架构僵化，缺乏动力和活力。针对这类问题，齐齐哈尔新闻传媒中心的改革，为地市级媒体提供了一个可供参考的样本。2019 年，齐齐哈尔新闻传媒中心开始推行"三打破"改革方案，即打破身份、打破职称、打破原工资级别，"全体起立、竞聘上岗"[①]。除按规定由市委任命的领导班子成员外，其他人员不分编内编外、不分干部工人，全体通过公开竞聘上岗；岗位设置实行因事设岗，工资待遇以岗定薪，在岗期间取消职称待遇，从根本上化解了"一聘定终身"的职称评聘分开难的问题。从改革结果看，"三打破"从身份管理这一难啃的"硬骨头"出发，基本解决了原来体制机制下存在的一些人高职称、低产出，干好干坏一个样等造成的机构低效率的问题。

其二，细化绩效考核，创新薪酬制度。在薪酬制度和激励机制层面，地

[①] 根据 2022 年 8 月齐齐哈尔市新闻传媒中心提供"媒体深度融合发展情况"报告整理。

媒体融合

市级媒体多存在人员薪酬"天花板"，绩效考核办法不尽合理，激励机制吸引力不足，职业晋升通道较窄，因此无法与互联网行业同类岗位竞争的问题，从根本上影响了优秀专业技术人才的积极性。为了解决薪酬绩效方面的"天花板""大锅饭"问题，安庆市新闻传媒中心采用了企业化的薪酬分配方式，实行低底薪、优绩效、高激励[①]。一方面坚持基本绩效与部门营收情况同向联动，合理确定绩效工资总额，能增能减，实现"多劳多得、优劳优得"以提升效率；一方面在完成任务基础上，根据超出部分发放超额绩效，对所有人员平等对待，上不封顶，实现了工作绩效与积极性双提升，激发了活力。

在地市级媒体体制机制改革中，必然要触及利益分配格局的调整，在实际推进中往往会遭遇重重阻力，遇到的都是难啃的"硬骨头"。齐齐哈尔新闻传媒中心的"三打破"之所以能够成功，其主要领导总结说，关键是真正做到"三公开"，即"公开设岗、公开竞聘、公开评议"[②]；而安庆市新闻传媒中心的经验是，建立以"一把手"牵头的"工作专班"或称"领导小组"，以"非常规"方式集中行政资源，高效处理需要跨部门协同解决的问题。安庆市新闻传媒中心的改革，就是在广泛征求意见后，出台了市级媒体融合发展改革方案及相关一揽子方案，成立了由市委副书记任组长的市级媒体融合发展工作领导小组，定期调度解决改革中遇到的具体问题。

---

① 根据2022年8月安庆市新闻传媒中心提供"媒体深度融合发展建设情况"报告整理。
② 同上。

第五章　地市媒体融合的未来发展：探索新路径

当前，地市级媒体已普遍开启了推进深度融合的进程。2022年4月，中宣部等三部委就地市级媒体深度融合发展联合发文，并在全国启动60个试点建设工作，为地市级媒体走出生存危机、探寻发展路径提供了政策机遇，各地党委和政府及地市级媒体也迅速响应，逐步形成了地市级融媒体中心建设的"时间表"和"任务书"。

在实践中，伴随着媒体融合走向"纵深"，一些具有共性的结构性、观念性问题也凸显出来，课题组归纳和分析了这些典型矛盾与问题，以期找寻解决方法和路径。

第一节　做平台还是做端口？

2020年9月，中共中央办公厅、国务院办公厅印发《关于加快推进媒体深度融合发展的意见》，要求按照资源集约、结构合理、差异发展、协同高效的原则，完善中央媒体、省级媒体、市级媒体和县级融媒体中心四级融合发展布局[1]。此后，国家"十四五"规划明确写入了"推进国家、省、市、县四级融媒体中心（平台）建设"的发展任务和目标。中宣部等三部委的相关部署提出，地市级媒体"既可以各自建设融媒体中心和传播平台，也可以共同打造市级融媒体中心"。从顶层设计角度看，政策上具有一定程度的模糊空间。这样表述，虽可以为地方自主创新提供政策空间，但在具体操作中，

---

[1] 新华社.中共中央办公厅国务院办公厅印发《关于加快推进媒体深度融合发展的意见》[EB/OL].http://www.gov.cn/zhengce/2020-09/26/content_5547310.htm.

媒体融合

一部分地市级媒体却对融合发展目标是做平台还是做端口产生了游移。

实际上，对这一问题的回答必须回到全媒体传播体系建设的语境中。从基本特征来看，全媒体传播体系需具备"全程、全息、全员、全效"特性，这是对未来媒体形态和功能的引领性认识，极大地突破了传统媒体理论关于媒体功能、形态的观念。从结构来看，中央级媒体、省级媒体、地市级媒体与县级媒体均是全媒体传播体系建设的重要行动主体，客观上形成了四级结构，但从中央所要求这一体系实现的"主流舆论阵地、综合服务平台、社区信息枢纽"三大功能看，其重心实际上落在了能够通过综合服务和社区信息枢纽功能而直接触达基层群众的基层媒体身上，这与传统媒体时代的"四级办台（报）"的结构形似，但在功能上存在较大差异。这种差异在功能上主要体现在，"四级办台（报）"结构中的基层媒体主要角色是其各自"上级"媒体的"通讯员"，主要任务是为"上级"提供稿件（信息），而在全媒体传播体系中，基层媒体的网络端口，是向基层人民群众提供各种信息及实体性服务的端口，也是广大人民群众进入全媒体传播体系的入口。

从全媒体传播体系建设和运营的角度看，客观上，既需要有内容科技中各类数字级采编技术工具的支撑，也需要运用大数据和人工智能技术，以高效率聚合、审核及生产内容，也需要运用这一层级的技术精准分发新闻及其他各类信息，以提升信息分发效率。但对于具有"四全"特征的全媒体传播体系建设和运营来说，更需要的是能够打通来自不同部门、不同主体、不同领域的"多元异构"数据。

实践中，这些技术应用都需要平台级的技术设施和技术团队的支撑。而目前，对我国基层媒体（县区级以及大部分地市级）提供这种技术支持的，是作为县级融媒体中心技术解决方案的核心的省级技术平台，但这些平台本身的技术能力从质和量两个方面都有较大缺陷，既无法充分满足基层媒体信息采编、发布工具类的数字级的技术需要，更不能满足基层媒体作为综合服务平台和社区信息枢纽的技术需要，甚至它们都无法从自身所属的省级媒体机构的业务中找到恰当的应用场景。

因此，地市级媒体在深度融合发展中的定位，可以基于本地区各级媒体的发展现状、自身的资源禀赋等分类考虑。总体上，地市级融媒体中心应立足本土，聚合本地资源，提供综合服务，连接本地群众，助力基层社会治理，实现正确舆论引导。其中一些具有区域性中心功能的城市媒体，应当致力于建设具有数据级技术能力的自主可控平台，在服务城市主城区人民群众的同时，向城市所辖（远郊）区和县的融媒体中心赋能，支持它们的移动客户端全面建设三大功能。例如"我的长沙"客户端，即将自身定位为城市移动综合服务平台的主端口，依托政务服务和公共服务这一"刚需"，围绕长沙市民医、学、住、行、生、老、病、养等各方面全面整合服务资源，实现了三年内平台注册用户量超900万，累计服务超3.2亿次。

对于经济发展水平较低，互联网技术基础相对薄弱的地级市的媒体而言，可以选择依托省级技术平台的支撑，集中力量运营市级移动端口。

第二节 如何整合内外资源？

在明晰功能定位之后，地市级媒体深度融合中必须解决的一个问题便是如何有效整合资源。这里的资源可以主要分为两类，一类是媒体内部的组织、技术、人才、知识、资金等资源，一类是媒体外部的党政、市场、社会等资源[1]。在整合的过程中有必要系统规划，平衡好内部与外部资源、存量与增量资源之间的关系。

首先，在内部资源整合层面，要清醒认识到机构合并不等于融合。在地市级媒体发展基础较差、历史遗留问题突出、本地媒体"单打独斗"难以为继的情境下，不少地方选择了报业与广电业之间的机构合并，例如西北各省区以及部分内地省份，均在加快推进地市级不同业种的媒体间的全面整合。课题组在调研访谈中发现，也有地市级媒体的负责人对于"报纸+广电"的整合持明显的反对态度，个别省份内的反对意见达90%以上。大家的担忧多在于"合而不融"，难以激发组织活力。

对于这一问题的考量，还是要看合并后的融合规划和具体发展路径。课题组认为，我国的媒体融合，实质体现为主流媒体的互联网化[2]。如果合并后

---

[1] 罗昕，蔡雨婷.县区级融媒体参与基层治理的资源依赖研究[J].现代出版，2021（05）：68-73.
[2] 宋建武，黄淼，陈璐颖.平台化：主流媒体深度融合的基石[J].新闻与写作，2017（10）：5-14.

媒体融合

切实推进了体制机制改革、组织结构再造、资源配置优化，建立起基于移动端、面向互联网的新型媒体形态、业务形态和组织形态，那么这样的合并便是为媒体融合创造了有利条件。

当前媒体深度融合的主要目标，就是要建设全媒体传播体系，而全媒体传播体系的特征呢，就是具备"全程、全息、全员、全效"特征的"四全媒体"，换句话说，就是要建设一个以互联网为核心的现代信息技术作为基础的、顺应新的社会传播关系、具有全面服务功能的新型媒体系统。这样的一个新的媒体平台是需要各方面的资源支撑的。报台合并形成地市级融媒体中心，其与县级融媒体中心从基本功能上看都应该是主流舆论阵地、综合服务平台和社区信息枢纽。对于一个地方来说，政务服务资源以及本地服务资源和本地用户资源都是有特定的市场限制的，如果报和台各自去搞一个平台去聚合这些资源，必然会造成内耗。报和台两个机构的合并，有利于体制内资源的集中。中央有关部门推动地市级这两类机构的合并，主要就是着眼于此，这是因为我国大部分市一级媒体单体体量比较小，数量又比较多，地区之间差异也很大，很多地方媒体生存发展都很困难，市场容量有限，摊子铺得多，将来很难持续发展。

但是必须清醒地认识到，两类媒体机构合并不是媒体融合本身，它只是为媒体融合创造了一些有利条件，但对于需要以互联网化而实现媒体深度融合的主流媒体而言，它既不是充分条件，又不是必要条件。因此中央有关部门在地市级媒体深度发展过程中，强调因地制宜，允许不同模式的探索。至于两类机构合并的利与弊，取决于合并以后做什么，怎么做。现在一些地方两类机构合并以后，它们各自遗留下来的问题成了短时间必须解决的问题，还有一些由合并而产生的新问题，牵涉了很多精力，花费了不小财力，反而对建设一个基于互联网的新型传播平台，新的传播端口，带来不利影响。

地市级媒体的深度融合，除了上述功能、技术等方面的要求之外，从内部来说，难点和重点就在于要深化改革，建立起有创新发展活力的体制机制。安庆和齐齐哈尔等地的机构改革实践，已经彰显了其阶段性的融合效能。但如果合并后的地市级媒体仍未充分掌握互联网规律，无法撬动原有的体制机制和人才队伍建设障碍，整体缺乏互联网技术能力和运营能力，那么这类合并就难以发挥"1+1＞2"的效果。

其次，在外部资源整合层面，要重点发挥媒体移动端作为超级端口的接入能力，主要借助大数据来打通社会资源。对于地市级媒体而言，增强其网络端口或平台作为所在城市和区域运营关键节点的连接能力和发挥其作为地方党媒的政治优势显得更为重要。例如，在城市政务服务平台已较为成熟的地区，此地的地市级媒体也没有必要重新建设运营一个政务服务综合平台，其建设的重心可以放在如何与政府相关部门合作，获得大数据运营权，并基于具体场景进行数据分析应用上。可以从政务服务和生活服务的应用场景出发，结合业内较为成熟的标签分类体系，打造起围绕用户（或实体）的标签体系，深化服务供给与用户需求的精准匹配，实现传统粗放式的服务模式向精准化供给服务模式的转变。

第三节　如何理解内容建设为根本？

在内容建设层面，尽管地市级媒体基于互联网的信息生产与发布能力已基本形成，但仍存在开放度低、互动性差、影响力弱等问题，有必要厘清内容建设的内涵与外延，从而更好地开发内容资源，推动内容建设。

第一，媒体内容建设要体现"开门办报"的精神。从目前地市级客户端的表现看，地市级媒体在开放性生产方面的探索仍十分有限，用户生产的信息内容占比较低，总量更是微小。但通过比较也不难发现，专业生产的内容并不一定能够带来移动端的用户规模和用户黏性的增长。在课题组所观察的样本中，活跃度较高的客户端均在用户生产方面表现了更高的开放度。《意见》要求，要大兴"开门办报"之风，这是对主流媒体在融合发展中的内容建设方向的关键指引。主流媒体旧有的内容生产是一个较为封闭的体系，这与互联网的"参与、互动"的本质相悖。打破这种封闭，以开放的姿态将互联网技术释放出来的内容生产力进行整合，才是新型主流媒体内容建设的方向。地市级媒体应当转变思路，发扬"开门办报"的优良传统，创造条件使广大本地用户积极参与内容生产，通过整合更加丰富的内容资源，推动专业内容生产与用户内容生产的一体发展。这也是全媒体特征中"全员媒体"的本质要求。

媒体融合

第二，内容建设要应用新技术提升传播效果。对于内容传播效果的认识，部分媒体机构存在浅层化、片面化的倾向，主要表现在只关注自身在第三方平台上的账号的流量数据，对于如何提升自有移动客户端的用户规模和用户黏性缺乏兴趣，有些甚至没有信心。而从国家融合战略要求和媒体自身发展需要出发，建设自主平台势在必行；从移动传播的内在规律出发，主流媒体必须提升自有平台的精准分发能力，将海量信息与用户个性化信息需求进行匹配，才能有效提升触达率、传播力。实践中，"我的长沙"在这一方面的探索已初见成效。围绕精准分发能力的建设，"我的长沙"目前已建立标签类别 6801 个，标签总数达 63480449 条，可基于不同内容实施精准推送[①]。

对于我国地市级媒体而言，坚持移动优先，在新渠道构建新阵地，推动主力军进入主战场，释放以内容建设为根本、以先进技术为支撑、以创新管理为保障的内生动能，切实完善主流舆论阵地（权威信息渠道）、综合服务平台、社区信息枢纽的功能建设，既是顺应互联网技术发展趋势、推动媒体融合向纵深发展的内在要求，也是密切联系人民、服务社会治理的实践落点。各地市级媒体有必要解放思想、深化改革，实现向网而生、因融而兴。

（此课题被评为中国新闻出版研究院 2022 年度优秀课题二等奖）

[①] 何超.长沙广电：从城市媒体到城市服务的转型之路[EB/OL].https://mp.weixin.qq.com/s/8339V6xKCcF0-raVXCisRQ.

第二编

媒体融合背景下新闻作品版权保护研究报告

中宣部委托课题新闻函〔2015〕820号

负责人：杨驰原
所在单位/部门：中国新闻出版研究院
结题时间：2016年1月25日

前　言

中国新闻出版研究院2015年12月底接到中宣部新闻局"关于委托进行媒体融合背景下新闻作品版权保护调研的函"以后，对此高度重视，经研究决定安排院所属《传媒》杂志具体负责此事。《传媒》杂志根据院领导指示，以杂志社采编人员为基础，抽调院里从事传媒、新闻、版权等领域研究的相关专家，组成了课题组。

为了对当前我国新闻作品版权保护的现状有更深入的了解，并在此基础上发现问题，以便提出有针对性的对策建议，课题组在半个多月的时间里，通过收集资料，发放问卷，实地调研，电话、微信、短信、邮件采访，专家咨询等多种方式开展了扎实的调研工作。

1. 资料收集：课题组通过知网、万方、百度等多种搜索查询工具，获取相关研究资料近百篇，并进行了认真研读。

2. 问卷调查：课题组针对媒介融合背景下新闻作品版权保护的现状，设计了《传统媒体新闻作品版权保护情况调查问卷》，并通过纸质、网络、微信等多种渠道，对传统报刊、广电单位开展了问卷调查，最终回收问卷371份，有效问卷360份。

3. 实地调研：课题组先后走访了北京、广州、重庆、武汉等地多家传统报刊和广电单位，进行实地调研，获取第一手资料。

4. 电话、微信、短信、邮件采访：课题组通过电话、短信、微信、邮件等多种形式对包括新华每日电讯、中央人民广播电台、湖南电视台、安徽电视台、浙江电视台、河南电视台、山西电视台、云南电视台、深圳电视台、郑州电台、苏州电视台等在内的多家媒体单位进行了采访调研。

5. 专家咨询：课题组除了发动院内相关专家参与课题调研和报告撰写，还对此领域内本院以外的相关专家进行了咨询，并采纳了他们的部分观点。

最后，课题组在掌握了充足的资料，并进行了充分讨论和研究的基础上，撰写了此报告。

此报告由主报告和两个附录构成：主报告详细分析了当前我国媒介融合背景下新闻作品网络侵权的现状和危害、网络侵权屡禁不止的原因，以及进一步加强新闻作品版权保护的对策建议。附件一以典型案例形式呈现了《新京报》、重庆日报报业集团两家媒体单位的新闻作品版权保护经验；附件二是课题组开展问卷调查的相关情况，并把相关数据以报告形式加以呈现和分析。

移动互联时代，我国新闻作品版权保护是媒体融合发展的关键问题。对此重大课题，用不到一个月的时间来完成，未免仓促，虽然课题组夜以继日、加班加点的工作保证了如期结题，但粗略、失当之处在所难免。为解决这些问题，中国新闻出版研究院已经把新闻作品版权保护课题列入2016年科研选题计划，以期进一步完善此课题。

本课题组
2016年1月25日

▶ 媒体融合

第一章 新闻作品版权保护的现状

课题组通过网络查询、采访、调查和调研,掌握了大量的资料,通过分析和总结,梳理出目前我国新闻作品版权保护的基本情况。

第一节 报刊业新闻作品版权保护的现状

(一)网络对传统媒体新闻作品侵权行为泛滥,手法多样,隐蔽性强

课题组对传统媒体进行调研发现,新闻作品版权的网络侵权成为困扰传统报刊、广电行业发展的焦点问题之一。整体而言,网络、新媒体对传统媒体的新闻作品侵权行为集中表现在数量巨大,大型网站转载付费过低,中小网站和新闻客户端网络盗版猖獗,擅自扩大新闻作品合理使用范畴,对原文改头换面、拼凑嫁接、断章取义,侵权技术手段越来越隐蔽等方面。

课题组问卷调查结果显示,有一半以上的媒体单位表示,对内容的侵权行为频繁发生。同时,在课题组的实地调研中,不少传统媒体也向课题组反映,新闻作品被侵权的事件,几乎每天都在发生。在调研过程中,被侵权媒体普遍反映,网络媒体对新闻作品进行转载转引时,不署名、不标明出处、篡改标题、删减长度、断章取义、掐头去尾等情况也很常见。不少记者反映都经历过新闻标题被网络媒体夸大化、严重化,甚至被篡改的情况,有的还对采访对象造成了不利影响。如央广网曾发布稿件《比亚迪就 E6 电动出租车起火发声:追尾车辆引燃所致》,被网易转载后标题改为《比亚迪:电动车起火怪后车引燃》,歪曲了原标题的含义,在网络上引起一部分负面评论。

如果说以商业网站为代表的网络媒体对传统媒体的侵权主要是通过对文

本信息"复制粘贴"的方式的话,那么伴随着移动互联网的崛起,以"今日头条"为代表的新闻客户端,主要通过"搜索链接"的方式进行侵权,即通过对信息的整理、归类、排行和大数据算法之后,对新闻作品进行"二次加工"。这种方式被冠以"新闻搬运工"的口号,侵权方式更加隐蔽,但也难掩其侵权的事实。

(二)传统媒体新闻作品版权保护意识整体上有了很大提高,一些主流报媒维权力度大、措施新、效果好

过去很长一段时期,传统媒体新闻作品版权保护意识淡薄,面对同行和网络对本单位新闻作品的侵权基本上处于放任自流状态,大量珍贵的新闻作品版权被无偿使用或以极低价格出让。近年来,主流传统媒体有所觉醒,很多媒体开始旗帜鲜明、大张旗鼓地维护自身的新闻作品版权,其中比较有代表性的是重庆日报报业集团、新京报社、楚天都市报社等,他们的统一特点是维权力度大、措施新、效果好。

重庆日报报业集团在全国报业集团里率先发出声明维护集团的新闻作品版权。2014年3月,该集团所属34家报刊网和微博、客户端向社会公开发布《重庆日报报业集团版权声明》,在社会上引起了极大反响。《新京报》自2014年3月28日起,定期刊登反侵权公告,对未经《新京报》书面授权,擅自转载《新京报》及新京报网上刊发的作品的违法行为进行公告。《楚天都市报》2015年5月份开始,设立维权部门,明确由一位副总编辑牵头,总编室、信源工作部、新媒体部三个部门协助具体执行,分工负责版权的内外衔接、搜集侵权证据,向法院起诉"今日头条"。

(三)为数众多的中小型网站和移动互联网不经授权、无偿使用,成为侵权主体

课题组通过多家调研和走访发现,一些大型、正规的网络媒体(如新浪、搜狐、网易、腾讯等)在与传统媒体合作时,都建立了内容授权机制,每年会支付一定的费用给传统媒体。但是一些中小网站和移动互联网,不经授权、无偿使用的情况却很常见,以致于侵权主体数量众多,并分散于各种类型的中小型网站和移动客户端,构成了目前新闻作品网络侵权的主体。

随着移动互联网的兴起,新闻作品版权遭到肆意侵害的情况更为普遍,电脑屏幕因为面积较大,一般来说,作者、链接、出处还能展示出来,但手

>> 媒体融合

机就有局限了,所以很多时候,报纸内容的精华会被直接抓取过去,而来源、作者、链接等信息,全部被减省了。这些中小网站和移动互联网无序转载的现象,不仅对传统媒体的新闻作品版权保护带来了极大困扰,同时使付费购买新闻的大型网站也深受困扰。腾讯马化腾在2015年两会提案中呼吁加大网络版权保护力度,提出"保护网络版权事业关乎文化兴衰"。中小网站的侵权治理,是维护新闻作品版权秩序的重中之重。

(四)付费网站多采用打包购买机制,购买金额多为十多年前商定,多年未变,以致价格与价值不能对等

据课题组调研了解到,新媒体在与传统媒体合作的过程中,以新浪、搜狐、网易、腾讯等为代表的一些大型网站虽有正规的签约授权,但一般采用内容打包的合作模式。这种合作模式和付费标准从上世纪90年代末一直持续到了现在,多年未变,内容生产成本和版权收益严重不对等成为最大的焦点。面对大型网站以传统媒体生产的内容产品作为主入口所带来的增值收益的不断增长,传统媒体的抱怨声越来越多。以《新京报》提供的数字:"不计印刷、纸张费,每个字成本都有5块钱,而打包卖给网站的版权核到单篇稿子、单个字的话,连一分钱都没有。"新闻作品的版权价值严重被低估,于是,传统媒体纷纷呼吁"是时候对媒体版权进行重新定价了"。

此外,除去一般新闻,传统媒体在一些重要新闻报道上,更是投入巨大。以南方报业集团报道2010年全国"两会"为例,报社派出了20人的采访组奔赴北京,统计住宿、交通、餐费等成本,算下来平均每人1万元。如果再把工资、奖金算进去,这20人的支出至少要27万元至30万元。而这些报社付出巨大经济成本,凝结着记者、编辑心血的"两会"报道,一夜之间就被一些网络媒体廉价或无偿转载。

(五)伴随着移动互联网和自媒体的兴起,传统媒体创办的网络新媒体也沦为被侵权的对象,甚至陷入被剽窃的命运

近些年来,伴随着3G、4G网络的普及,移动互联网异军突起,相比之下,昔日无比辉煌的网络媒体也成为了"传统媒体"队伍中的一员,成为被侵权的对象之一。2014年至今,以"今日头条"为代表的新闻客户端对包括网络媒体、报刊、广电在内地所有媒介形态新闻作品的侵权使用,成为业界对新闻作品版权保护热议的焦点之一。而在自媒体领域,据微信官方公众号"微

信公开课"发布的《为什么你的账号被封了》一文显示，自 2015 年 2 月 3 日微信公众平台公布《微信公众平台关于抄袭行为处罚规则的公示》以来，微信公众平台日均处理的抄袭侵权单高达 600 单，因抄袭被处罚的账号数达到 497 个。实际上，自媒体中的剽窃情况还远不止于此。课题组在《新京报》调研时，相关负责人也告诉笔者，以前对新闻作品的侵权主要是针对我们报纸本身，现在是对我们网站、26 个微信公众号等多种媒介形态的全方位侵权。

第二节 广电业新闻作品版权保护的现状

由于广电行业与传统报刊行业相比有其特殊性，课题组对多家广电媒体单位进行了调研，发现其在新闻作品版权保护方面与传统报刊行业相比存在一些不同特点，具体表现如下。

（一）除中央三大台外，地方广电行业对版权管理比较混乱

在调研中，课题组发现，中央三大台均有对版权管理的专属部门，如中央电视台版权和法律事务室、中央人民广播电台资产管理中心版权处、中国国际广播电台办公室法规处。但地方广电行业对版权管理却比较混乱，其分属于单位内不同的部门，有的属于总编室统一管理（浙江电视台），有的属于新闻中心（河南电视台），有的属于法规、法务处代管（安徽电视台）；有的设置节目版权部门（深圳电视台、苏州电视台），也有的没有设置或者不清楚是否设置该类部门（湖南电视台、山西电视台、云南电视台、郑州电台）。

（二）广电行业对侵权现象缺乏足够重视

由于电台、电视台处理网络媒体的侵权行为，面临着费时费力又回报少的问题，所以一般电台、电视台缺乏对侵权现象的足够重视。尤其是地方电台、电视台基本不设立专门的版权保护部门。另外，电台、电视台的版权分销基本存在于有广大受众群的综艺娱乐节目中，针对电台、电视台制作的新闻作品而言，版权分销情况很少。

（三）对广电行业影像作品的侵权行为要少于对传统报刊文字作品的侵权行为

课题组通过调研发现，电台、电视台的（声音）影像新闻作品侵权不如

报刊的文字新闻作品侵权那样明显，这种现象可能跟影像作品和文字作品本身不同的特性有一定关系。

（四）广电行业内部相互侵权现象较少，仍然是网络侵权严重

课题组通过多方调研发现，广电行业内部电台和电视台之间新闻作品相互侵权的现象基本不存在。据多家电台、电视台反映，问题比较严重的仍然是网络媒体随便"扒"其新闻的现象。很多视频网站随意转载电台、电视台新闻作品的现象普遍存在，尽管有一些也有版权合作，但大部分是随意转载。电台、电视台版权负责人表示，确实是没有好的处理办法。遇到性质严重的侵权就会联系侵权方，沟通无果才会转交给单位的法务部门去交涉。

第二章 目前新闻作品版权保护存在的问题及危害

针对新闻作品的网络侵权现象，管理机关和新闻媒体都采取了一些措施进行维权保护，如国家层面对相关法律和规章制度进行完善，并开展打击网络侵权盗版的"剑网行动"等；一些新闻媒体成立专门机构或安排专人对侵权资料进行收集和跟踪，发布版权声明，建立反侵权公告机制，从个体维权走向集体维权，甚至进行法律诉讼，等等。尽管这样，新闻作品网络侵权现象依然屡禁不止，而且版权保护效果也并不明显。课题组问卷调查数据分析显示，各媒体单位对版权保护的效果评价中，仅有42家单位认为效果明显，占比11.67%；有206家认为效果一般，占比57.22%；认为没有效果的为114家，占比31.67%。课题组经过分析，得出目前我国新闻作品版权保护存在的问题及其危害。

第一节 目前新闻作品版权保护面临的问题

（一）绝大多数传统媒体对新闻作品版权保护意识淡薄，维权积极性不高

传统媒体环境下，无论是报纸，还是广播、电视，在版权控制方面都占据着天然的主导地位。尽管也有人不断呼吁要重视内容版权，但对于许多传统媒体而言，通过网络转载可以提高其知名度，同时也为自身转载他人信息提供了便利条件，因此对网络侵权持容忍和纵容的态度。课题组问卷调查数据显示，三分之一的媒体单位出于提升自身影响力的考虑，乐意被转载；只有不到三分之一的媒体单位对于无偿网络转载无法容忍；更有8.33%的媒体单位虽无法容忍侵权行为，但也不会进行维权。

收益小导致传统媒体维权积极性不高。过去传统媒体以其新闻资源优

势和市场影响力，广告收入扶摇直上，版权收入相对于广告收入而言，几乎可以忽略不计。然而，在传统媒体的轻视和纵容中，以转载新闻起家的门户网站迅速做大，新浪、搜狐、网易、腾讯等门户网站相继上市。之后，网络媒体对传统媒体的冲击愈加严重，再加之移动互联网的崛起，使报纸广告严重缩水。此时，报纸才如梦初醒，意识到版权保护的价值，但已失去了与新媒体谈判的主动性，新闻转载已经成为卖方市场，新媒体掌握了市场定价权。

（二）《著作权法》及相关法律法规对"时事新闻"界定不清晰，以致一些新媒体一味扩大时事新闻"合理使用"的边界

早期，传媒在很大程度上被当作是公益性的行业，没被看作是一个可以盈利的产业，媒体之间几乎不存在竞争。在报道新闻时，媒体通常是对新闻事件的简单陈述，新闻事件的事实本身并没有归属，不属于哪一家媒体，因此新闻稿件的著作权很少被提及。20世纪90年代之后，随着传媒产业化的发展，媒体间的新闻竞争日益激烈，新闻报道已越来越多地融入了媒体自身对信息资源的整合、加工、价值判断，其中包含了越来越多的智力劳动。但我国《著作权法》明确规定"本法不适用于时事新闻"的表述却未随着产业的发展而做过更改。而对于何为"时事新闻"，只在《著作权法实施条例》中给出了一个比较笼统的定义，即"单纯事实消息"。在实践中，如何区别时事新闻和具有独创性的新闻作品缺乏统一裁判标准。2006年8月公布的《信息网络传播权保护条例》规定了八种"合理使用"的情形，规定"报道时事新闻，在向公众提供的作品中不可避免地再现或者引用已经发表的作品；向公众提供在信息网络上已经发表的关于政治、经济问题的时事性文章"，这两种情形可以不经著作权人许可，不向其支付报酬。但是实践中，网站往往自行扩大解释"合理使用"的范围，且对时事新闻的标准也把握不准，侵权者打擦边球并以此作为首要抗辩理由的情况成为常态。

（三）关于新闻作品的转载问题，国家法律和行政法规仍未达成一致

按照现行《著作权法》的规定，"作品刊登后，除著作权人声明不得转载、摘编的外，其他报刊可以转载或者作为文摘、资料刊登，但应当按照规定向著作权人支付报酬"（第三十三条）。按照《最高人民法院关于审理涉

及计算机网络著作权纠纷案件适用法律若干问题的解释》（2000），这一规定延伸到了网络：已在报刊上刊登或者网络上传播的作品，除著作权人声明或者报刊、期刊社、网络服务提供者受著作权人委托声明不得转载、摘编的以外，在网络进行转载、摘编并按有关规定支付报酬、注明出处的，不构成侵权。但转载、摘编作品超过有关报刊转载作品范围的，应当认定为侵权（参考第三条）。

但 2015 年 4 月国家版权局办公厅发布了《关于规范网络转载版权秩序的通知》明确规定："二、报刊单位之间相互转载已经刊登的作品，适用《著作权法》第三十三条第二款的规定，即作品刊登后，除著作权人声明不得转载、摘编的外，其他报刊可以转载或者作为文摘、资料刊登，但应当按照规定向著作权人支付报酬。"但"报刊单位与互联网媒体、互联网媒体之间相互转载已经发表的作品，不适用前款规定，应当经过著作权人许可并支付报酬""四、《著作权法》第五条所称时事新闻，是指通过报纸、期刊、广播电台、电视台等媒体报道的单纯事实消息，该单纯事实消息不受著作权法保护。凡包含了著作权人独创性劳动的消息、通讯、特写、报道等作品均不属于单纯事实消息，互联网媒体进行转载时，必须经过著作权人许可并支付报酬"。

从上述规定可以看出，国家法律和行政法规在这个问题上未达成共识，需要统一。

（四）维权取证困难，司法程序太过烦琐

随着新技术的不断变化，传统媒体维权的对象也在不断发生变化。从门户网站到移动终端，从 App 到微信。在网络时代，新媒体攫取新闻产品的速度越来越快，技术手段越来越成熟，利用法律空隙的方式也越来越多，但维权依据、标准、方式和外部环境都没有太大的变化，这也是很多传统媒体无法坚持维权的主要原因之一。由于移动互联网的普及，取证在如今变得更加困难，微信公众号、自媒体发生侵权，往往难以获得固定证据。在 2015 年 11 月《新京报》诉"一点资讯"非法转载的案件中，《新京报》方诉讼代理人年彬质介绍，在进行本案的证据公证时，她需要事先准备一部全新的手机，到公证处当着公证员的面拆封，下载"一点资讯"客户端，寻找被侵权文章，进行公证。

此外，与其他案件相比，新闻作品版权保护案件受理呈现批量化特点，需要审核的内容更细致繁杂。法院一次性收案量达到十几件甚至几十件。这要求法院在同样的审限内要完成更多的工作量，审理难度也进一步加大。

（五）维权成本高昂，侵权成本较低

一方面，侵权几乎不需成本；另一方面，现今的媒体不再局限于PC，各种新媒体、各种新的侵权形式出现，在取证时不仅要固定被侵权的文章，还要探索、研究侵权手法，选择公证侵权文章的获取方式，才能完成一个没有瑕疵的公证书证据。取证难、举证难、公证成本高，是维权道路上的"拦路虎"。以"一点资讯"聚合新闻App为例，《新京报》在公证之初要先购买一个新手机，为了规避其以"避风港原则"抗辩，采取了每天刷新公证文章的方式，30多天才公正了50篇文章，每篇文章的公证费用高达400余元。课题组问卷调查数据同样显示，在对新闻作品的维权保护方面，认为应降低维权成本的媒体单位占比最高。

而对于侵权者而言，由于赔偿标准较低，其侵权成本也极低。法院在处理新闻作品版权纠纷时，往往依据侵权的字数，按稿酬标准的二至五倍进行赔偿。根据当前稿酬标准，原创作品为每千字80—300元，即使按二到五倍计算，赔偿也非常有限，且目前最高判赔标准仅为千字700元。即使加上判赔的合理开支，也很难冲抵权利人因维权支付的人力、物力成本，更遑论弥补权利人因此遭受的损失。

（六）新闻作品版权保护的行政力度不够，目前仅为事后惩戒，而少有事前警告

法律诉讼是一种事后惩罚，也是一种成本昂贵的保护手段。相较司法手段，我国在规范行业等行政管理方面存在较大的不足。加强行政管理与行业自律是进行新闻作品版权保护的更为有效的手段。

第二节 网络侵权的危害

（一）不利于意识形态安全

一直以来，传统报刊、广电行业承担着确保意识形态安全的职责，但是受互联网与智能阅读终端快速普及的冲击，报业在2014、2015年出现大幅度

下滑，广电行业也出现了轻微下滑，而且这种现象在未来会更加严重。在媒介融合的大背景下，传统媒体的核心资源便是新闻作品的内容资源，如果没有了对新闻作品的版权保护，传统媒体将面临着"快速颠覆"的窘境，这将关乎主流意识形态的舆论安全。

（二）不利于传统媒体与新兴媒体的融合发展

新兴媒体的高速发展，带来海量信息的同时，也提升了信息的传播力，但同时对传统媒体尤其是报纸也带来了极大的冲击。传统媒体的著作权被严重侵犯，已经影响到了生存。如果不解决新闻作品的版权保护问题，任由网络肆意侵权，传统媒体不转型就是等死，转型就是找死，更谈不上与新兴媒体的融合发展了。

（三）不利于互联网生态的健康发展

在我国，传统媒体是每日新闻的重要来源，各大门户网站的首页面内容基本是由传统媒体提供的新闻信息再组合构成。这些内容资源是互联网吸引用户的重要入口，构成了互联网生态链的起点，也是互联网生态链的最重要一环。

而目前，各类网络盗版行为和无序竞争使得正版网站不能实现预期的用户流量，从而导致广告与增值服务等营收模式严重受损，其斥巨资购买的内容往往无法有效地实现价值回报，加之正版网站在服务器与带宽资源方面的大量投入，使得网络版权生态体系非常脆弱。如果互联网企业的盈利模式难以持续，将引发网络版权交易市场的迅速萎缩，进而影响生态体系内的内容生产、内容改编、内容销售等。

（四）重创原创精神，加速新闻作品质量的下滑，不利于新闻业的健康发展

版权价值的廉价与泛滥的侵权行为将影响新闻原创的积极性，重创原创精神，加速作品质量的下滑。这样伤害的不只是传统主流媒体，网媒也同样会失去优秀作品的来源。仅靠论坛发帖，整合归纳互抄互转，不足以支撑人民群众多层次、多品质的信息内容消费需求。新闻产品的版权弱保护现状，在损害新闻单位利益的同时，也挫伤了新闻从业者创造高水平新闻作品的积极性，最终制约了整个新闻业的健康发展。

> 媒体融合

（五）任意删改，歪曲原意，滥造标题的侵权行为，不仅会造成不良的社会影响，还会严重影响对马克思主义新闻观的传承

传统媒体一直坚持对新闻价值的追求和对马克思主义新闻观的传承，对公正、客观、理想的孜孜以求在新闻人身上已经打上了深深的烙印。如果我们对于一些中小型网络媒体和新闻客户端肆意篡改新闻标题、歪曲新闻作品本意的行为不加制止，任其发展的话，不仅会造成不良的社会影响和传播后果，而且会使传统媒体多年坚守的马克思主义新闻观和社会主义文化的传承受到重创。

第三章　加强新闻作品版权保护的建议

新闻作品版权保护是综合性、系统性的工程，需要立法、司法、行政以及包括权利人在内的多元主体共同参与，其中互联网行业的自律工作尤为重要。

第一节　加强对新闻作品版权保护的宣传和教育

加强对新闻作品版权保护的宣传和教育，提升全社会版权保护意识，这也是建设文化强国的应有之义。文化创新是建设文化强国的重要方面，是推动文化发展的有效途径，只有尊重原创、保护原创，我们的文化发展才能生生不息、光彩四射。而目前，人们对新闻作品版权保护的意识还比较薄弱，不利于文化创新和文化强国建设的推进，这就亟须从国家层面对全社会进行宣传和教育。通过宣传普及相关知识，使人们正确对待当前的保护措施，并积极主动地配合，这样才能够提升全社会新闻作品版权保护意识，提高版权保护的效率和效果。

第二节　完善相关法律法规建设，增强可操作性

在当前传统媒体诉新媒体的侵权案件中，新媒体最重要的抗辩理由便是认为其所转载的传统媒体的新闻为"时事新闻"。如前文所述，我国《著作权法》《信息网络传播权保护条例》的相关规定并未对"时事新闻"进行清晰的界定，导致不论是案件相关当事人、司法机关还是有关专家等，对此都有很多

> 媒体融合

截然不同的解读,从而为新媒体环境下传统媒体维权乃至法院审判都带来了很大的难度。因此,课题组建议,《著作权法》要细化关于时事新闻版权保护的规定,增强可操作性。比如,对"时事新闻"的界定可以从时间、内容、篇幅等角度进行明确限定。

第三节 简化维权司法流程,提高审判效率,加大赔偿力度

(一)简化维权的司法流程,采用"举证责任倒置"原则

我国目前的诉讼原则是"谁主张谁举证",这为被侵权媒体带来了取证难的问题,导致维权成本高昂。课题组建议,对新闻作品版权保护的司法程序中,可采用"举证责任倒置"原则,从而简化维权的司法流程,并降低维权成本。

(二)建立特殊的"集中审理"模式,提高审判效率

课题组建议,对于网络新闻侵权案件,可以建立特殊的"集中审理"模式,把新闻侵权的民事、刑事和行政案件交由一个专门的法庭集中审理,既能保证统一的审判标准、节约司法资源、降低诉讼成本,又可以提高法院判决的公正性和高效性。

(三)加大赔偿力度

加大新闻侵权的赔偿力度和惩罚力度,不但能最大程度地弥补受侵害人的经济损失,更能给侵权人以震慑。目前法院最高判赔标准为千字 700 元,一般判赔标准仅为千字 200-300 元,使财大气粗的新媒体公司根本不放在眼里,根本起不到警示作用,更谈不上震慑作用了。

第四节 建立新闻侵权的提示、预警、投诉行政治理联动机制

(一)开展大型集中治理活动(如净网行动)

重点整治中小网站、移动互联网无序转载、无偿转载的乱象。主管部门要严惩文章不署名、作品不注明稿源、不打招呼、不付酬的"网络搬运"现象。

（二）完善行政治理联动机制

加强著作权行政执法机构与电信管理机构的联动，对以从事盗版为业的中小网站和移动互联网及时予以制止；同时，建议加强行政机关和司法机关的联动，构建新闻作品维权的司法、行政对接平台，实现诉讼维权与行政执法的有效对接。

（三）强化内容侵权投诉管理机制

可效仿法国版权管理"三振出局"的原则，即给予侵权者三次警告整改的机会，三次不改，吊销网络经营许可证。

总之，政府需要在全社会进一步营造尊重版权、使用正版的风气和氛围，为文化产业的更好更快发展塑造良好的外部环境。

第五节 传统媒体要建立健全法制化版权资产管理与维护体系

（一）制定统一标准，解决媒体和记者职务作品的版权归属问题

由课题组问卷调查数据分析可知，大多数媒体都没有与员工签署过版权的书面约定，占比高达近70%。这一问题能否解决好关系到媒体单位自身的版权资产管理与维护体系是否健全，并关系到司法维权能否顺利进行。在这方面，《中国青年报》、重庆日报报业集团的做法可资借鉴。《中国青年报》自2010年开始，就通过作者委托的形式由报社出面进行维权，维权赔付归个人，这在一定程度上激发了记者参与维权的积极性。重庆日报报业集团制定了《重报集团版权维护管理暂行办法》，该办法规定，本集团所属媒体人员在重庆日报报业集团系列媒体发表文字、摄影、音视频、美术、图形、版式等作品系职务行为，个人享有署名权，所属媒体享有著作权中除署名权之外的其他权利；集团所有采编人员须与所属媒体签订《著作权归属约定》《单方承诺书》，明确职务作品相关事宜。

（二）定期发布版权声明，建立反侵权公告机制

2014年至今，包括重庆日报报业集团、《新京报》在内的多家传统媒体都发出了维权声明，《新京报》还在自己的官方平台上发布了《反侵权公告》；此外，包括《楚天都市报》《广州日报》《新京报》《长沙晚报》，以及搜

狐网等在内的多家传统媒体集体"声讨""今日头条",并称其侵犯版权,更有多家媒体将"今日头条"上诉至法院。《第一财经》、凤凰网、人民网、《楚天都市报》、《十堰晚报》以及新华网等媒体都有了自己的反侵权公告机制,不少网络媒体也站到了反侵权的队列。

(三)设立专门部门或安排专人负责版权管理

课题组通过调查问卷数据分析得知,对于侵权行为的发现,"通过新技术手段发现"的有120家,占比33.33%;"接到举报后发现"的有108家,占比30%;"工作人员日常搜索发现"的有90家,占比25%;"员工偶然发现"的有240家,占比66.67%;"其他渠道"30家,占比8.3%。由此可见,多数媒体单位对新闻作品的版权保护还未建立健全完善的机制,对侵权行为的发现多出于偶然因素。这方面比较好的做法,可以借鉴《南方都市报》《楚天都市报》和重庆日报报业集团。《南方都市报》专门成立了一个小组,将版权的销售与维护进行捆绑,将被侵权的文章全部公证下来,再向各网站发律师函并附上公证书,然后和对方进行谈判——直至对方要么付出合理价格正常合作,要么决心不再用《南方都市报》的稿子。《楚天都市报》从2015年5月份开始,明确由一位副总编辑牵头,总编室、信源工作部、新媒体部三个部门具体执行,分工负责版权的内外衔接、搜集反侵权证据,等等。重庆日报报业集团于2012年正式成立了法律事务部,专门负责处理知识产权管理,包括原创新闻作品著作权管理、原创图片库建立、信息及图片购买、著作权合同管理、维权诉讼等。

第六节 探索传统媒体与新媒体的新型版权利益分配与合作机制

课题组在调研中发现,关于新闻作品版权保护的事件,多数通过协商的方式解决,这种现状与课题组所做的问卷调查的结果也是一致的,在被调查的360家传统报刊和广电单位中,有45%的单位认为目前最有效的维权途径是协商解决(具体调查数据见附件中的调查问卷)。

《新京报》相关负责人告诉笔者,他们若干年前和TOM网站的官司,打响了向商业网站维权的第一枪,但当时并没有法院判决,是通过协议方式解决的。因为 TOM 网站当时正要上市,而要上市是不能有劳动争议、知识产权的案子存在的,也就是在这种情况下,双方选择了协议解决。无独有偶,之后,《新京报》和"浙江在线"的案子也是通过协商方式解决的,而不是司法胜诉,主要原因也是由于浙江日报报业集团要上市,其自身特殊情况使其不得不协议解决。此外,据了解,近两年来,多家媒体与"今日头条"的案件也多是通过和解方式协议解决的。

因此,在传统媒体与新兴媒体融合发展的大背景下,在我国目前法制建设还不是太健全的环境下,通过多种途径探索传统媒体与新媒体的新型版权利益分配与合作机制,不失为一种可行性策略。这需要联合主管部门与行业组织,在标准制定、团结维护、纠纷化解等方面发挥积极作用,逐步建立高效便捷的版权许可和争议调解机制,促进新闻作品实现依法依规使用。如与新兴媒体重新探索打包付费购买的定价机制;探索重大新闻和独家新闻的付费、分成新模式;探索重大新闻和独家新闻流量、广告等增值收益的分成模式;探索新老媒体融合发展的可持续合作模式。

《新京报》相关负责人介绍说,《新京报》在探讨这样一种合作模式:希望在垂直领域和互联网企业进行合作,将内容产品化,《新京报》在里面享有充分的、永久的产权,而不是一个简单的版权。在产品吸引广告和投资的过程中,《新京报》永远享有收益,而非像版权的销售那样,一次性买断。比如《新京报》与腾讯合作京津冀生活门户大燕网,《新京报》与小米、360、三胞集团等合作"动新闻",就是这样的合作模式,《新京报》认为这种模式才是可持续的,才是传统媒体转型的正确出路。此外,腾讯和重庆日报报业集团联合打造的国内第一个商业性区域门户网站腾讯·大渝网,也是这方面的成功先例。

第七节 利用新技术搭建全国统一的新闻作品版权保护与服务平台

探索使用新闻作品在线版权登记、确权、交易的新技术、新方法,积极寻求与第三方版权交易机构联手,对新闻作品版权以最简便的手段进行网络

> 媒体融合

确权登记、实现交易,提升付费转载的使用效率。要想实现这样的目标,建议由国家管理部门立项,由国家财政拨专款,建立全国统一的新闻作品版权保护与服务平台。积极营造健康的新闻作品版权交易秩序和市场环境,形成稳定的交易模式和市场惯例。目前已有东方雍和版权交易中心研发出微版权交易确权方式"版权印"。

利用新技术手段,构建内容保护体系。面对各类网络盗版技术丰富多样,特别在云计算、P2P、网络聚合、文字转码、网络电视(包括IPTV)、快速建站等新型技术被违法用于网络盗版的情况下,原始版权方、正版内容购买方应依托各自的技术优势和平台管理优势,建立相应的版权管理系统和版权监控平台,应对不断涌现的盗版行为。如中国新闻出版研究院承担的国家数字版权保护技术研发工程中,研发了版权侵权追索项目,对新闻作品版权保护具有重要价值,可在全行业推广应用。

此外,据国家新闻出版广电总局报刊司副司长农涛介绍,总局在建数字产品资源库时,结合版权保护的需要,做了相应的设计,以便能为入库报刊社提供主张知识产权保护的证据。据介绍,这个系统一期的目标是实现600家报刊入库,长远目标是实现所有报刊全部入库,通过这种形式,凝聚行业的力量,提高行业的议价能力。

第八节 加大对国外新闻作品版权保护研究的力度

课题组在调研中发现,很多单位认为海外发达国家在版权保护方面有不少成功经验可以借鉴,如美国的"付费墙"、德国的"举证责任倒置"、法国的"三振出局",等等。但在各大网站搜索后发现,有关国外版权保护的全面系统研究甚少,尤其是对新闻作品的版权保护研究内容更是寥寥无几。此外,虽然国内专门研究版权问题的学者不在少数,但是却很难找到熟悉国外新闻作品版权保护情况的专家,也并没有查找到能提供系统、全面,可资参考与借鉴的相关资料。在全球一体化的环境下,这实属不应该。因此,课题组建议可专门成立研究小组对发达国家新闻作品的保护问题进行深入研究,加大研究范围、研究力度,积极引进发达国家的成功经验。

第四章　附　录

附录一：传统媒体新闻作品版权保护的典型案例分析

案例 1：重庆日报报业集团的维权实践

重庆日报报业集团（下称"重报集团"）自 2001 年 10 月成立以来，目前已发展成为拥有 15 报 3 刊 16 网以及 30 多家经营性公司在内的全媒体、多元化的综合性大型主流传媒集团。截止 2014 年底，集团总资产达 49.92 亿元，销售收入达 17.77 亿元，利润 1.29 亿元，净资产达 18.82 亿元，上缴税金 1.5 亿元。新媒体收入、利润分别占集团主营业务收入和利润的 25% 左右。

1. 维权成果

在以内容、平台、渠道、经营、管理为五大抓手的融合路上，重报集团遇"版权之困"，集团领导、相关部门和各媒体高度重视版权保护工作，将其纳为集团数字化转型升级重要内容来抓。2014 年 3 月，重报集团所属 34 家报刊网和微博、客户端向社会公开发布《重庆日报报业集团版权声明》，在社会上引起了极大反响，《中国新闻出版广电报》在头版用半个版全文刊发，人民网、新华网、光明网、新浪、网易、搜狐、东方、新民网等各大网络媒体予以关注。声明引起国家新闻出版广电总局主要领导和版权司、中国版协高度关注和大力支持，并将其纳入 2014 年国家版权局、国家互联网信息办公室、工业和信息化部、公安部 4 部委联合下发的《关于开展打击网络侵权盗版'剑网 2014'专项行动的通知》，专门提出"积极推广重庆日报报业集团发表版权声明的做法，支持传统媒体规范版权声明"，《人民日报》对此进行了报道。同年 11 月，集团被中国版权协会授予"2014 年中国版权最具影响力企业"。

2. 维权实践

随着我国媒体的融合转型发展进入深水区，报业在版权的规范和保护上

>> 媒体融合

都根据自身特点采取了相应的措施，不同媒体类型具有不同的保护措施。如广州一些报纸采取电子版下午上网的做法，以保证其报纸上午零售的正常进行；《人民日报》采取电子报"付费墙"的做法，第一天的报纸可以免费在线阅读，从第二天起读者就需要付费阅读；《新京报》强化诉讼，对不经授权转载其报纸新闻的网站提起诉讼；还有的报纸在头版下面刊载版权声明，以告诫读者尊重其版权等。但万变不离其宗，长期研究报纸版权问题的西南科技大学新闻系主任刘海明认为，新闻媒体的版权声明及维权方法基本以我国的《著作权法》为依据，重报集团的版权声明的主张更为具体，措辞更为严厉，给违法侵权者造成的压力更大。

发布《重庆日报报业集团版权说明》。2014年3月，重庆日报报业集团分别在旗下主要媒体、《中国新闻出版报》发布了《重庆日报报业集团版权说明》，称重庆日报报业集团下属各报刊网和平台享有的版权内容，仅限在重庆日报报业集团所属系列媒体上作为第一网络平台发布。除法律、法规规定可以合理使用范畴外，未经重庆日报报业集团书面授权许可，其他任何网站都无权使用本集团享有版权所涉内容。这是继《新京报》为7000多篇稿件维权之后，传统媒体再度大规模发声。在网络媒体长期大量低价或无偿转载传统媒体新闻作品的现实背景下，此声明一经发出，立即引起众多传统媒体、互联网及版权专家的关注。各种声音随即而出，既有传统媒体的叫好声，也有网站的质疑声。

推行《重报集团版权维护管理暂行办法》。2014年7月，为了维护重报集团所属媒体《重庆日报》《重庆晚报》《重庆晨报》《重庆商报》《重庆法制报》《都市热报》《今日重庆》《红岩春秋》《新女报》《健康人报》《渝州服务导报》《三峡都市报》《巴渝都市报》《武陵都市报》和华龙网、大渝网、重庆日报网、重庆晨网、重庆晚报第一眼网等34家报刊网以及各媒体官方微博、微信、手机报、移动客户端等多家综合性发布平台的版权，规范集团人员职务作品管理，对侵权的个人或组织（包括报纸、广播、电视、网站、户外媒体等）有效实施版权追责，依照《中华人民共和国著作权法》制定《重报集团版权维护管理暂行办法》。同时，后附4份附件，分别对媒体与社会作者、与员工、与集团下属媒体的作品版权问题等签订协议。

除此，当代社会的媒体类型在逐渐增多，报纸的版权保护除了针对报业同行之外，还不得不针对广播、电视、网站和图书出版甚至印刷企业采取相应的措施，因为这些媒体、企业都可能侵犯报纸的版权。

3.维权意义

传统媒体作为新闻作品规模化、专业化生产已数十年之久，版权意识也由来已久，2006年前后，北京全景视拓图片公司、华盖创意图片公司集中诉讼传统媒体，通过图片侵权的方式要求各媒体赔偿，相信国内任何一家媒体都遭遇过这样的群体诉讼。

重报集团旗下《重庆日报》《重庆晚报》《重庆晨报》及华龙网等34家媒体集中在2014年3月发出声明，并非偶然。作为新闻原创作品的著作权人，发表声明或行使版权维权，既是法定的权利，也是作者天然的权利。重报集团通过媒体整合，对旗下媒体做一些具体的分工和差异化发展。一些资源整合时各媒体的版权诉求较为强烈，集团旗下单个媒体法务专业人员缺乏，人手较少，想行使版权权利往往力不从心，以集团名义整合授权，以集团法务部为口径，通过专业队伍开展工作，发表声明，以此推进和新媒体的合作。

声明之前，集团存在的现实问题如下：第一，专业人员缺乏，没有对版权事宜进行研究和论证；第二，集团内部并没有统一，包括记者和媒体之间，媒体和报业集团之间没有理顺关系，没有对版权进行集中管理。鉴于此，首先，理顺内部授权关系，学习著作权法及相关法规，然后委托重庆丽达律师所、重庆坤源恒泰律师所组建起专业团队。其次，依法获得记者的授权，新闻采编人员主动关注自己的作品被转载，向法务部提供线索。再次，网络媒体主动谈合作，希望获得授权。

声明发表，引来新变化。集团发表声明以来，先后得到国家新闻出版与广电总局的高度重视，国家版权局为此召开多次会议，在"剑网2014"行动中专门提到规范数字转载行为，并推广重报集团的做法。不仅如此，多家报业集团纷纷表示支持，通过电话或信函方式与集团法务部联络，引起共鸣，愿意借鉴做法，依法维权。在网络传播上也引起了广泛讨论，互联网并没有对重报集团进行抵制。

声明厘清维权的三大关键前提。

第一，记者稿件著作权归谁取决于是否与单位签订合同。重报集团正在逐步解决记者和报社之间的版权归属问题。目前，集团与《重庆晨报》的134名采编人员签订的劳动合同中设定了相应条款内容，规定记者、编辑职务作品著作权属于报社，且首发媒体应当是所在单位，记者编辑有署名权。被外媒转载所获稿费归作者，采编人员对其利用业余时间创作的各类非新闻类作品享有著作权。

第二，新闻稿件中哪些可以合理使用仅限三类文章。集团内部有规定：首先，属于法律、法规规定合理使用范畴的，不需要许可，也不用付费；其次，媒体之间相互置换、转载的，逐步通过协议明确，相互许可；再次，对以赢利为目的的网站，要求其按集团制定的统一价格支付费用，如遇侵权行为则采取公告、投诉、起诉等维权方式。此外，对公益性网站和经济落后的少数民族地区网站许可使用。

第三，对约稿和自然来稿的维权签订授权合同。报纸除了刊登本报记者采写的稿件外，还有自然来稿和约稿。这类稿件的维权，《著作权法》没有明确要求必须签订书面合同，因此作者给报社的投稿，两者之间可以通过其他形式达成协议，包括书信、邮件或口头形式等。而对于报社发表声明"作者一旦投稿就视为其已将作品授权报社使用，即视为双方达成协议"的情况，我国《著作权法》中没有明确规定，对这种情况不能一概而论。到底是否构成许可协议，要看双方具体的约定条件和内容，是否真正构成法律意义上的要约与承诺。而对于著作权转让，《著作权法》中则要求著作权人与受让人必须签订书面合同。因此，无论报社声明内容如何，仅凭作者投稿的行为，无法构成书面合同的形式。在实际操作中，集团大多数采取一对一相约或向相对固定的撰稿人约稿，而报社和通讯员之间的稿件问题采取的也是惯例做法，未签订过相应合同予以明确约定。

4. 维权之困

目前，媒体在版权保护上普遍存在的问题是：版权意识淡薄，自己的权利被侵犯了还浑然不觉；维权意识淡薄，侵权者难以得到惩罚；只主张自己的版权权利，在实践中未必尊重同行的版权权利。而报纸版权维权的难点在于，现有的《著作权法》对新闻作品的保护力度太弱，媒体维权的成本相对较高，即便胜诉也有点"得不偿失"。再者，即便胜诉了，在执行判决上也有难度。对于重报集团这样的维权先行者而言，在现实情况下，也遇到了自己的困惑。

一是侵权赔偿与报社付出采编成本不对等。近年来对网络维权采取过诉讼的方式，曾在2010年起诉过某大型房地产网站，取得了一些效果，最终通过和解获得了赔偿。但总体来说，侵权赔偿与报社付出采编成本不对等。

以2012年全国媒体"走转改"为例，重报集团旗下媒体多路记者，深入三峡库区，为了一篇好的新闻作品付出了不少的心血，最终挖掘出了一系列生动感人的报道，初步估算一篇深度报道加上记者的稿费、出差费、编辑、主任和主编等各个部门的劳动成果的成本在3000元以上，而现实根据法院判例估算，获得的赔偿远远低于这个成本。如果采用诉讼的方式维权，会产生律师费、然后为了证据保全（截屏）而产生的公证费、然后是差旅费和诉讼费。根据目前《著作权法》相关规定，的确可以向被告主张合理的费用，但规定比较笼统。而这类案件又是一个非常耗时耗力的工作，最终往往会出现入不敷出的局面。

二是维权举证难。首先，网络媒体删除数据可以在很短的时间内完成，不像传统媒体的"白纸黑字"。要举证必须在最短的时间内截屏公正。其次，损失或获利计算，对于传统媒体来说，网络转载对其造成的损失不好估量，难以计算，而对于网络媒体而言，到底从一篇稿件中获得多少收益也不好说，最后都是"神仙数字"，而诉讼举证本身需要严谨的逻辑结构。

新闻学概念与法学概念差距甚大。重报集团在诉讼时，常被告以时事新闻抗辩，时事新闻和新闻作品之间在前些年比较模糊，从《著作权法》《伯尔尼保护文学和艺术作品公约》从这些规定中，可以看出我国法律对新闻报道的分类大致分为时事新闻、时事性文章与新闻作品。其中，时事新闻是单纯事实消息，不受著作权法律保护；而时事性文章受到著作权法律保护，但受合理使用的限制；新闻作品则是具有独创性并能以某种形式复制的智力成果，是完全著作权法上意义的作品。

但新闻学对新闻报道却有另一番定义。"时事"，按照《现代汉语词典》的表述即是：最近期间的国内外大事；"新闻"，按照《辞海》的解释即为：报纸、通讯社、广播电台、电视台等新闻机构对当前政治事件或社会事件所做的报道。因此，新闻界对"时事新闻"倾向于这样的理解：时事新闻是指报纸、通讯社、广播电台、电视台等新闻机构对最近国内外大事如政治事件或社会事件所做的报道。而按照新闻学界通说，新闻报道有狭义和广义之分。狭义的新闻报道即是消息。《著作权法》上的"时事新闻"一说即归类于消息，然而在新闻学关于消息的分类中，也没有关于单纯事实消息这一类别；

> 媒体融合

广义的新闻报道包括消息、通讯、新闻特写、深度报道以及新闻评论等体裁。新闻学上的"时事新闻"乃是广义的新闻报道，并不排除描写、议论和抒情等写作手法，允许存在倾向性和导向性。如《中国新闻实用大辞典》对"时事新闻"的解释："就是有关近期发生的国内外大事的综合报道、背景分析、文件、资料、统计、评论文章为主的时事。"从中，可以看出新闻学上的时事新闻与著作权法规定的时事新闻相去甚远。但近年来，随着法学界的解释就比较清晰，那就是简单的时间、人物、地点和时间。但往往传统媒体的报道都不局限于此，都会深化和跟进。

三是集团诉讼主要依靠估算。为了提高赔偿额，在诉讼中通常会采用说服的手段，去表诉付出劳动、采访成本、广告等各种因素的阐述，以取得法官的了解和认同，以求得在估算中获得合理的赔付。

在传媒业竞争全面升级，很多新闻作品，特别是一些重大事件的独家新闻，成为媒体赖以确立其行业地位、提升品牌知名度、提高信誉的重要资本。但没有版权保护，网络媒体把传统媒体的读者直接转换为用户，从中盈利，这些侵权行为使正常的传媒秩序受到巨大冲击。

重报集团法律事务部副主任邱敏认为，如果新闻作品一直被肆无忌惮地侵权，最终会导致传统媒体经营下滑，从而无法支付每年数千万的采编成本，而传统媒体记者编辑也会逐步减少。新闻原创作品不断地减少，最终公众看到的只是毫无公信力的各类谣传和碎片信息，虽然自媒体也可以传递很多信息，但这些信息已无人去核实真伪。而没有严格地把关审核稿件，会导致大量诽谤、名誉侵权的案例产生，最终读者每天不断地去看各类消息，但又怀疑消息的真实性，不断地去讨论一个事件而又根本不知道真相。

案例 2：移动互联时代《新京报》版权保护情况

《新京报》从 2005 年开始加强对新闻作品版权的保护，至今已有十多年的历史。《新京报》一直不遗余力地呼吁规范网络转载版权秩序，倡导建立合理的版权合作机制，对于各种网络侵权行为，通过所属的报纸、杂志、新京报网站、官方微信、官方微博等各种渠道和途径，定期刊发反侵权公告，主张合法权益，依法开展维权。《新京报》在新闻作品版权保护维权的案例，对我国传媒行业具有借鉴意义。

1.《新京报》维权历程及成果

2005年,《新京报》与人民网进行版权合作,在此之前,人民网从来没有花钱购买同类都市报的版权,《新京报》是第一家。虽然价钱不高,但此次事件标志着《新京报》版权意识的觉醒。自此之后,《新京报》始终走在传统媒体捍卫新闻作品版权的第一线。

2006年,《新京报》对门户网站TOM网发起侵权诉讼,TOM网是一家上市公司,《新京报》的起诉对他们造成了极大冲击,最终TOM网主动提出和解赔偿,《新京报》打赢了第一个版权官司。2008年,《新京报》与浙江在线经过三年之久的侵权诉讼,最终获得了应得的侵权赔偿。2014年,《新京报》第一个公开质疑"今日头条"等聚合类新闻客户端利用技术手段侵犯媒体的版权,最终由国家版权部门出面干预规范相关新闻客户端的转载。

《新京报》也是唯一一家坚持定期刊登版权侵权公告的报纸,截至目前已刊登了16期版权侵权公告。

2.维权环境及所面临的困境

从目前来看,《新京报》面临的侵权现象仍十分严重,虽然大网站、大公司的侵权在减少,但很多小的网站、媒体仍随意转载,自微信兴起之后,在微信公号上的侵权也日益严重。还有很多媒体把《新京报》上的内容改头换面拿去使用转载,这更增加了维权的难度。随着科技发展,各个网站、新媒体可以基于技术支持自行任意抓取内容,其间成本几乎可以忽略不计,但是与此同时我们维权的成本却日益提高。仅以《新京报》诉浙江在线为例,当时浙江在线违法使用新京报文章7706篇,《新京报》法务室花了近两年时间追查,准备侵权公证、诉讼材料,仅侵权文章与《新京报》上原作的对比工作,4名工作人员用了4个月的时间才完成。整个案件仅证据材料摞起来就有5米高,《新京报》用了两辆车,五个工作人员才将证据运到法院。前后耗费了巨大的人力、物力、财力,但是获得的赔偿却很难弥补维权成本,出现了侵权易、维权难的怪状。

3.维权过程中发现的问题

《新京报》在新闻维权过程中发现了以下问题和争议。

一是立法工作推进迟缓。《中华人民共和国著作权法》于1990年通过,分别于2001年、2010年进行了两次修订,第三次修订工作也于2012年启动,时至今日已近四年，但是仍然难以一窥真容。网络时代社会发展变化一日千里，立法工作推进过慢可能导致新法颁布之期就是过时之日的尴尬。

二是侵权过易维权过难。一方面，侵权几乎不需成本；另一方面，现今的媒体不再局限于 PC，各种新媒体、新的侵权形式出现，在取证时不仅要固定被侵权的文章，还要探索、研究侵权手法，选择公证侵权文章的获取方式，才能完成一个没有瑕疵的公证书证据。取证难、举证难、公证成本高，统统是维权道路上的"拦路虎"。以"一点资讯"聚合新闻 App 为例，《新京报》在公证之初要先购买一个新手机，为了规避其以"避风港原则"抗辩，采取了每天刷新公证文章的方式，30 多天才公正了 50 篇文章，每篇文章的公证费用高达 400 余元。

三是判决赔偿标准过低。法院在处理新闻作品版权纠纷时，往往依据侵权的字数，按稿酬标准的二至五倍进行赔偿。根据当前稿酬标准，原创作品为每千字 80—300 元，即使按二到五倍计算，赔偿也非常有限，且目前最高判赔标准仅为千字 700 元。即使加上判赔的合理开支，也很难冲抵权利人因维权支付的人力、物力成本，更遑论弥补权利人因此遭受的损失。相反地却助长了该类平台的侵权胆量与气焰。

附录二：《传统媒体新闻作品版权保护情况调查问卷》分析报告

为了深入了解我国新闻作品版权保护的基本情况，中国新闻出版研究院《媒体融合背景下新闻作品版权保护研究》课题组特设计了《传统媒体新闻作品版权保护情况调查问卷》，调查对象设定为报社、期刊社、广播电台、电视台等传统媒体新闻单位。调查时间为 2016 年 1 月 5 日—2015 年 1 月 22 日。通过新浪网、微信朋友圈、QQ 群、电子邮件等方式发放问卷。调查共收回问卷 371 份，有效问卷 360 份，具体情况及分析结果如下。

1."贵单位的媒介类别是？"

参与调查的有报社 204 家，占比 56.67%；期刊社 126 家，占比 35%；广播电台 12 家，占比 3.33%；电视台 18 家，占比 5%（见图 1）。

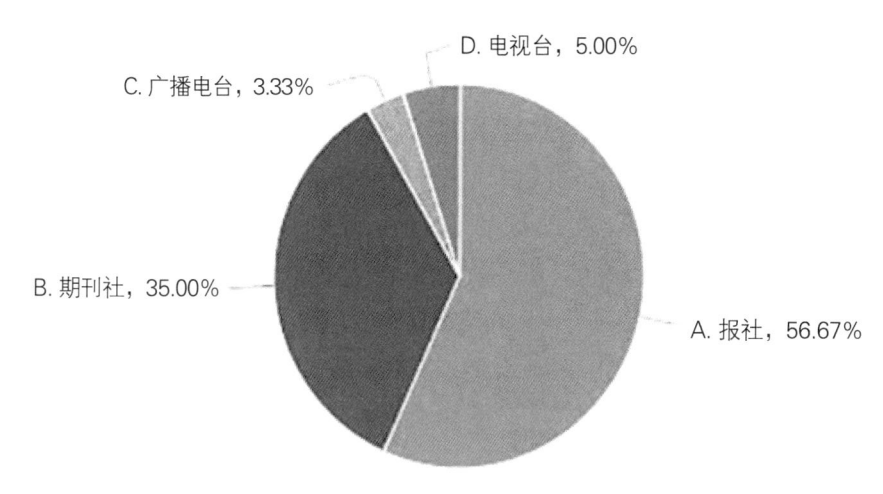

图 1 参与调查单位媒介类别

2."贵单位认为新闻作品的版权是否应该得到保护？"

参与调查的单位中，认为"新闻作品版权应该得到保护"的有 342 家，占 95%；认为"无所谓"的有 18 家，占比 5%；没有一家认为"新闻作品的版权不应该得到保护"（见图 2）。

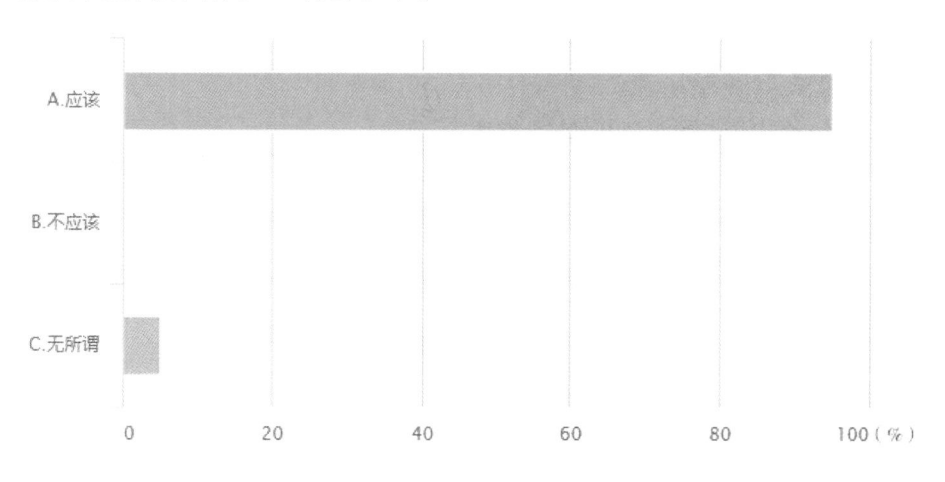

图 2 新闻作品版权是否应该得到保护

由此可知，绝大部分传统媒体单位认为新闻作品版权应该得到保护，没有任何一家媒体认为新闻作品版权不需要保护。

> 媒体融合

3."贵单位如何看待新闻作品的无偿网络转载问题？"

针对这一问题的调查，认为"侵权行为，无法容忍、坚决进行维权"的有102家，占比28.33%；"乐意被转载，认为有助于提升自身影响力"的有108家，占比30%；"视转载方的影响力而定"的有108家，占比30%；选择"不能接受，但也不会进行维权"的有30家，占比8.33%；认为"无所谓"的有12家，占比3.33%（见图3）。

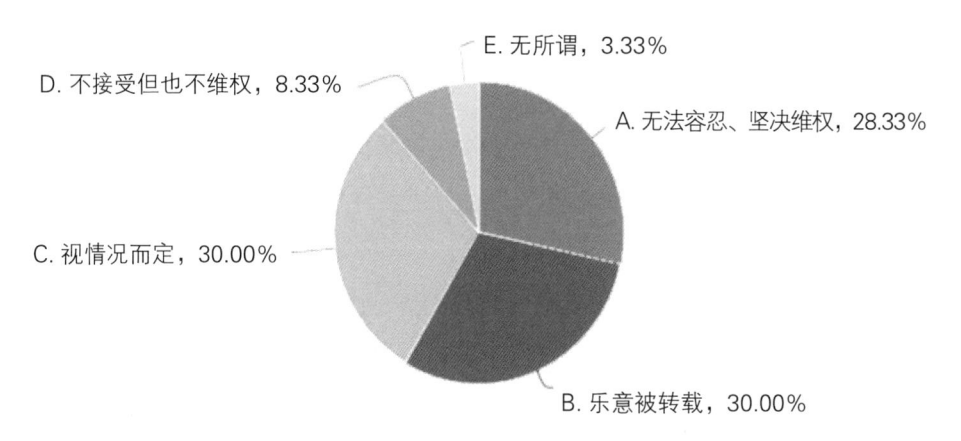

图3 对新闻作品网络转载问题的看法

由此可知，虽然几乎全部的媒体单位都认为新闻作品应该进行版权保护，但在实践中，却只有不到三分之一的媒体单位对于无偿网络转载无法容忍，另有三分之一的媒体单位出于提升自身影响力的考虑，乐意被转载。更有8.33%的媒体单位虽无法容忍侵权行为，但也不会进行维权。由以上数据分析可知，多数媒体单位对待无偿网络转载这一行为的反应较为消极。

4."贵单位新闻作品版权是否有专门的机构或人员进行管理？"

针对这一问题，有78家单位设有专门的职能部门，占比21.67%；没有专门职能部门，但有专人分工负责的有54家，占比15%；没有专门职能部门，也无人分工负责的有186家，占比51.67%；目前没有，但正打算要设立专门机构或安排专人进行管理的有42家，占比11.67%（见图4）。

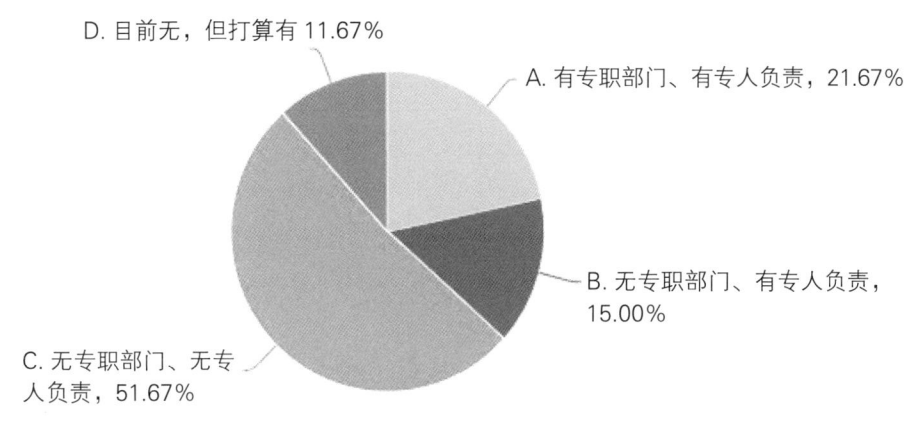

D. 目前无，但打算有 11.67%
A. 有专职部门、有专人负责，21.67%
B. 无专职部门、有专人负责，15.00%
C. 无专职部门、无专人负责，51.67%

图4　新闻单位是否设置专门的版权管理部门

由此可见，调查中有一半以上的单位并没有设置专门部门或专门人员进行管理。

5."贵单位是否与网站、新闻客户端（指本单位之外的其他新媒体机构）等新媒体机构签署过新闻作品网络转载使用协议？"

调查显示，被调查单位中有192家单位与新媒体机构签署过网络转载使用协议，占53.33%；有168家没有签署，占比46.67%。其中，签署过网络转载使用协议的单位，协议中都有涉及对新闻作品版权保护的相关规定（见图5）。

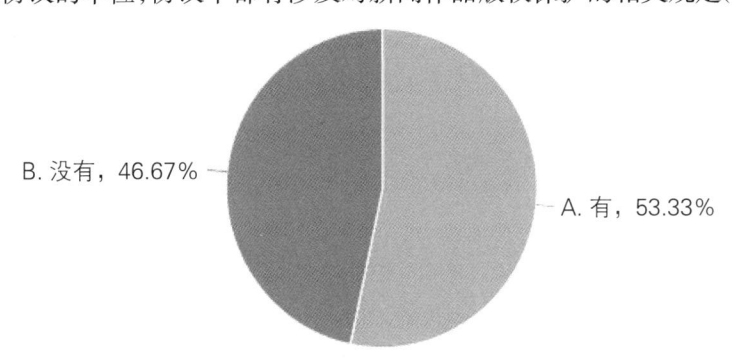

B. 没有，46.67%
A. 有，53.33%

图5　是否与新媒体机构签署新闻作品网络转载使用协议

6."贵单位对员工新闻作品的版权归属是否有明确的书面约定？"

对于这一问题，有114家单位表示有书面约定，占比31.67%；有246家没有，占比68.33%（见图6）。

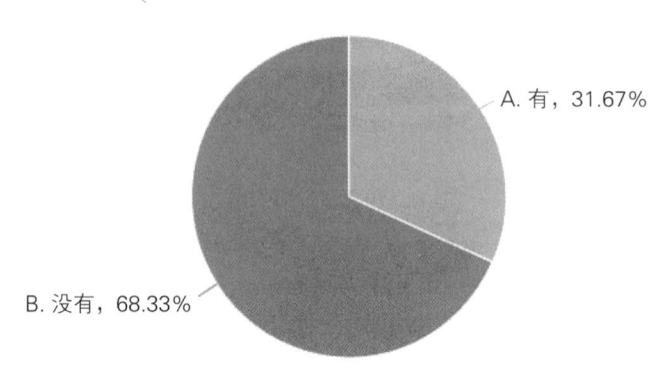

图6 单位与员工是否有版权归属的书面约定

调查中得知,大多数媒体都没有与员工签署过版权的书面文件,占比高达近70%。

7."贵单位是否有过新闻作品被侵权的事件发生?"

针对这一问题,选择"经常被侵权"的有192家,占53.33%;选择"有,情况很少"的有126家,占比35%;选择"没有"的有42家,占比11.67%(见图7)。

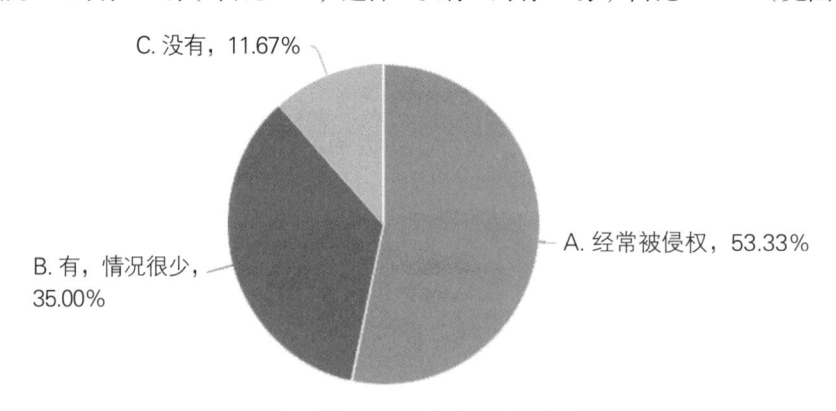

图7 是否有过被侵权的情况

由此可见,大部分单位有过被侵权的情况,侵权行为一直都在发生,而且非常频繁。

8."贵单位主要通过哪些渠道发现侵权问题?"

对于这一问题,调查显示,通过新技术手段发现的有120家,占比33.33%;接到举报后发现的有108家,占比30%;工作人员日常搜索发现的有90家,占比25%;员工偶然发现的有240家,占比66.67%;其他渠道30家,占比 8.3%（见图 8）。

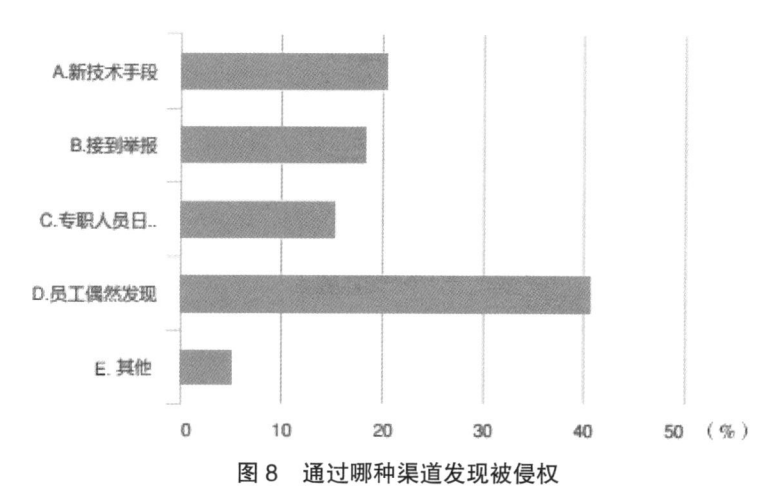

图 8 通过哪种渠道发现被侵权

接到举报和员工偶然发现都属于巧合因素，发现被侵权的情况偶然性比重较大，由此可见，多数媒体单位对新闻作品的版权保护还未建立健全完善的机制。

9."贵单位新闻作品被侵权后通过哪些途径主张自己的权利？"

针对这一问题，选择"法律手段"的有 138 家，占比 38.33%；选择"协商解决"的有 198 家，占比 55%；选择"不予追究"的有 102 家，占比 28.33%；选择"经济制裁"的有 42 家，占比 11.67%；选择"行政手段"的有 30 家，占比 8.33%；选择"其他手段"的有 24 家，占比 6.67%（见图 9）。

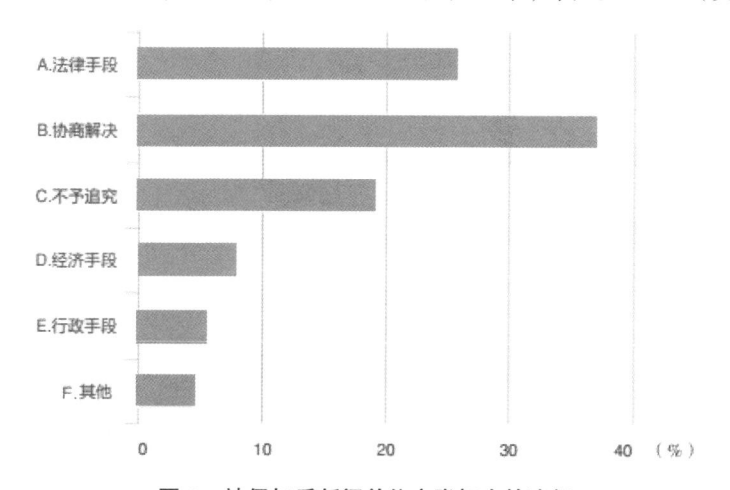

图 9 被侵权后新闻单位主张权力的途径

媒体融合

由此可知，被侵权后，尽管新闻单位有多种维权途径，但最喜欢选择的途径还是协商解决，其次是法律手段。

10. "贵单位新闻作品被侵权后进行维权主张时，哪种途径最有效？"

新闻单位在进行维权主张时，认为各种途径的有效性依次为：协商解决，有162家，占比45%；法律手段为132家，占比36.67%；经济手段18家，占比5%；行政手段12家，占比3.33%（见图10）。

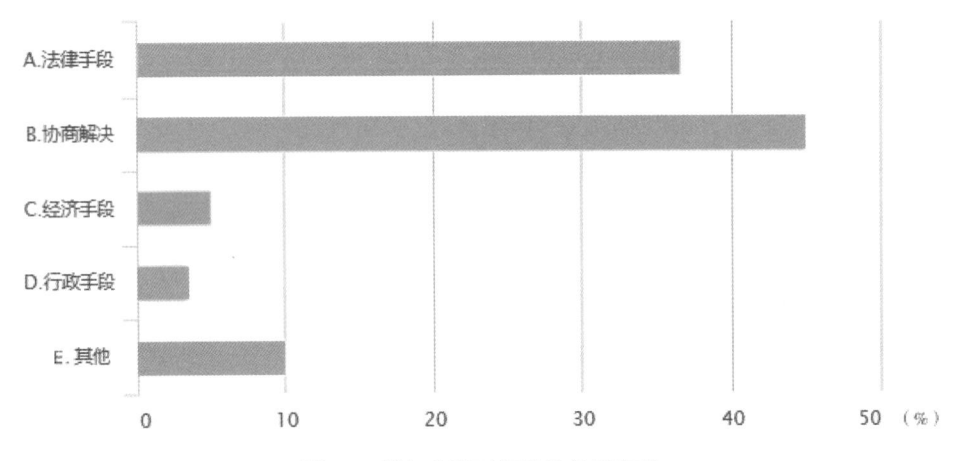

图10 维权主张时何种途径最有效

由此可知，在各种维权主张中，新闻单位更倾向于用协商的办法解决侵权问题，比起法律手段，协商解决更简单、快捷。

11. "贵单位对于新闻作品的版权保护都采取了哪些措施？"

针对这一问题，引进技术手段进行保护的有36家，占比10%；自主研究保护系统的有30家，占比8.33%；成立监督小组的有42家，占比11.67%；采取延缓上线等一些方法的有42家，占比11.67%；对员工进行版权知识培训的有72家，占比20%；没有保护措施的有174家，占比48.33%；其他的有12家，占比3.33%（见图11）。

图 11　新闻作品版权保护措施

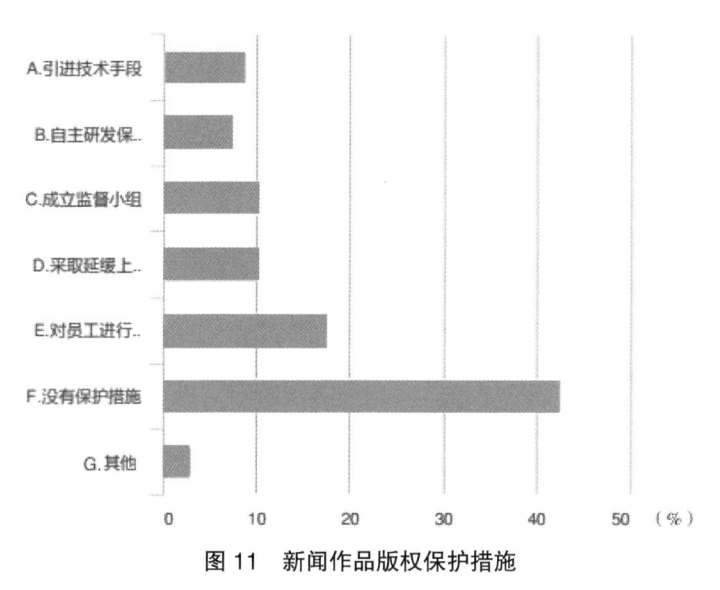

由此可知，大部分单位虽然有版权保护的意识，但是重视程度不够，没有采取任何保护措施。

12."贵单位对新闻作品采取措施进行版权保护的效果如何？"

对各媒体单位采取的版权保护措施的有效果调查中，有42家单位认为效果明显，占比11.67%；有204家认为效果一般，占比56.67%；认为没有效果的为114家，占比31.67%（见图12）。

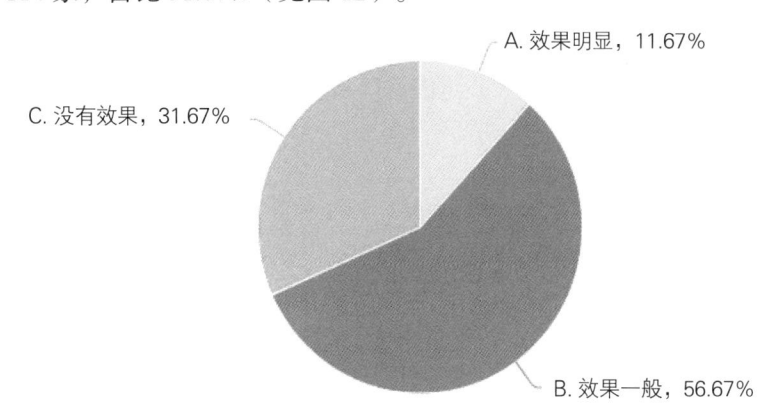

图 12　新闻作品版权保护措施的效果

可见，目前采取的各项保护措施效果并不佳或是没有效果，不能从根本上解决或阻止侵权行为的发生。

媒体融合

13."贵单位是否有过侵犯他人新闻作品版权的情况？"

针对这一问题，48家单位认为也经常侵犯他人版权，占比13.33%；150家单位有过，但情况比较少，占比41.67%；162家单位没有侵犯过他人权力，占比45%（见图13）。

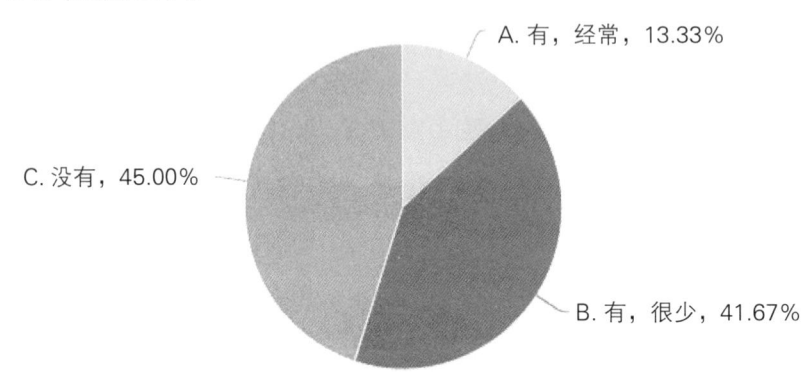

图13 是否侵犯过他人新闻作品版权

由此可知，超过半数以上的传统媒体单位都有过侵犯他人新闻作品版权的情况，整体来看，媒体单位的版权意识都不是太强。

14."贵单位是否知晓2015年4月国家版权局印发的《关于规范网络转载版权秩序的通知》？"

有234家知道这一《通知》，占比65%；126家不知道，占比35%。而知晓这一《通知》的单位中，有50%的单位认为有一定的作用，但是还需要完善；25%的单位认为内容很好，但不一定能够严格执行（见图14）。

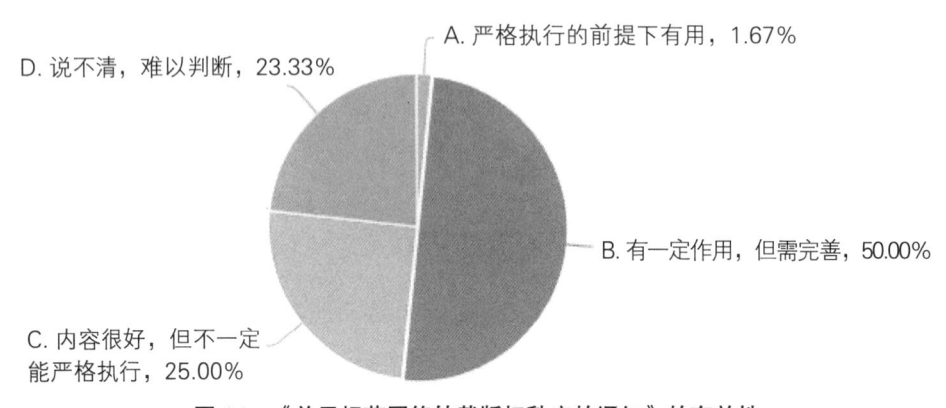

图14 《关于规范网络转载版权秩序的通知》的有效性

调查中得知，对于《关于规范网络转载版权秩序的通知》的知晓情况，报业单位更加关注和了解一些，而期刊社缺乏对这方面的了解。而大部分单位对《通知》的有效性持怀疑态度，认为作用有限或是执行困难。

15."您认为新媒体环境下新闻作品维权保护应从哪些方面加强？"

针对这一问题各单位提出了各种方法，对侵权者严惩不贷的有192家，占比53.33%；缩短诉讼周期的132家，占比36.67%；降低维权成本的有204家，占比56.67%；提高对权利人的赔偿额度的有198家，占比55%；网络服务提供者应该承担更多的责任有192家，占比53.33%；加大版权和维权知识的宣传的有186家，占51.67%（见图15）。

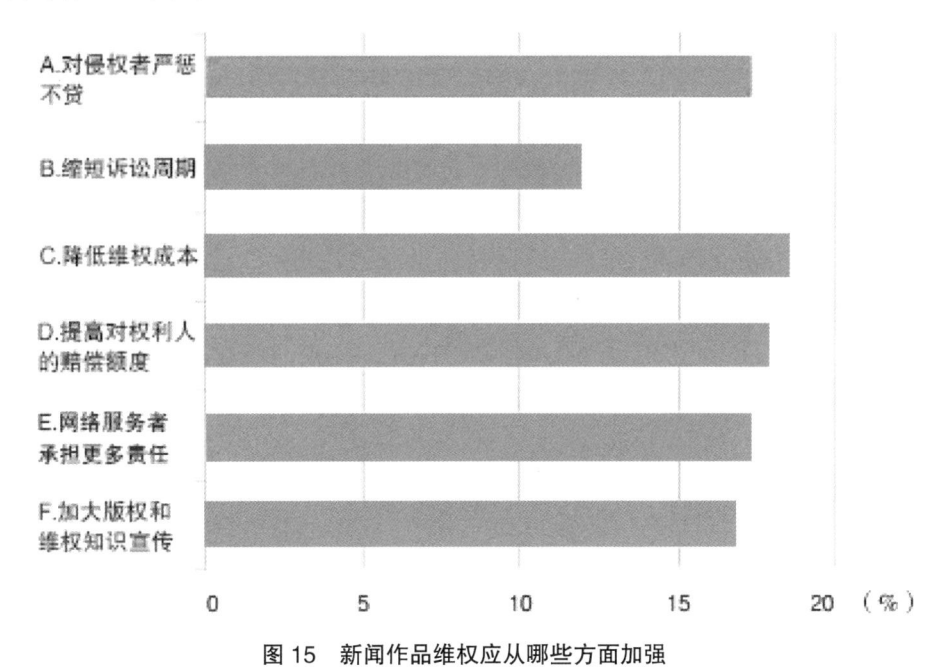

图15　新闻作品维权应从哪些方面加强

由此可知，我国新闻作品维权还需要从多方面加强，主要集中在加大侵权成本、降低维权成本，以及提升维权意识等方面。

16."如果因为版权问题，网络阅读和下载开始收费，您认为是否应该？"

针对这一问题，认为应该，即便收费仍会继续阅读和下载的有120人，占比33.33%；认为应该，但应该由网站来承担这部分费用的有162人，占

>> 媒体融合

比45%；认为不应该，如果收费将不会再阅读和下载的有78人，21.67%（见下表）。

网络阅读和下载作品收费问题

选项	反馈数量	占比
A. 应该，即便收费仍会继续阅读和下载	120	33.33%
B. 应该，但应该由网站来承担这部分费用	162	45.00%
C. 不应该，如果收费将不会再阅读和下载	78	21.67%

由此可知，在新媒体环境下，付费阅读已经被大部分人接受，而具体由谁来承担这部分费用，则看法不一。

（此课题的主要成果发表在2016年第10期《传媒》，该文被《新华文摘》2016年第16期全文转载）

第三编

以审批准入推动媒体融合发展课题研究

中宣部传媒监管局委托课题

负责人：杨驰原
所在单位/部门：传媒杂志社
结题时间：2020年1月24日

前 言

进入新世纪以来,媒体融合成为全球出版传媒业的共同趋势。2014年8月,中央发布《关于推动传统媒体和新兴媒体融合发展的指导意见》,媒体融合上升为国家战略;2019年1月25日,习近平总书记在中央政治局第十二次集体学习时发表重要讲话,提出要推动媒体融合向纵深发展;5G时代的到来,以数字出版为代表的数字内容产业迎来了空前机遇和新一轮挑战。在这样的背景下,媒体融合进入深水区,面临的问题更加复杂,很多政策和法规已经难以适应飞速发展的行业现实,需要改进和规范。

为全面深入了解和掌握媒体融合面临的新问题,以及相关单位的网络出版相关业务类别、与传统出版融合发展的模式路径、内容审核机制构建、人员队伍结构及两个效益情况,形成对《网络出版服务管理规定》设定的准入条件在审核标准上的细化,完善审批准入,并提出拟完善审批准入标准的初步意见,2019年6月,中宣部传媒监管局特委托传媒杂志社开展《以审批准入推动媒体融合发展课题研究》。

在接受委托后,传媒杂志社对本课题高度重视,迅速组成由主编担任组长的课题组,制定了详细的调研计划,按照计划进行了深入调研,并对调研情况进行了整理,邀请了浙江青云在线股份有限公司总经理程安寅、北京师范大学新闻与传播学院博士后刘浩冰、中国新闻出版研究院数字出版所郝园园等专家对撰写提纲提出了修改意见,并参与了具体章节的撰写,形成了本课题报告。

本课题组

2020年1月24日

第一章　媒体融合和网络出版的政策背景

近年来，国家出台了一系列关于融合发展的政策和指导意见。在政策方面：2014年8月18日，中央全面深化改革领导小组第四次会议审议通过了《关于推动传统媒体和新兴媒体融合发展指导意见》，"融合"被正式纳入了国家战略层面，成为我国新闻出版业发展的战略方向。

随着媒体融合的深入，作为媒体融合重要构成的网络出版，在文化产业中所占比重不断上升，现如今已经成为我国新闻出版业未来发展的主要方向，也是我国国民经济和社会信息化的重要组成部分。大力发展网络出版，已经成为我国建设新闻出版强国的重要任务。网络出版的发展离不开政策的引导和规范。制定和实施科学、有效的产业政策，则是网络出版健康、快速、可持续发展的前提。

2015年4月，原国家新闻出版广电总局出台了《关于推动传统出版和新兴出版融合发展的指导意见》，指出"实现出版内容、技术应用、平台终端、人才队伍的共享融通，形成一体化的组织结构、传播体系和管理机制"。2016年6月，《新闻出版业数字出版"十三五"时期发展规划》中提出，全面完成传统新闻出版业数字转型升级，初步实现传统媒体和新兴媒体融合发展，大力提升数字出版产品质量，基本建成数字出版公共服务体系，努力拓展数字出版服务领域等；2017年3月，国家新闻出版广电总局发布了《关于深化新闻出版业数字化转型升级工作通知》，要推动新闻出版业加快完成数字化转型升级，初步建成支撑新闻出版业数字化转型升级的行业服务体系，探索知识服务模式等。

2017年9月，国家新闻出版广电总局发布《新闻出版广播影视"十三五"发展规划》，提高内容生产和创新能力，深化一体发展，推动媒体融合取得新突破，做优做大做强新闻出版广播影视产业。党的十八以来，习近平

媒体融合

总书记多次在不同场合强调要利用新技术、新应用创新媒体传播方式，并指出"融合发展关键在融为一体，合二为一""推动媒体融合发展，要坚持一体化发展方向，通过流程优化、平台再造，实现各种媒介资源、生产要素有效整合，实现信息内容、技术应用、平台终端、管理手段共融互通，催化融合质变"。

在法规方面，早在 2002 年，新闻出版署和信息产业联合部联合出台了《互联网出版管理暂行规定》，《规定》中提出了互联网出版的定义，明确了新闻出版部门在互联网出版中的工作职责，界定了互联网出版的行政审批和监督管理流程，规定了互联网出版权利和义务等。十几年后，中国网络出版产业开始步入正轨，2016 年 3 月，原国家新闻出版广电总局、国家工业和信息化部联合出台了《网络出版服务管理办法》，对网络出版服务、网络出版服务管理、监督管理、保障与奖励以及法律责任作出了说明，对其前身《互联网出版管理暂行规定》作出了较大修改；

2016 年 9 月，国家新闻出版广电总局下发《关于加强网络视听节目直播服务管理有关问题的通知》，重申相关规定，要求网络视听节目直播机构依法开展直播服务；2016 年 11 月，国家网信办发布了《互联网直播服务管理规定》，其中对直播平台和主播的双资质规定以及"先审后发""即时阻断"的要求都给出了说明；2017 年 1 月，中共中央办公厅、国务院办公厅印发了《关于促进移动互联网健康有序发展的意见》，该《意见》主要针对移动互联网行业，就其进一步发展应遵循的要求、发展方式、存在的问题等方面给出了明确的说明，涉及市场准入制度、4G 普及和 5G 研发推进、物联网、中小微互联网企业创新等方方面面；2017 年 5 月 2 日，国家互联网信息办公室发布新版《互联网新闻信息服务管理规定》，自 2017 年 6 月 1 日起施行。《规定》是落实网络安全法中信息安全责任的一个体现。从整体上看，新的《规定》是对网络主权原则的有效落地，也是对网络安全问题的具体化，可以看作《中华人民共和国网络安全法》在互联网新闻信息服务领域的一项细则，"它的实施将有效加强国家对新闻事件发布流程的监管，以及应对突发事件的能力，逐渐营造积极健康、向上向善的网络文化，形成良好的网络信息传播秩序"。

课题组还对近十年有关融合发展和网络出版的政策法规进行了梳理

（见表1）。

表1　近十年有关融合发展和网络出版的政策法规

序号	时间	政策名称
1	2009年4月	《关于进一步推动新闻出版产业发展的指导意见》
2	2010年10月	《关于加快我国数字出版产业发展的若干意见》
3	2012年2月	《国家"十二五"时期文化改革发展规划纲要》
4	2014年4月	《关于推动新闻出版数字化转型升级的指导意见
5	2014年8月	《关于推动传统媒体和新兴媒体融合发展指导意见》
6	2015年4月	《关于推动传统出版和新兴媒体融合发展指导意见》
7	2016年6月	《新闻出版业数字出版"十三五"时期发展规划》
8	2016年3月	《网络出版服务管理规定》
9	2016年5月	《关于移动游戏出版服务管理的通知》
10	2016年6月	《移动互联网应用程序信息服务管理规定》
11	2016年9月	《关于加强网络视听节目直播服务管理有关问题的通知》
12	2016年11月	《互联网直播服务管理规定》
13	2017年1月	《关于促进移动互联网健康有序发展的意见》
14	2017年5月	《互联网新闻信息服务管理规定》
15	2018年11月	《关于加强和改进出版工作的意见》

第二章 调研方法与问题设定

（一）问题设定

根据我社前期收集的17家新媒体公司名单（包括国有、民营、合资）和4家传统报刊集团名单，课题组自2019年7月2日到2019年8月1日，历时1个月，采取实地走访、召开座谈会与函询三者相结合的调研方式对各公司融合发展情况进行调研。

调研主要围绕以下六个方面的问题展开：

（1）本公司所在领域媒体融合概况；

（2）本公司在媒体融合方面的主要举措和实效；

（3）本公司参与媒体融合的核心优势、主要合作方和竞争对手；

（4）本公司参与媒体融合的弱项与不足；

（5）本公司推进媒体融合的最大难点和瓶颈问题；

（6）当前推动媒体融合最需要的政策措施。

（二）调研方法

1.走访调研

在17家公司名单中，课题组走访了浙江青云在线教育科技有限公司、北京京师讯飞教育科技有限公司、央广视讯传媒股份有限公司、湖北今古传奇数字新媒体有限公司、书法报互联网（湖北）股份有限公司、佛山传媒集团。

2.召开座谈会

在17家公司名单以外，课题组还增加了报刊集团的调研，7月16日，课题组一行三人在湖北日报传媒集团组织召开了座谈会，邀请到湖北日报传媒集团、湖北荆楚网络科技股份有限公司、长江日报报业集团、知音传媒集团四家负责人参加座谈。

3. 函　询

在17家公司名单中，课题组对未参加座谈会、未能上门走访的10家公司进行了发调查问卷函询：安徽恋爱婚姻家庭文化有限公司、科大讯飞股份有限公司、时代数媒科技股份有限公司、时代流影科技有限公司、中传北广（北京）文化传媒产业有限公司、武汉理工数字传播工程有限公司、天津博集新媒科技有限公司、咪咕数字传媒有限公司、天翼阅读文化传播有限公司、北京联想调频科技有限公司。前7家回复了问卷，其余3家未回复；另有17家公司名单中的黑龙江龙教数媒科技有限公司，因该公司已经完全变成了民营公司，故未调研。

> 媒体融合

第三章 被调研网络出版单位类别和股份构成

网络出版单位大致分为数字报刊、移动出版、网络游戏、网络视频、在线教育、互联网广告等。按照分类，课题组对名单上的17家新媒体公司股份构成进行了梳理。

（一）移动出版

安徽恋爱婚姻家庭文化有限公司股份构成是由安徽恋爱婚姻家庭杂志社占比38%，民营资本占68%；湖北今古传奇数字新媒体有限公司股份构成是民营占比38%，湖北今古传奇集团占比28.5%，湖北今古传奇影视有限公司占比28.5%，武汉光谷占比5%；书法报互联网（湖北）股份有限公司股份构成是书法报社有限公司占比35%，民资占比65%；书问（北京）信息技术有限公司股份构成是清华大学出版社占比51%，民资占比49%；中传北广（北京）文化传媒产业有限公司股份构成被北京中传资产管理有限公司占比40%，民资占比60%；天津博集新媒体科技有限公司股份构成中南出版传媒集团占比40%，民资占比60%。

（二）在线教育

北京京师讯飞教育科技有限公司股份构成是由北京师范大学出版社（集团）有限公司占比50%，科大讯飞科技有限公司占比50%；浙江青云在线教育科技有限公司由浙江出版传媒股份有限公司、浙江教育出版社集团有限公司和浙江省新华书店集团有限公司联合控股占比86.74%，北京京师中教集团有限公司占比7.96%，浙江华睿布谷鸟创业投资合伙企业（有限合伙）占比5.30%；河北芮卡文化传媒有限责任公司股份构成河北教育出版社占比51%，民资占比49%；武汉理工数字传播工程有限公司国股份构成国资占比17.01%，民资占比82.9%；黑龙江龙教数媒科技有限公司完全变成民营企业，占比100%。

（三）网络视频

央广视讯传媒股份有限公司股份构成是央广传媒发展总公司占比49.28%，央广文资（北京）创业投资有限公司占比20.24%，中国长城工业集团占比17%，央广创业投资有限公司占比5.28%，民营占比8.20%；时代数媒科技股份有限公司股份构成是时代出版传媒占比95%，时代新媒体出版社占比5%。

（四）在线音乐

咪咕文化科技有限公司股份构成中国移动占比100%；天翼阅读文化传播有限公司股份构成号百控股占比100%。

（五）上市公司

上市公司有两家：科大讯飞股份有限公司和北京联想调频科技有限公司。

▶ 媒体融合

第四章　被调研单位融合发展取得的成果

近年来，随着网络出版融合发展日渐深入，部分出版单位转型提速，创新能力显著提升，品牌优势凸显，产品领跑世界；网络文学保持良好发展态势，良性生态环境逐步建构；传统报刊融合发展加速，着力打造新媒体传播矩阵；在国家教育信息化加快推进下，数字教育出版持续快速发展，并呈现垂直化、精品化发展态势；新技术加速迭代，借助人工智能、大数据、短视频、社交平台优势；持续加大研发投入，聚焦创新，聚焦未来；互联网内容加强规范化管理，主体责任逐步明确。

（一）部分出版单位转型提速，创新能力显著提升，产品领跑世界

在新媒体技术推动下，传统出版融合转型向纵深发展。尤其是 2019 年，部分出版单位对融合发展有了更加全面深入的思考，围绕融合出版进行布局规划，借助新技术，推出新形态，拥抱新业态，在内容、产品、模式等方面深入探索，创新能力有了显著提升。如荆楚网打造精品内容，围绕集团中心工作精心做好网上重大主题宣传，着力做好移动直播、页面设计、创意互动等融合创新，围绕重要时间节点和重大活动推出系列新媒体产品：利用视频、图片、手绘、数据等形式，策划推出《壮丽 70 年·光影湖北、记忆湖北、星耀湖北、数读湖北》系列原创精品，获得湖北省网信办全网推广；推出红色家书、时代楷模张富清、军运会《以最美致世界》、2019 湖北赏花地图等大型专题，《武汉有多红？岳飞来看军运会》等 "10 万+" 微信刷屏朋友圈；挖掘报道恩施州脱贫典型"绝壁愚公"陈显兵，相关报道被"学习强国"学习平台、人民日报客户端等 780 余家媒体（平台）转载，报道综合浏览量近 2000 万次。《知音》已经走过 35 年，一直坚持独家纪实原创文章为其最大的特色内容，凭借内容本色获得了众多读者的喜爱。原创优质内容是公司的核心竞争力，

在纸媒衰退期，愈发强调对独家、原创纪实内容为主的坚持，持续提高核心竞争力。浙江青云在线股份有限公司目前已经开展两类网络出版业务，一类围绕K12课程，开发数字融合课程产品，搭建线上线下融合的数字课程体系，为学校提供课程资源、授课工具、培训等产品和服务；一类基于移动端，建设微信公众号、小程序、App等产品矩阵，实现广告、电商销售、知识付费、会员充值等盈利模式。

还有一些出版单位，借力新媒体优势，充分吸收新媒体平台的运营模式，提升融合发展的质量。安徽恋爱婚姻家庭文化有限公司积极推动媒体融合发展，开发建设多个媒体平台，多平台共同发力，助力安徽数字农家书屋成为基层宣讲党的方针政策、助推乡村振兴的"大课堂"，开展乡风文明建设的"大平台"。安徽数字农家书屋平台成功实现了全方位、全空间、全天候地为阅读群体或个体提供阅读服务，在一定程度上与实体农家书屋形成了优良互补，解决了实体农家书屋开门难、内容少、更新慢等问题，对传统农家书屋的数字化转型以及农村阅读文化氛围的营造起到了极大的推动作用。

值得一提的是，在参与调研的企业中科大讯飞品牌优势最为明显。其以独特的技术优势，位居世界前列，由此公司在语音识别、智能终端、人工智能领域持续拓展应用，在医疗、教育等行业陆续应用并持续发力，前景广阔。

（二）网络文学呈现良好发展态势，良性生态环境逐步建构

在中央政策指引下和主管部门引导下，网络文学呈现良好发展态势，良性生态环境逐步构建。野蛮生长的阶段渐趋退潮，市场管理逐渐规范化，网络文学质量稳步提升。据《2018—2019中国数字出版产业报告》显示，截至2018年12月，我国网络文学用户规模达4.32亿，占网民总数的52.1%。网络文学作品总量超过240万部，其中签约作品近130万部。国内重点网络文学网站签约作者达61万人，另有上千万作者参与创作。

在内容创作方面，习近平总书记提出的"举旗帜、聚民心、育新人、兴文化、展形象"的新时期宣传思想工作的使命任务，为网络文学发展提出了新的精神指引和总体要求。网络文学作品质量有了显著提升，主流化、精品化趋势日益明显，现实主义题材持续蓬勃发展，成为网络文学发展的强劲动力。越来越多的作者在创作中主动靠近现实，贴近生活。越来越多的作品开始注重融入鲜明的中华传统文化特色标识，人文情怀日益凸显。在由国家新闻出

媒体融合

版署和中国作家协会共同发布的"2018年优秀网络文学原创作品"推荐名单中,现实题材作品占比进一步提升。在调研的公司中,咪咕阅读的网络文学特色鲜明,其与中国移动、亚马逊等公司积极深入合作,不断推出新品佳作。咪咕阅读平台已累计汇聚超50万册精品正版图书内容,涵盖出版图书、原创小说、杂志、听书等多种内容形态,平台汇聚天蚕土豆、唐家三少、梦入神机、猫腻、十里剑神、我吃西红柿、辰东、蝴蝶蓝等网络大神热门网文作品,产业链拓展,影视动漫持续开发。湖北今古传奇数字新媒体有限公司是湖北今古传奇传媒集团下属全资子公司,依托中国通俗文学第一品牌今古传奇三十多年的原创版权资源,致力成为中国领先的数字出版机构。湖北今古传奇数字新媒体有限公司拥有今古传奇传媒集团旗下所有杂志独家运营权,独家签约图书千余部。目前已成功接入中国移动、中国联通、中国电信三大无线阅读基地,入驻网易、亚马逊、豆瓣、京东等多家数字出版平台。此外,天翼阅读作为中国电信阅读基地,超过35万册原创精品图书,注册用户超过2.4亿,在网络文学方面也持续用力。

值得一提的是,近年来网络文学IP化日趋盛行,各大影视公司纷纷购买版权。随着影视泡沫日渐消退,网络文学走向高质量发展。产业环境日渐规范,产业形态多样化,趋向健康发展。

(三)传统报刊融合发展加速,着力打造新媒体传播矩阵

媒体融合发展是全媒体时代的重大课题。坚定不移推动媒体融合向纵深发展,要坚守媒体融合发展的正确方向,维护全媒体时代意识形态安全;始终坚持"内容为王",扩大媒体融合发展的供给优势;聚焦聚力"移动优先",推进技术赋能"四全"媒体建设;锚定建设全媒体传播体系,推进体制机制创新。加快推动媒体融合发展,是以习近平同志为核心的党中央对新时代宣传思想工作作出的重要战略部署。2019年1月25日,习近平总书记在主持中央政治局第十二次集体学习时强调,要运用信息革命成果,推动媒体融合向纵深发展,做大做强主流舆论。推动媒体融合向纵深发展,这是媒体融合发展的第二阶段,也是在传统媒体五年融合实践的基础上,对媒体融合提出了新的要求和目标。

传统媒体纷纷借助新兴媒体渠道,构建新媒体传播矩阵。如湖北日报传媒集团贯彻"移动优先"策略,强化"端网速度,纸媒深度",加快构建多渠道、多终端的全媒体传播体系。加强统筹规划和技术支撑,建成集团5G全媒体演

播室，湖北日报新版客户端、数字报系统升级上线。按照自主可控原则入驻第三方平台，拓展传播渠道。湖北日报客户端 PV 增长 3.5 倍，新增激活用户增长 1.8 倍，官方微信、微博在全国省级党报排行榜中分别跃居第一位、第三位，抖音号、快手号等进入省级党报前列。楚天都市报全媒体用户量超过 2300 万。省政府网站大力推进集约化建设，稳居全国省级政府网站绩效评估第四名，荆楚网四大新平台上线，支点财经、三峡晚报微博粉丝分别达到 800 万、780 万，"襄阳网"微信粉丝突破百万。佛山传媒集团借助人工智能和大数据技术，再造传统业务流程，以重大时政报道的全环节统筹，全链条覆盖，切实增强在宣传上的策划统筹及内部资源共享。2018 年年底，为推动新闻宣传统筹、策划、管理，建立集团重大新闻策划指挥和集团新闻宣传指挥中枢，佛山传媒集团启动全媒体指挥中心于 2019 年 6 月建成启用。全媒体指挥中心的运行系统由佛山传媒集团自主研发，系统基于目前集团新闻业务现状与媒体融合需求设计开发，一期功能模块包括智能策划辅助、指挥协调度、任务协同、效果评估、本地媒体监测等，通过对新闻报道的流程再造，充分发挥集团编委会在策划、执行、内容品控、融合传播、效果评估和回馈全流程中的中枢作用，实现报、台、网、端全矩阵的指挥、协同、管控。指挥中心建成并常态化运行后，将进一步与各媒体采编系统和各区融媒指挥中心连接，依托大数据和人工智能技术，使宣传统筹管理更加科学、资源配置更合理、分众化传播更精准。

本课题组在调研中了解到，传统报刊集团在加快推进媒体融合向纵深发展的过程中，必须坚守主业、固本强基，把优质内容作为媒体的生命线和核心竞争力，着力做大做强主流舆论；坚持移动优先策略，着力丰富壮大新媒体平台和矩阵；加强传播手段建设和创新，以新技术为驱动力，积极发展各种互动式、体验式、服务式新闻信息服务。

（四）数字教育出版发展迅速，呈现垂直化、精品化发展态势

伴随着我国教育信息化加快推进，数字教育出版保持良好的发展趋势，纷纷基于自身资源优势，在"垂直化、精品化、品牌化"上下功夫，探索"专、精、特、新"的发展路径，打造专业化数字教育产品。2018 年 4 月，教育部颁布《教育信息化 2.0 行动计划》，标志着我国教育信息化步入新阶段。该计划提出要积极推进"互联网＋教育"，将信息技术与教育教学深度融合，搭建"互

> **媒体融合**

联网+教育"大平台,推动从教育专用资源向教育大资源转变,构建网络化、智能化、个性化、终身化的教育体系,发展基于互联网的教育服务新模式,探索信息时代教育治理新模式。该计划的实施,为我国数字教育出版带来了新的发展机遇。

在课题组调研的企业中,浙江青云在线教育科技有限公司是浙江教育出版集团于2016年3月发起组建的国有控股混合所有制公司,专门致力于开发面向K12阶段的媒体融合教育产品。以纸质图书为依托,配套或独立开发相关的数字资源、课程和产品。2019年,青云在线继续与新之江、文教、摄影社等开展合作,维护原有品种76种(单元、科学实验室、英语听说强化、生字卡片、书法练习指导、口算训练、高中语文等);新开发品种共30种(快乐暑假&快乐春节、书法练习指导、生字卡片、精准测评等)。2020年,青云在线一方面将继续做好原有融合出版品种的更新、维护工作,不断升级现有服务内容和技术;另一方面以与山东金榜苑文化传媒集团有限公司合作的"精准化教学测评"项目为起点,推出线上线下融合的智能测评教辅产品,在2019年已开发七年级全学科单元期末教辅的基础上,配套在线题库、测评系统,在浙江省内推广使用。北京京师讯飞教育科技有限公司以"用AI赋能K12教育"为使命,以"聚焦、创新、协同、务实"为核心价值观,致力于充分整合北师大优质的学术资源、丰富的内容资源、专业的出版团队和科大讯飞公司国际领先的智能语音与人工智能技术、云平台技术和大数据技术,为中小学教师和学生提供智能化、个性化、精准化的教学与学习服务,探索建立传统出版与新兴出版融合发展的商业模式,力争成为我国K12教育服务领域的引领者和传统出版优化升级的示范者。北师数字教材及资源服务以提高教学和学习水平为目标,融入高质量、多维度、可交互的精品学习资源,并深度结合大数据、人工智能等技术,解决教师教学和学生学习的难点。2019年3月,京师教育资源网上线。如今,已上线多维度标引资源17万余条,并陆续整合合作伙伴优质K12数字资源,涵盖北师大版中小学各学科教材,基本满足教师日常教学需求。目前,京师书法在试点推广阶段已进入全国30个省市地区,试点学校总量超过600所,教师总量近4000人,开课总时长已达15000小时,服务师生15万人左右。京师测评项目是以高考改革最新趋势为导向,以教育大数据测评技术为手段,以高质量原创命题和高品质诊断模型为基础，组织全国各省市重点高中高三学生进行的联合质量测评项目。京师数学依托北师大版数学教材的专家资源和渠道优势，根据高中、初中、小学三个学段的特点探索智能化、个性化的教学与学习服务。

（五）新技术加速迭代，借助人工智能、大数据、短视频、社交平台优势

随着新媒体技术不断迭代，新媒体产品形式多元化，尤其2019年6月，5G实现商用，促使网络出版生态发生了巨大变革，借助人工智能、大数据、短视频、社交媒介升级转型，网络出版形态也呈现多样化趋势，更是迎来了爆发式增长。

网络出版形态多样化发展过程中，新媒体公司在逐步探寻未来发展方向。2018年，央广视讯建成了央广国家级智能全媒体播控平台，也是面向5G移动互联时代、具备成熟商业模型的人工智能全媒体集成播控平台，拥有互联网直播、视频、音频、图文等全媒体的播控审核能力。因此，其业务也围绕其优势开展，除了运营商体系审核，还涉及互联网平台的审核业务的开展。央广视讯打造的聚合产品是一个完全的互联网营销生态圈多屏，其最核心的优势在于具备卓越的大数据平台。媒体融合是大势所趋，特别是在当下泛网络、泛数据化的时代中，无论是电视屏还是户外屏，正逐渐被纳入互联网的多屏投放生态圈中。多屏面临的最大挑战和精准营销面临的问题是一样的，需要大量的有效数据作为基础，从而更为合理地得出分析结果。据统计，央广视讯在手机电视和手机视频（2014年左右峰值年收入1.6亿元，2018年6000万元）、手机阅读和视频广告彩铃（年收入2000万元）、多屏互动和IPTV（2019年收入过亿元）、网红培训和实名认证（2018年收入3000万元）、第三方内容审核（2018年收入5000万元）、车联网和智能音箱（广播未来出路所在）均创很好收益并具有良好发展潜力。科大讯飞以自主研发的中文语音合成技术为突破口切入智能语音产业，成长为国内唯一一家以语音识别为核心优势技术，并基于"深度学习"算法进行人工智能底层技术研究的"产学研"企业。主要从四个方面开展合作：教育领域，讯飞的智能评测技术携手雅思，正在英语口语学习和作文评分中探索合作；汽车领域，讯飞的智能车载技术与欧洲、日本的汽车厂商开展深度合作；金融领域，讯飞的智能外呼系统让金融客户的服务更加智能化、数据化，正在助力韩国银行转型升级；办公领域，讯飞

> 媒体融合

的智慧办公正在为国外机构和企业提供智能系统解决方案，不仅解决会议记录的刚需、还能实现主流语种双向互译。

同样，隶属于安徽出版集团的时代流影科技公司特色鲜明，是中国最大的文化生活类自出版社交平台，集深度话题讨论、故事图片分享、精品文学创作为一体。基于移动互联网技术，集知识共享、热点讨论、话题交流和内容积累为一体的"深度社交＋内容聚合"的网络社交平台。

未来融合发展过程中，场景化趋势日渐明显，具有短视频业务的公司助力发展，科大讯飞的语音识别，甚至人工智能的深度运用，都在多方面应用和普及。

（六）持续加大研发投入，注重创新，聚焦未来

近年来，科技竞争日趋激烈，谁掌握了科技制高点，谁就能独树一帜。大到国家，小到企业。国家层面在加大科研投入，有远见的企业也在加大科研，聚焦未来。我们从调研中了解到，科大讯飞是国内目前为止，也是唯一一家投入的科研资金超过总收入25%的公司。面对着行业内外的重重危机，科大讯飞始终怀有忧患意识，成立了独属于自己的科大讯飞实验室。同时，公司集中力量研发构建"讯飞超脑"，希望让机器可以从能听会说，逐步转变为能理解会思考，以此来研发基于神经网络的认知智能系统。公司注重开拓，研习中国文化的过程中，组织大量的专家将各地的方言纳入了语音输入的范围之内，以新形式保存中国传统文化，在推动其不断发展的同时，也大大加强了语音输入的受众面，为其开拓了更为广阔的市场。

2017年11月3日，时光流影科技股份有限公司顺利通过安徽省2017年第一批高新技术企业认定。作为国家级的资质认证的"高新技术企业"，对申报企业的产品领域、专利成果、研发投入、成长指标和人才结构等方面均有较高的要求。时光流影在坚持以技术驱动创新中，不断加大技术研发投入，已成功申报7项国家发明专利，拥有超过20项软件著作权。浙江青云在线教育科技有限公司自2016年3月成立以来，一直注重自主研发内容与应用结合的数字教育类产品。公司成立之初，就通过市场化的薪酬水平和管理模式，招募组建了一支高素质的内容研发和技术研发团队，不断深入研发细分领域的数字融合学教方案，将教学需求与数字技术紧密结合，自主开发了小学数学口算训练、STEM未来计划数字融合课程、个别化教育管理系统等产品。目前，公司已拥有超过10项软件著作权、8件商标和1项专利，并入选国家知识资源服务中心、中国新闻出版研究院"知识服务模式（综合类）试点单位"。

（七）互联网内容规范化管理，网络版权保护进一步加强

当前，移动互联网已成为人们获取信息的重要渠道，也是意识形态传播的重要阵地，网络新闻媒体、网络文学、网络直播、短视频等新媒体形态不断涌现和快速发展，不断重塑着媒体生态格局，在舆论传播和价值观传递方面发挥的作用日益凸显。在媒体融合的高速发展大潮初期，由于没有规范法律的限定，自然会出现大量违规现象，网络侵权现象更是常见。但是，这些现象的存在也恰恰在推动着行业继续规范前行。

2018年9月6日，最高法院印发《最高人民法院关于互联网法院审理案件若干问题的规定》，该《规定》规定了互联网法院的管理范围、上诉机制和诉讼平台建设要求，明确了身份认证、立案、应诉、举证、庭审、送达、签名、归档等在线诉讼规则，对于实现"网上纠纷网上审理"，推动网络空间治理法治化，具有重要意义；2018年12月13日，最高人民法院发布了《最高人民法院关于审查知识产权纠纷行为保全案件适用法律若干问题的规定》，行为保全在网络不正当竞争、信息网络传播权及知识产权合同纠纷等案件中起着重要作用。该《规定》明确了知识产权案件中的"紧急情况"，确定了行为保全审查标准，加强了知识产权的保护，使权利人在符合条件的情况下可以考虑使用知识产权临时救济措施，进一步完善了行为保全制度；2018年9月9日、9月28日，北京互联网法院、广州互联网法院相继挂牌成立，至此包括2017年8月18日挂牌成立的杭州互联网法院在内，全国已有3家互联网专门法院。

2018年7月12日，国家版权局与国家互联网信息办公室、工业和信息化部、公安部共同启动的"剑网2018"专项行动，以网络侵权多发领域为重点目标，通过5个多月的集中整治，有效运用分类监管、约谈整改、行政处罚、刑事打击等多种措施，集中整治了网络转载、短视频、动漫等领域侵权盗版行为，约谈了抖音短视频、快手、西瓜视频等15家企业，责令各家短视频平台共下架删除各类涉嫌侵权盗版短视频作品57万部。通过整治，维护了较为规范的网络空间秩序，营造了良好的网络版权环境，尤其是短视频版权保护环境，并进一步规范了网络转载版权秩序。国家版权局直接对58家大型视频、音乐、

媒体融合

文学网站开展重点监管，抽查了 16 家重点网站的 2389 部作品版权授权文件，公布了 7 批 72 部重点作品版权保护预警名单，该项行动的覆盖面和影响力深远。针对腾讯音乐与网易云音乐的版权矛盾，国家版权局积极约谈了两家平台进行调解，推动双方达成音乐作品转授权合作。

通过"剑网 2018"专项行动，各级版权执法监管部门共删除侵权盗版链接 185 万条，收缴侵权盗版制品 123 万件，查处网络侵权盗版案件 544 件，其中查办刑事案件 74 件、涉案金额 1.5 亿元。在"剑网行动"的多次重拳出击下，版权治理力度整体提升，自媒体版权环境有所好转，多家内容平台对侵权的治理机制不断提高。

2019 年年初，中国网络视听节目服务协会发布《网络短视频平台管理规范》，要求网络短视频平台须持有《信息网络传播视听节目许可证》等相关资质，并实行节目内容先审后播制度，包括标题、简介、弹幕、评论等内容必须经过平台审核后方可播出。此外，上传视频的注册账号，也须执行实名认证。《规范》还提出强化短视频版权保护责任，不得未经授权剪辑、改编、上传视听作品。《网络短视频内容审核标准细则》也同时发布，针对短视频的标题、名称、评论、弹幕、表情包以及短视频内容中的语言、表演、字幕、背景提出了 21 类共计 10 条不得出现的禁止内容条款。相关制度的陆续出台，推进互联网内容向法治化、规范化、制度化持续迈进，互联网内容规范体系逐步完善。

在课题组调研的公司中，任何一家都涉及版权问题，一些公司更为明显，如浙江青云在线教育科技有限公司、北京京师讯飞教育科技有限公司、央广视讯传媒股份有限公司、湖北今古传奇数字新媒体有限公司、书法报互联网(湖北)股份有限公司等格外显著，咪咕数字传媒有限公司、天翼阅读文化传播有限公司，它们或者直接与作者签约版权，或者直接与版权供应企业签署版权，其间的版权自不待言。但是，由于媒体融合速度加快，新的媒介形态下，新的版权纠纷也纷纷出现，也为行业提供了新的课题。这些都是行业发展中的问题所在。

第五章　通过调研发现被调研单位发展存在问题

（一）传统体制机制受限，经营效率下滑，逐步丧失发展良机

随着移动互联网的迅速发展，在传统出版融合发展更迭过程中，传统体制机制已经不能满足现阶段的需求，导致经营效益下滑，逐步丧失了发展良机。

1.考核方式利润为先

根据课题组调研认为，互联网公司的数字产品已经形成了比较稳定的经营方式，国内外主流互联网产品（得到、抖音、喜马拉雅等），不仅需要多次融资，投资总额高，而且还需要5—8年的培育期才能扭亏为盈。而这在传统媒体现有体制内，很难突破和满足。传统出版集团的新媒体公司或部门成立不久就要面临利润考核指标，留给团队摸索的时间非常有限，这就导致无论在各种项目投入上，还是管理层面上都不敢做大投资，团队也无法深入培育一些短期内不盈利但是有前景的项目。

此外，民营公司为争夺优质资源，大大抬高劳务费和版权费，进一步增加了数字产品的研发投入，这对投入决策保守的传统出版新媒体公司来说，即使好的资源找上门来，也只能望而却步，错失了许多掌握版权资源、项目合作的先机。

2.市场推广手段受限

不同于传统的纸媒产品，数字产品没有政策保护，面临激烈的市场竞争，随着资本对大量互联网创业公司的介入，数字产品的获得成本也越来越高。目前，新媒体产品与平台的平均获客成本均在百元以上，在线教育领域，如学而思、好未来等知名企业，单个新用户的获客成本更要达到3000至5000元。这些企业的获客方式，除投放大量广告外，还有强大的地推团队。在这方面，国有企业可以使用的办法不多，依赖传统渠道和营销方法的思维定势重，在市场推广上的投入预算有限，因此在市场竞争中总是处于下风，不仅在新市

>> 媒体融合

场中不能占据一席之地，原有的市场份额也在逐渐流失。

（二）欠缺资金和技术支持，市场准入标准缺失，亟须政策帮扶

1. 资金和技术支持不够

资金和技术是媒体融合发展的重要条件，融合发展需要技术迭代是非常必要的，因此，需要大量资金投入。对传统出版新媒体公司而言，由于长期发展不景气，自身生存都出现了问题，还怎么规划未来发展？

2. 行业审批准入制度亟须建立

目前，新媒体公司经营的数字产品业务，虽有互联网出版许可、信息网络传播视听节目备案、增值电信业务经营许可等相关资质，但并未成为行业准入的门槛，大量民营公司无证经营"打擦边球"，往往等内容出了事才受到相关部门的监管，这对意识形态把控造成了很大的威胁。比如，在中小学在线教育领域，大量互联网企业、民营公司为推广软硬件，自行生产提供线上资源和内容，这些内容没有经过严格的审校环节，既无法保证内容质量，无法体现国家意志和党的教育方针政策，也无法满足国家课程标准对培养学生发展的正确要求，严重扰乱教学秩序和市场秩序。

3. 数字产品相关标准亟待设立

数字产品还面临产品标准、内容标准、技术标准、定价标准方面的挑战。相比于传统的图书、报纸、期刊或者光盘这几类形态固化的出版物，数字产品在内容形式、呈现方式上都更为复杂，因此，对于线上内容目前缺少合理的标准，造成产品形态层出不穷、定价差异巨大、相关软硬件技术多样。在B端市场，各级财政在信息化、数字化的采购中更倾向于采购硬件，对于线上内容的采购非常有限；在C端市场，大量民营公司以促成用户一次性买卖为目标，对持续稳定产出高质量产品的新媒体公司来说造成了冲击。

（三）人员结构不合理，复合式高端人才缺乏，人才流失严重

人才是企业和行业发展的基础。在媒体融合时代，传统出版人才与新媒体发展是不相适应的。人员结构不合理，直接限制着媒体融合的进度和速度。高端复合式人才缺乏，人才流失等现象，都是媒体融合过程中的问题所在。

1. 原有人员创新能力滞后

随着新技术的涌现和终端用户的细分，新媒体内容的形态和生产规律正在不断迭代，这对新媒体公司的运营能力提出了很高的要求。传统出版企业

长期以来的经营模式，导致专业技术人员、运营人员储备很少。传统内容生产和营销人员的知识储备和能力与数字产品运营所需的能力严重不匹配，缺乏适应互联网时代的"用户体验为王"的思维，产品创新能力差，难以按照用户需求开发出适销对路的互联网产品。他们在转型设计推广数字产品时，往往还没摸透新的产品形态、营销方式，就面临技术更迭，更无法引领行业发展。

2. 人才自主培养进展缓慢

虽然传统出版企业为员工安排数字产品培训的机会，但负责人事管理的部门无法辨识媒体融合转型人才所需的核心能力，培训内容大多以走马观花参观、听取经验讲座为主，缺乏市场化的产品经理、运营等相关专业培训方案和资源。更重要的是没有高水平的实操项目来提升员工的实践能力，即使是与互联网公司开展合作，也仅是凭借传统新闻出版业的品牌优势参与项目，不掌握核心的版权、作者、技术、渠道等资源，不参与策划、研发、生产、运营等核心环节，缺少核心竞争力的锻炼和提升。

3. 优秀人才"引不进、留不住"

在传统媒体转型困难的当下，优秀技术人才、运营人才如何才能被吸引到传统媒体工作，已成为现实问题。虽然传统媒体平台很大，但在与BAT等互联网公司争夺人才时，劣势明显，主要是由于传统企业的薪酬体系固定，无法为新媒体相关运营、技术、营销人员提供匹配市场水平的薪资待遇，更无法像互联网公司一般，向管理层提供很高的股权比例；缺乏长效的激励机制来保留与激励新媒体人才，尤其是软件技术、数据分析、营销、运营等人才，在公司未盈利阶段，追求绩效奖励更是不可能；管理层级较多，决策链条长，创新方案遇到的阻力较大，让人才自主性发挥空间大大受限。

（四）部分媒体融合转型缓慢，自身定位模糊，核心竞争力弱化

媒体融合过程中，各大企业主体的应对速度不一，采取举措力度不一，其发展自然呈现不同的状态。传统媒体融合转型发展的类型与路径多种多样，此次调研的新媒体公司，既有对优质内容的固守，比如一些传统媒体将现有的内容直接放在App、微信、微博上，也有通过拓展其他产业来支撑传统主业，如通过举办比赛、展会、培训等多种形式来增收。但是，这些方式并没能实现真正意义上的媒体融合。

媒体融合

面对新媒体的冲击，传统企业还未具备互联网产品基因，大多数项目是基于传统业务的延伸，项目启动的出发点没有改变，没有实现媒体融合生产流程上重构，也没有建立稳定的新媒体产业链和生产经营模式。传统媒体公司的旧有业务虽然已经形成了固定的分工合作机制，机构部门设置细分而繁杂。随着媒体融合转型的要求，传统企业的各子公司或不同部门往往抱着完成任务的心态，被迫开展媒体融合项目，在单点项目上做尝试，但这大大分散了资源，更有一些项目重复建设，导致资源浪费。如浙江出版联合集团虽专门成立浙江青云在线教育科技有限公司从事在线教育产品业务，但集团内另有电子音像社、数媒公司以及各出版社的数字出版部门在从事相关业务，不同独立法人间难以充分调动资源，无法形成协同效应。浙江集团尝试以股权形式改变资源整合问题，尚未获得实质性进展。

（五）国际形势变化动荡，部分高尖端企业遭受不公正待遇

中国在改革开放过程中与国际间的互动发展日渐密切，中国媒体企业深受国际化的影响也日趋激烈。部分高精尖媒体企业受到国际势力的不公正制裁和压制，中美贸易战期间表现得极为突出，这是出现的新现象。2019年10月8日美国把中国部分企业列入实体清单，其中就有科大讯飞。科大讯飞拥有全球领先的人工智能核心技术，这些核心技术全部来自科大讯飞的自主研发，拥有自主的知识产权。科大讯飞声称，列入美国的实体清单不会对其日常经营产生重大影响，将继续为客户提供优质产品和服务，将继续向美方有关政府部门积极申诉，有信心公司的经营继续保持健康成长。以科大讯飞为代表的语音识别龙头企业，在媒体融合领域成果卓著，并与多家权威媒体企业如央广网达成战略合作，并布局医疗、司法、教育产业，围绕智能硬件终端、媒体融合应用等开展合作，未来发展前景广阔。其独占知识产权的自我发展，在人工智能领域的广阔应用，在全球行业内独占鳌头，已引起了国际有关势力的重点关注和敌视，因此，亟须国家采取一定的保护措施，以推动其健康稳步发展。

第六章　对策和建议

（一）持续推进管理体制机制改革

1.推动媒体融合向纵深发展，强化新媒体公司体制机制改革

新媒体作为新时代中国特色社会主义的建设者、记录者和推动者，是中国特色社会主义文化重要构成，也是国家治理体系和治理能力现代化的重要推动力量。在数字经济时代，必须要加快推动媒体融合向纵深发展，加快构建融为一体、合二为一的全媒体传播格局，才能更好助力国家治理体系和治理能力现代化。要将新媒体公司对促进国家治理体系和治理能力现代化的职责使命感和自身的管理体制机制改革结合起来，才能更好发挥创新求变的主观能动性。

2.探索放宽新媒体公司经营管理的体制机制限制

探索更能灵活适应市场需求的项目制，鼓励以项目合作、股权合作等多种形式寻找优质合作伙伴，广泛合纵连横，创造多赢机会，让经营模式趋向更加自主化、多元化。实行事业部制管控架构的情况下，最大限度将投资权、采购权等有序下放到各媒体单位，加大各媒体在经营活动、对外投资中的自主权，将是其可能解决其发展的方案。在国有制度建设下，增强新媒体企业的活力动力，根据各媒体业务发展的需要，成立相应的项目子公司、分公司或参股公司。

（二）细化市场审批准入，推进行业标准制定

审批准入制度的建设是推动媒体融合发展的前提基础。无论是传统媒体还是新媒体，因为关乎意识形态，国家在这方面是严格控制的。

1.促进新媒体产业准入审核细化

为监管新媒体行业发展，国家不同部委已经陆续推出审批准入经营资质，如《网络出版服务管理规定》将网络出版服务平台经营者纳入许可准入。但

媒体融合

不同部门依旧各自监管，缺乏统筹协调，新媒体公司在具体经营过程中依然比较盲目，不仅需要多头接受监管，也存在一些民营公司以具备多项资质为投融资要价条件的情况。目前各政府部门根据各自职能定位对媒体融合实施管理的职责如下（见表2）。

表2　各有关行业部门根据各自职能定位对媒体融合实施管理的职责

序号	准入资质	主管部门	经营业务
1	《互联网出版许可证》	国家新闻出版署 省委宣传部	将自己创作或他人创作的作品经过选择和编辑加工，登载在互联网上供公众浏览、阅读、使用或者下载的在线传播
2	《网络文化经营许可证》	国家文化和旅游部省文化厅	通过向上网用户收费或者以电子商务、广告、赞助等方式获取利益，提供互联网文化产品及其服务的活动
3	《信息网络传播视听节目许可证》	国家广播电视总局省广播电视局	通过移动信息网络从事开办、播放（含点播、转播、直播）、集成、传输、下载视听节目服务等活动
4	《增值电信业务经营许可证》	国家工业和信息化部省通信管理局	提供互联网信息服务
5	《互联网新闻信息服务许可证》	国家互联网信息办公室省互联网信息办公室	通过互联网站、应用程序、论坛、博客、微博客、公众账号、即时通信工具、网络直播等形式向社会公众提供互联网新闻信息服务
6	教育移动互联网应用程序（教育App）备案	国家教育部省教育厅	以教职工、学生、家长为主要用户，以教育、学习为主要应用场景，服务于学校教学与管理、学生学习与生活以及家校互动等方面的互联网移动应用。

但随着不同新媒体服务平台的多元化发展，衍生出了诸如云出版、融媒体、融智库、在线教育等不同服务和产品形态，政府部门也应当按照平台的功能差异，统筹协调设定不同的"准入条件"。

2.加快行业标准制定

为避免审批准入与日常经营监管脱节，如何确立符合目前发展阶段的行业配套标准也是审批准入制度不可回避的重中之重。从调研情况来看，建议从网络出版产品、新媒体内容、短视频等方面强化监管，在鼓励网络出版服务形态的多元化探索的同时，也根据网络出版的现有实践及未来发展走向预估,制定对应的管理条例和行业标准,包括导向审查、内容标准、定价标准等,以此防止一些企业一旦获取审批准入后,依然扰乱市场秩序。

如今,正值媒体融合的发展关口,除却考量新媒体单位之前所生产传播产品的品质和发展方向,企业规模和产值,员工层次,更要考量中国媒体发展的未来产业发展,是否与地区发展战略相契合,是否与行业发展方向相吻合,是否与国家战略发展布局相结合,甚至可以分层次、分级别、分阶段地进行制度试点。

(三)完善媒体融合政策体系建设,提供多方位支持

1. 加强媒体融合公共服务体系建设

积极推进媒体融合的举措,实施媒体融合发展工程建设,颁布相关的规划纲要和计划。加强顶层设计,有步骤、有计划、有节奏地落实公共服务体系建设。

2. 落实媒体融合税收优惠政策

对已经审批或者具备准入条件的企业,制定媒体融合税收优惠政策,扶持一批行业标杆性企业。在实施扶持计划过程中确立扶持标准,并根据不同企业的发展程度施行不同的扶持力度。确保标杆性的企业,可以起到行业带头作用,在行业内发挥其优势,打造经典案例,带动其他同业的发展。

3. 加强数字版权保护体系建设

随着数字化、互联网化的发展,新媒体作品的版权保护日益成为媒体融合行业发展的一个重要课题。建议通过法律和技术的双重保障来建立一个相对完整的数字版权保护体系,促进和发展数字作品的生产、流通和传播。同时也要加大立法和执法力度,为相关媒体融合企业提供维权通道。

(四)强化企业主体责任

1. 转变旧有体制机制束缚和限制的思维

近年来,互联网的发展已经在社会各个方面起到了基础性作用,让媒体的未来呈现出了更多可能性,也使得产品与用户之间的距离在缩短,用户的应用习惯在改变,新媒体公司必须要以互联网思维来统摄社会各个行业。所谓互联网思维就是一种服务性思维,迅捷、有效地直接满足人的基本需求。这与传统媒体先有产品、内容再向用户进行推广的逻辑完全不一样,新媒体内容、产品的生产逻辑也与以往发生了转变。因此,摒弃传统体制机制

的束缚，所需要的不仅仅是技术上的进步，更重要的是管理层和经营层都要进行思维转换。

2. 加强人才培养和管理体系建设

民营新媒体企业的薪资体系标准与传统国有出版的薪资体系标准一般截然而异，民营新媒体企业的薪资标准相对较高，高管的薪资更高，这已经远远超过了传统国有体制单位中国家所规定的最高薪资水平。因此，目前的传统国有出版企业的薪资体系与民营新媒体企业的薪资是完全不匹配的。而薪资是留住人才的重要手段之一，在制度不匹配的情况之下，仅通过资本运作进行兼并控股，导致的结果将是媒体人才的流失，得到的仅是一个空壳，最终可能导致国有资产流失。薪资体系既是所有制间的壁垒，又是行业发展间打通的壁垒，这正是解决传统媒体和新媒体融合发展的一大症结所在。因此，在薪资体系建设方面，一方面单位需要有完备合理的统一企业标准，另一方面，还应完善奖励机制，尤其是新媒体人才既要让其感受到企业平台所带来的优越感，又要让其享受突出贡献和业绩下的好处。完善薪资体系，留住人才，为媒体融合的未来发展蓄力增势，打造标杆性典型案例，引领全国媒体融合企业发展的潮流。

（五）坚持正确导向的政策和舆论引导，加快推进内容与技术高质量创新性发展

1. 加快推动新媒体内容高质量创新性发展

在新媒体内容井喷式增长的时代，要大力实施新媒体内容提升工程，在政策上要不断鼓励以坚持把人民群众对美好生活的向往作为奋斗目标，以重点带整体，依托网络视听节目精品创作传播工程、数字出版精品遴选计划等经典产品的推选与展播活动等，引导新媒体公司守正创新，激发新媒体平台由单纯追求曝光率转向精耕细作、追求社会效益，不断推动内容生产更加细分化、规范化、品质化，为人民群众提供高质量创新性的精神食粮。

2. 加快科技创新推进新媒体资源整合

随着信息网络技术的发展，舆论生态、媒体格局、传播方式都发生了深刻变化。要鼓励新媒体公司因势而谋、应势而动、顺势而为，综合运用传统优势和5G、物联网、云计算、大数据等信息技术手段，大力推进新媒体资源整合，推进内容和技术的一体化发展。

第四编

全国区县报发展调研报告

中宣部传媒监管局委托课题
中国新闻出版研究院（2018年）院级课题
编号：2018-Y-Y-ME-025

负责人：杨驰原
所在单位/部门：传媒杂志社
结题时间：2019年11月12日

前　言

　　县级融媒体中心建设的背景下，全国区县报面临新一轮改革的挑战，也迎来了新的发展机遇。为全面深入了解和掌握全国区县报的出版、经营、发展现状等方面的情况，研究目前全国区县报发展存在的问题，寻找融合发展方向，传媒杂志社于2018年初向中国新闻出版研究院申报了"全国区县报发展调研报告"课题，意在通过该课题，形成全国区县报评估指标体系及评价标准，并提出拟关停并转报纸的初步意见。

　　传媒杂志社在接受委托后，对本课题高度重视，迅速组成由主编担任组长的课题组，制订了详细的调研计划，按照计划进行了深入调研，并对调研情况进行了整理。在调研过程中，2018年11月中央发布了《关于加强县级融媒体中心建设的意见》，针对此意见，课题组修改了调研方案和提纲，决定对课题内容进行大幅度调整，因此于2018年12月向中国新闻出版研究院提出课题延期结题的申请得到批准。为增强课题的深入性，课题组邀请了《中国记者》副主编陈国权、中国县市报研究会会长石坚钢、中国新闻出版研究院传媒研究所执行所长刘建华、中国人民大学新闻学院教授周蔚华等专家对撰写提纲提出了修改意见，陈国权、石坚钢、陈颖清参与了具体章节的撰写，形成了本课题报告。

本课题组
2019年11月12日

区县报是我国报业大家庭非常重要的组成部分，肩负着坚守基层舆论阵地的重任。在发展历程中几经波折，高峰时期是20世纪90年代，全国80%的县办有报纸，其中具有正式刊号的达460多家。2003年7月，《中共中央办公厅、国务院办公厅关于进一步治理党政部门报刊散滥和利用职权发行，减轻基层和农民负担的通知》下发，经过整顿，保留了58家。这个数量虽然小，但在县级融媒体中心建设的背景下，显示出独特的重要性。

第一章　调研方法与问题设定

课题组自2018年5月1日到2018年底，进行了初步调研。2019年初，根据县级融媒体中心建设的新情况，课题组调整了研究方向，重新制订了调研计划。2019年7月1日—8月15日，历时1个月15天，采取实地走访、召开座谈会与函询三者相结合的调研方式，对58家区县报发展情况进行全面调研摸底，调研主要围绕以下五个方面的问题展开：

（1）全国区县报出版、发行及经营的现状；

（2）全国区县报目前管理体制、人员及编制情况、财政拨款情况；

（3）全国区县报在媒体融合发展、构建全媒体传播格局中的地位和作用；

（4）全国区县报目前发展面临的主要困难、存在的主要问题以及制约因素；

（5）对全国区县报未来发展的意见及建议。

第二章 调研情况

第一节 召开座谈会

在58家区县报名单中,浙江省有18家,江苏省有12家,两省合计30家,占总数的50%多。鉴于这两个省份的区县报均在经济发达县市,发展情况有很大的相似性,故课题组决定在浙江、江苏两省组织召开座谈会。

7月3日,课题组组长、传媒杂志社社长兼主编杨驰原带队,与传媒杂志社新媒体部主任左志新、记者沈金萍一行三人到浙江省调研,在中国县市报研究会会长单位、诸暨市诸暨日报社召开浙江省县级报座谈会。浙江省18家县级报有14家派负责人参会,按照调研部署的问题,介绍本社发展情况。

7月10日下午,传媒杂志社记者沈金萍赴江苏省泰州市靖江市靖江日报社,组织召开江苏省县级报座谈会,听取各报社情况介绍,江苏省12家县级报中有9家派负责人出席座谈会。

第二节 走访调研

借助组织浙江省和江苏省县级报座谈会之机,课题组走访了诸暨日报社、海宁日报社、柯桥日报社、靖江日报社、江阴日报社。

课题组还专程走访、调研了《寿光日报》《北方蔬菜报》《北方蔬菜报(新疆版)》与《北方蔬菜报(新疆版维文)》《滕州日报》《晋江经济报》《增城日报》《番禺日报》《宝安日报》《潜江日报》《仙桃日报》《定州日报》《济源日报》《浏阳日报》《修水报》《太谷报》《韩城日报》《酉阳报》等18家报社。整个调研,课题组共走访了23家县市报社。

第三节　函　询

课题组对未参加座谈会、未能上门走访的17家报社进行了发调查问卷函询：《慈溪日报》《奉化日报》《余杭晨报》《余姚日报》《张家港日报》《昆山日报》《武进日报》《石狮日报》《天门日报》《瑞金报》《蒙古贞日报》《蒙古贞日报（蒙文版）》《喀左县报》《二连浩特报》《满洲里日报》《察布查尔报（锡伯文版）》《库尔勒晚报》。其中，《慈溪日报》《奉化日报》《余杭晨报》《余姚日报》《满洲里日报》等5家回复了问卷，其余的12家未回复；需要特殊说明的是：经课题组反复、多方联系，《蒙古贞日报》《蒙古贞日报（蒙文版）》拒绝接待走访，也拒绝回复问卷，课题组只能从当地宣传管理部门和其他报社间接了解情况。

第三章 调研成果

第一节 指标体系

根据县级报发展现状,课题组设计了《我国区县报发展评估指标体系》,该评估指标体系设定了4个一级指标、10个二级指标,具体指标及权重见表1。

表1 我国区县报发展评估指标体系表

指标	评分标准	分权重	总权重
社会影响力	总发行量(与区域人口占比)	15	40
	网络影响力(年度稿件网络转发量)	10	
	新闻专业度(三年内获得国家、省区新闻奖数量)	10	
	品牌活跃度(年度组织规模较大活动的次数)	5	
经济效益	收入规模(近3年平均年度总收入)	10	30
	利润额(近3年平均年度利润)	20	
融合发展指数	是否办有新媒体(目前创办新媒体数量及下载量或粉丝量)	10	20
	是否融入了县级融媒体中心	10	
政府扶持力度	是否有财政拨款(所占全年经费比例)	5	10
	是否有项目津贴(所占全年经费比例)	5	

第二节　区县报发展现状评估

通过对 58 家区县报的调研情况进行分析，可以发现，这些区县报的发展呈现比较明显的四级发展形态。因此，本课题组按上述评估指标体系将 58 家评估分为四类，而没有给每个报社评分。针对调研、采访、电话沟通和迂回查找资料了解到的实际情况，课题组在与专家充分研究的基础上，按照《我国区县报发展评估指标体系》及其评价标准，将全国区县报评出四个等级，并建议将 D 级的 8 家报纸关停并转。

A 级：社会效益显著，年收入 2 亿元以上，年利润超过 3000 万元，融合发展成果显著。具体单位有 2 家，为《萧山日报》《宝安日报》，占比约 3.45%。

B 级：经济发达地区的浙江、江苏、福建三地的县级报社，加上浏阳日报社，全国共有区县报 32 家，占比约 55.17%，其中浙江 17 家、江苏 12 家、湖南 1 家、福建 2 家。这些报社的发展情况比较类似：多数归省市报业集团统一管理，社会影响力较大，经营状态都很好，多数收入 1000 万到 7000 万元，年利润从 200 万到 1000 万元不等，融合发展初见成效。

C 级：经济欠发达或经济落后地区但政府重视的事业化管理县级报社，特点是市场化程度不高，行政拨款基本能够满足需要。以《韩城日报》《酉阳报》为代表，此类报社占 27.59% 左右，为 16 家。

D 级：经济落后地区或虽然在经济发达地区但政府不重视的县级报社。特点是完全靠政府资金扶持，内部管理混乱，举步维艰，难以维系。以《番禺日报》《太谷报》《库尔勒晚报》《北方蔬菜报（新疆版）》与《北方蔬菜报（新疆版维文）》以及辽宁 3 家为代表，占比约为 13.79%，共 8 家，具体见表 2。

表 2　我国县级报发展评估表

级别	县级报名称	特点	分值
A 级（2 家）	《萧山日报》《宝安日报》	社会影响大，新闻生产专业度高，品牌活动多，媒体融合发展形势良好。年收入 2 亿元以上，年利润超过 3000 万元	90 分以上

媒体融合

续表

级别	县级报名称	特点	分值
B级（32家）	浙江17家、江苏12家、《浏阳日报》、福建2家	整体发展情况较好，在全国具有一定影响力，传播力相对较强，多数年收入1000万到7000万元，年利润200万到1000万元不等，融合发展初见成效	76—90分
C级（16家）	《定州日报》《济源日报》《修水报》《瑞金报》《二连浩特报》《满洲里日报》《增城日报》《潜江日报》《天门日报》《仙桃日报》《寿光日报》《北方蔬菜报》《滕州日报》《韩城日报》《酉阳报》《察布查尔报（锡伯文版）》	市场化程度不高，在本地具有一定影响力，多为全额或差额财政拨款单位，发展较好的年收入在1000万元左右，年利润在100万元左右，其他则基本无盈利，年收支持平	60—75分
D级（8家）	《番禺日报》、《太谷报》、辽宁3家、《库尔勒晚报》、《北方蔬菜报（新疆版）》与《北方蔬菜报（新疆版维文）》	社会影响力非常有限，管理、经营不善，生存艰难，整体面貌不佳，基本没有存在的必要性	60分以下

第四章 取得的成绩

近年来,全国区县报积极应对"报业寒冬",在中央媒体融合发展的战略方针指引下,勇于探索,同时也取得了社会效益和经济效益双丰收。主要成绩如下。

第一节 强化阵地意识,牢牢把握正确舆论导向

全国区县报处在我国新闻媒体系统最底层,属于"神经末梢",同样也意味着处于意识形态工作的前沿阵地,必须把导向作为内容建设的根本和灵魂,不断强化阵地意识,牢牢把握"话语权"。无论从传播的便捷性、有效性、广泛性还是新闻的贴近性等角度看,县域媒体始终具有不可替代的基础性作用。

近年来,全国区县报面对社会思想多元化的复杂形势,坚持正确导向,把核心价值观作为内容建设的底色和基调,在众声喧哗中凸显主流价值,有效引导了舆论方向。从历年来中国县市报研究会主办的中国县市区域报新闻作品分享活动和各种主题新闻分享活动参评作品可见一斑。

在读者获取信息渠道多元化的当下,全国区县报的广大新闻工作者站位高远、关注大局,对准时代焦点、报道社会热点,从而不断提升党报传播力、影响力、引导力、公信力,把党的理论路线方针政策和重大决策部署宣传好、阐释好、落实好。比如,诸暨日报社作品《六十条助推富润高质量发展》描写企业将"枫桥经验"引入企业治理,直面矛盾纠纷,就地解决问题的创新举措,展现了"枫桥经验"和"高质量发展"两大重大主题。如《四十不惑,江阴企业家的传承故事》《致柯桥》《温州鞋"走"向世界》《海宁时尚产

业新调查》《再见，老房子！你好，新生活》等，聚焦改革开放、产业转型升级、经济高质量发展，深入采访，挖掘亮点，进行系列、组合式的立体报道，唱响时代主旋律。同时，又直面发展中存在的问题，做出深刻思考，提出有见地的观点，呈现了主流媒体重大主题报道应有的态度。2018年，各县级报还积极开展"大学习大调研大抓落实"活动，涌现出一批内容真实，感染力强，社会效果好的优秀作品。比如，《八校四路段有了"爱心绿波"》一文，通过细节、数据的精准采写，把职能部门在"大调研"中发现的问题以实打实的方式解决，从最小的切口去体现一个有责任有态度的部门行为，从而由点及面，指出"群众事无小事"，回答了"大调研"要找问题、送服务、回应人心的初衷。"脚下有泥土，笔下见真情"是新闻工作的真实写照。记者要走到群众中，走到一线去，采撷有温度的素材，讲出有灵魂的故事，用冒热气、沾泥土、带露珠的作品记录社会、反映民生。如《忠魂常驻开山岛》就是记者长期扎根基层、深入一线挖掘的全国"时代楷模"王继才的守岛故事；《跨越千山万水，对你说一声"扎西德勒"》，用非常鲜活的语言，讲述了结对帮扶，汉藏一家亲的故事，细节感人，读来令人落泪。

实践表明，县级报严守导向，坚持核心价值观，在引领舆论导向方面发挥巨大作用。

第二节 灵活运营，形成多元化发展格局

全国区县报有30多家在经济发达地区的浙江、江苏和深圳，这些报社的市场化程度较高，体制机制比较灵活，开展市场化、多元化经营早，发展步伐相比中西部要快。

如浙江省诸暨日报社于2004年8月25日挂牌成立了有限公司，多年来坚持推进传统媒体和新兴媒体融合发展，坚持社会效益和经济效益相结合，深入打造和完善"五四三、六个一"的媒体产品格局和产业布局，加快建设好以掌上诸暨App平台为主体的新媒体平台，加快媒体跨界产业的拓展，提升产业服务能力，促进报业经营健康稳定发展，2018年总营收超6000万元。毗邻的萧山日报社的年经营收入一度接近3亿元。，其中多元化经营收入占

比达到 70% 以上。浙江富阳日报社围绕"主业稳、产业兴"的发展目标，深挖政务资源。2018 年，实现总营收 4537 万元，实现利润 951 万元。近年来成功举办了"智慧山水城都市新蓝海""拥江发展产城融合"高峰论坛、中国（杭州）乡村振兴暨"三美"建设论坛等区级层面大型活动，展现了举办区域高端论坛（会展）活动的实力，大大提升了富阳日报媒体品牌影响力。位于湖南东部的《浏阳日报》是中部地区发展最快的纸媒之一。2019 年上半年共完成媒体创收 1420 万元（不含报纸发行收入），同比增长 26 万元，主要的经营平台有浏阳日报、微浏阳。主要经营手段是活动创收，今年上半年共开展了车展、家博会、中国好声音、浏交会、小记者夏令营等各类大小活动 20 多场。

第三节　探索先行，媒体融合成效显著

区县报很多在大的报业集团里，这些报纸得到报业集团在融合发展方面的大力支持，从电子版、手机报，到之后的"两微一端"、短视频，只要内容有足够吸引力，县级媒体就有了突破区划限制的可能。在全国县市报里面，江浙地区全国区县报融合起步早，走得比较稳健比较全面，核心竞争力比较强，成效显著。

如寿光日报社形成了"网站＋微信号矩阵＋微博号＋抖音号"为主要平台的融媒体传播矩阵，互联网注册用户超过 100 万，日点击量突破 20 万次，微信号综合排名位居全国县市报前列。余杭晨报社媒体矩阵目前用户量总数超 130 万。其中，余杭晨报微信粉丝数 30 万，余杭晨报微博粉丝数 71 万，掌上余杭 App 用户数 28 万，余杭手机报用户数 1.7 万。在"今日头条"开头条号，年阅读量 579 万。余杭新闻网日均访问量 7 万。其中，掌上余杭 App 在全国县市区域报同类新闻客户端中下载量居第一，其成功运营模式吸引了全国 80 余家地、市、区县报前来学习、取经。余杭晨报微博在全国县市区域报排行前列；融媒矩阵下，近年来报社年均获得全国（县市报）、省市各类新闻奖近百项。

中部地区融合做得较好的有以下几家。2013 年起，湖南省浏阳市报台探索融合之路，浏阳报社旗下的浏阳网、微浏阳微信公号及托管宣传部的浏阳

媒体融合

发布微信号等矩阵综合发力,目前基本形成了"一报一网,两微一端"的全媒体格局,覆盖用户群超过 100 万;电视台通过开发掌上浏阳 App、做强 995 交通广播微信公号,形成了强大的移动互联融媒体集群。值得一提的是江苏省《宜兴日报》早在 2008 年开始搞大型活动网络视频直播(当时宜兴电视台是图文直播),2010 年,报社试水微电影;2015 年,成立全媒体新闻发布中心、全媒体新闻采编中心、全媒体经营中心,把视频和图文结合在一起。在中部地区也算佼佼者。

第五章　面临的困境与挑战

第一节　体制机制僵化，阻碍融合进程

（一）管理方式落后

调研中发现明显的情况是，部分区县报已经跟不上形势发展，不但融合发展滞后，甚至濒临绝境。例如，山西的太谷报社为全额事业单位，于2019年3月26日正式组建太谷县融媒体中心。根据山西省委51号文件要求，太谷报暂时保留刊号并入融媒体中心。作为融媒体中心的内设机构，不具有法人资格，没有社长、没有总编辑，只有4名版面责任编辑，报纸出版业务由中心副主任分管，融媒体中心形同虚设。瑞金处于相对落后地区，报社尚在体制内，新媒体发展步伐不快。《瑞金报》的采编人员工作量很大，一边办报，一边还直接参与中心工作。2018年，报社全体工作人员还成为扶贫工作组队员和拆迁工作组人员。陕西的《韩城日报》成立于2013年，是国内最年轻的党报，是市委直属副处级事业机构，全额财政拨款单位。目前已形成了以报纸和网站为核心，"韩城日报""韩城发布""韩城传媒网"三个微信公众号，手机微报纸、今日头条号、网易新闻号、人民视频、新华社"现场云"、新浪微博、抖音、网站手机端等共同组成的全媒体宣传矩阵。但也只是将新闻信息简单地在新旧媒体上"一稿两发"，纸媒网媒同质化严重现象仍然存在，目前还处于初级融合阶段。这些单位依旧采用行政手段，管理方式落后，形势不容乐观。

（二）身份编制复杂

全国区县报编制复杂也成为影响改革推进的大难题。一个县级媒体内有两三种不同的编制，不同编制不同待遇，很难留住没有正式编制的人才。大部分报纸，至少存在事业编制、合同工、劳务派遣三种身份员工。河北张家口宣

化区试图整合区内三家媒体，但三家媒体的人员编制、身份都很复杂，全额事业、差额事业、企业、聘用、劳务派遣等，非常棘手。浙报集团下属九家县市报还存在一个事转企人员身份如何回归问题。当年因上市需要，九家县市报部分员工服从浙报集团要求从事业转为企业身份，眼下其中多数县市报融媒体中心已挂牌，身份问题依然悬在空中。全国区县报改革必须优先解决这些问题。

（三）考核机制不成熟

一些全国区县报已经通过薪酬改革、绩效改革，推行 P/M 序列。但这只是表面现象，对于存在多种身份编制的单位，这个绩效考核的实际效果并不明显。甚至出现事业编制的不干事，还拿钱多；编外、企业身份以及劳务派遣人员干活多却拿钱少的现象，造成分配不均，积极性调动不起来，根本起不到奖优罚劣的作用。

（四）思维定式重

县级媒体立足本地，编发"空间"上受地方性的约束比较多，条条框框比较多，不敢过多尝试舆论监督报道，有些全国区县报偶尔会尝试舆论监督，大多也不会伤筋动骨，一旦影响到政府形象，那势必"流产"。

传统媒体借助新媒体孵育一个新平台是需要一个鼓励创新、相对宽松的氛围和环境的，这跟办党报存在明显差异。在现实操作中，一些民众关注度极高的热点事件，如果无法第一时间切入，无法正面发声，就会引来公众质疑，带来的后果就是失去占领舆论制高点的机会，失去扩大主流舆论影响力的机会，失去打造新媒体平台影响力公信力的机会。比如，去年苏州某县市有一个区域机构的调整，相关部门不允许"官媒"直接或者是提前发声，随着苏州市政府网站的公布，文件都批复了，自媒体圈已经泛滥了，"官媒"该发声的时候却被叫停了。如此一来，本该最有公信力、最主流、最权威的声音屡遭质疑，导致平台影响力大受诟病。长此以往，还将导致从业人员职业感受挫，这就形成了一个恶性循环。

第二节　平台产品弱化，缺乏核心竞争力

当前部分县级媒体改革陷入一个极端，忽视了用户端的需求变革，导致

产品同质化、传播渠道弱化、平台影响力弱化，缺乏具有核心竞争力的新闻产品、新闻品牌，这实际上忽略了县级融媒体改革的本质。

主要表现如下。从纵向看，报纸与多媒体相比，依然依赖于每天的发行，与网站、手机端的实时更新相比，差距太大；从横向比较，同样是报纸，县市报相比地市报生存状况堪虞。经过整顿合并，全国剩余的全国区县报不多，加上目前对党报的定义只到地市一级，县市报又无法获得政府扶持，却依然要承担党报职能，在市场化竞争中沐风栉雨。

江苏的《吴江日报》对此也深有同感。眼下，新媒体逐渐成为我们报业的基本配置，微信、微博、手机客户端样样具备，盈利的不多，这就形成悖论，没有不行，有了反而挤占传统媒体的空间。上马"两微一端"、打造新媒体平台等做法需要投入巨大人力、物力、财力，而且一时之间还没有找到成熟的盈利模式。所以这些新媒体负责"貌美如花"，主要靠传统媒体养家。虽然全国区县报的新媒体平台也逐渐提高占有率，但是从传播的渠道和影响力上、技术的支持上，永远无法和"今日头条"、抖音这些头部公司竞争。

第三节 商业收入下滑，经营陷入颓势

原有商业模式收入大幅下滑。随着互联网的快速发展，依靠原有垄断渠道形成的运转逻辑——政府办报→广告变现→变现收入支持办报→为政府宣传已经难以成立，广告变现收入大幅减少。企业，特别是房产企业广告更多投向互联网，或自办自媒体，因此版面和活动等的广告收入受冲击比较大。

对于处于县域经济状况不佳地区的全国区县报来说，商业广告是最大营收来源，比如，山东省《寿光日报》的广告年度经营收入由 2011 年的最高点 2843 万元，这在当时超过山东 4 家地市级报纸广告收入，下降到 2018 年的 1733 万元，同比下降近 40%。河北的《定州日报》，2017 年全部经营收入 156 万元，2018 年为 111 万元，经营收入主要来自举办的各种户外活动，如全民健步走、车房展、金融理财节、健康节等，但 2019 年由于找不到冠名单位无法举办这种活动，收入不容乐观。同省的滕州日报社 2018 年年收入下滑至 1622 万元，年总支出（包括印刷厂人员负担）1880 万元。收支相抵，资金

缺口近200万元。2019年上半年，报纸纯广告收入较往年同期减少30%左右。

处于县域经济发展较好地区的全国区县报，经营状况同样不乐观。长期严重依赖政府关系，或者政府提供的资源变现，导致市场竞争能力薄弱。因为传统的政媒关系不复存在，珠江商报展会活动招商困难，连续两年争取不到作为顺德特色节会的顺德美食节。它曾为主策划举办中国安全产业大会，因为争取不够积极，方式不够灵活，导致主动权旁落，最后只能沦为协办单位。同样位于广东地区的宝安日报营收模式一直依赖于政府购买服务。报社以纸媒为主的经营模式在经历了业务和营收的爆发式扩张后进入稳定期，囿于地区经济人口规模限制和政策风险，增长潜力有限。面对颓势，宝安日报不得不放弃无效行业，调整人员，压缩广告中心规模。

第四节　短板凸显，人员队伍不稳

人才、技术是媒体融合迈不过去的坎，全国区县报这个制约尤为明显。突出表现为：人才流动性大、缺乏专业技术型和复合型人才、人员素质结构不合理，优秀人才引不进、留不住；合同制员工都想着离开，只要外面一有招考机会，都会报名参考。

由于全国区县报大多处于五线城市甚至五线以外，薪酬吸引力、区位吸引力都较弱，难以吸引优秀的专业人才和复合型人才加入。就技术来说，由于缺少采编技术平台和专业技术人才，一些新的采编发布形式无法完成。

（一）流动性大

全国区县报立足于县域，引进高层次全媒体专业人才较难，要留住人才更不容易，一些业务骨干往往容易往规模更大、条件更好的媒体流动，或考入当地党政机关、事业单位。同时，由于缺乏晋升和优胜劣汰机制，难以留住优秀人才。流失员工中，优秀人才占比较高。跳槽、公务员考试成为流失的两种主要方式。2015—2017年度，《寿光日报》《北方蔬菜报》每年都有30多名员工离职，员工数量由高峰期的近270人，减少到现在的172人，特别是业务素质强的员工离职情况较为严重。在经济情况较好的《吴江日报》，2017年流失9位，2018年5位，2019年因为二孩休产假的6人，走的都是成熟的甚至中层的员工。

有能力的骨干和青壮年流出，带来的另一个结果势必是队伍的老化弱化。太谷报社为全额事业单位，机构定编 16 人，实有在职人员 12 人。由于多年来一直没有新入职年轻干部，在职全额事业干部平均年龄为 51 岁。计算机服务中心为报社下属自收自支事业单位，非独立核算单位，有 9 名自收自支人员（平均年龄 45 岁）。由于缺乏人员流动退出机制，全国区县报还存在冗员，尤其是以行政手段运营的单位，队伍老化、弱化问题严重。河北定州日报社现在职人员 68 人（其中，借调到外单位 7 人，1 人病假），有 10 名转业士官（全部为初中生）。

（二）缺乏技术人才

一方面，全国区县报本身的记者编辑全媒体采访、制作的能力和水平有待提高，传统媒体记者转型艰难；另一方面，技术专业人才缺乏也成为一个痛点，对动漫、微视频、H5 等新形式的运用、网页面设计、故障处理方面的技术力量严重不足。据了解，深圳的宝安日报社只有 2 名技术人员做前端；深圳侨报作为新媒体发展较好的纸媒，技术部共 7 个人，也只有 3 人服务于新媒体。浙江的诸暨日报技术部 14 人，网络专业技术人员仅 2 人，大部分是纸媒转过来的新媒体小编。而我们知道在腾讯公司这样的商业巨头，技术研发人员占比高达 60%。

第五节　重复建设，导致资源浪费

县域面积狭小，却有三个以上的媒体。在没有公开刊号报纸的县，或有内刊编辑部，或更名为县外宣中心，由县委宣传部管理；广播电视台隶属于文体广播电视局，划为有线电视台类；还有专门的政府网站，又属于县政府内部组成部门。

鉴于县级媒体重复建设的问题，有多位实践者较早提出过县级媒体的整合思路与意义，包括统一宣传口径、整合人才设备资金、提高效率等，这也说明了县级融媒体中心建设的必要性与实践基础。全国区县报要放在县级融媒体中心建设的大盘子中进行改革。

> 媒体融合

第六节　融合挂牌后貌合神离

立足于解决县级媒体重复建设问题的县级融媒体中心建设，当前面临的最迫切的是报纸与广电合并将要导致的一系列问题。

柯桥融媒体中心于2019年4月15日挂牌，是浙报集团旗下九家县市报中最早的。虽然两家单位统一开编委会、采编会，但是现在还是各自办公，绝大部分工作还是各自为政。富阳融媒体中心是6月12日挂牌，由《富阳日报》抽调7—8人和广电的新媒体人员合署办公，一个副总编去轮值，仅限于一个形式。这也是其他已经挂牌融媒体中心的县市报的现状。

（一）机制问题，是否施行企业化管理

由于发展进程的不同，广电与报社在合并趋势的当下并没有站在同一起跑线上，调研组发现一个规律，凡是发展程度高，经营能力较强的媒体一般都实行企业化管理；而发展程度低，经营能力较差的媒体一般都属全额或差额拨款事业单位。媒体机制的选择都是自觉行为，意识形态的属性有利于媒体在不能够维持"生计"时寻求拨款扶持。县级、市级广电由于没有上星频道，普遍经营能力较差，大部分属全额拨款事业单位，经济活力不够，动力不足；而一些县级、市级报纸则由于立足于本地，形成垄断优势，特别是江浙的拥有较强经济基础的有刊号的县市报，经营能力普遍较高，全部实行"事业单位，企业化管理"机制。另外，还有一些以"今日"为开头的大量的没有刊号的全国区县报，则属于全额拨款事业单位。

（二）编制问题，将会以人才流失作为代价

编制问题，实际上是机制问题的影响延续。实行企业化管理的媒体一般施行"同工同酬"，即使有编制的区别，很多时候是档案封存，薪酬只看绩效；员工收入差距不大，而且是"多劳多得、少劳少得"所产生的差距；而在全额拨款事业单位中，事业编制、企业编制、部聘、台聘、劳务派遣等编制非常复杂，待遇相差极大。事业编制的员工，哪怕不干活也有20万元收入，而没有编制的员工即使干很多活也才6-7万元。合并之后的媒体中心无论采用哪一种经济机制，都会由于导致某一方的利益受损而遭受抵触。

如果实行企业化管理，事业编制员工会感觉利益受损。比如，富阳广电200名员工中有正式编制的120多人，正式编制中担任主任、副主任要职的有

90多人。事业编制员工的工作压力剧增将会产生抱怨抵制心态。而如果实行全额拨款单位机制，聘用人员何去何从？无论是与拿来的事业编制单位还是企业化管理单位，都有大量的编制外的聘用人员，媒体的大部分工作还需要这部分人来干。比如，东阳日报社在采编一线的54人中，39人是聘用制合同工。如果不能留住这批人或者留下后消极怠工，对新组建的融媒体中心来说，将会面临难以正常运作的尴尬。如果按照机关事业单位的方法考核，会迫使目前非事业编制、但是目前单位的骨干一批人离职，也会使新单位失去活力。

（三）编制差异导致的待遇悬殊

这是合并过程中员工反映最强烈的问题。多个单位，营收能力完全不一样，有效益好的，也有效益差的。效益差、收入低的单位员工对于合并欢欣鼓舞；海门电视台有200多人，营收比报社要弱，经营收入大概1000万元，员工只有基本工资，市里的考核奖都发不出来。所以就特别期待整合。而效益好、收入高的单位员工则对于合并之后待遇被拉平的担忧很容易就形成对合并的抱怨，影响合并后不同单位的团结与稳定。宜兴日报社社长程伟说，宜兴日报社目前账上有3800万元，而宜兴广播电视台去年的奖金都没有发到位，同样级别的员工，与报社相比，公积金都要少1000多元，合并了之后，把广播电视台员工的待遇提升，报社不愿意，如果不提，广电台又有意见。而且广播电视台300多人，如果提升待遇，没有这么多的资金。

（四）精简问题

本来是以避免重复建设、聚焦传播力而推行的多媒体整合遇到的最难解的题目就是精简问题。作为财政全额拨款单位的一些媒体，这些年来积累了大量的冗员。多个单位的冗员通过整合，体量变得更为庞大，问题变得更为复杂。

最让人忧心的是，大部分广播电视台的人员数量比较庞大。丹阳日报社目前有80多人，但丹阳广播电视台有300多人，整合之后，媒体中心就有400多人。江阴广电集团有500多人，江阴日报社有100多人，融媒体中心成立后将有600多人，是比较大的单位。

去冗员成为整合之后首要的问题。此外，还有机构臃肿的问题，在改革中，机构越改越多，层级繁多，效率低下。整合之后，这种负效应可能被继续放大。必须精简。滕州日报社印刷厂是经市委常委会批准由原来的市委印刷所整建制移交组建的，属事业单位、企业化管理，实行独立经营、自负盈亏。该厂现有在编人员 34 人，资产为负数，经营举步维艰。从 2011 年底开始，人员工资、社保均由报社负担，成为拖累报业发展的一大"包袱"。

第七节　融媒体建设中的脱实向虚现象

　　受诸多因素影响，我国县市区域经济社会发展程度不同，存在问题困难也不同，这就决定了建设县级融媒体中心既不能搞"一刀切"，也不能搞"拉郎配"。甘肃玉门这种地方没有报纸，电视台又很薄弱，他们除了转播嘉峪关市的新闻之外，没有什么东西。对于他们建立融媒体中心基本没用。中国最早成立传媒集团，把广电、报纸、杂志、广播合并在一起是佛山传媒，佛山传媒是 2005 年成立合并在一起，搞了 15 年，报纸跟广电两张皮，到现在还是分开的。"我现在感觉有一点拉郎配，好像从领导的角度，我把报纸、广电合并了，就是融媒体中心了。"佛山传媒的领导在私下曾这么评论。

　　有的地方过度注重技术引进，形式变革，陷入"技术主义""形式主义"窠臼。搬来中央、省、地市以及先进典型地区的大屏幕、大场地、大机构、新技术，等领导、同行来参观时打开演示，人家一走，就关门谢客，结果是花钱、耗时、费力却成了"花把式"，劳民伤财，徒增压力。有的把融合重点放在推出"两微一端"上，表面看增加了新的渠道和平台，实质并没有实现各种媒介资源、生产要素的有效整合，无法产生化学反应。

　　还有的地方党委政府"一把手"认识不够深刻全面、重视支持力度不足，配合落实政策不到位；有的怕"出问题、担责任"，怕"枪打出头鸟"，信奉不做不错，多做多错的官场哲学，左顾右盼，止步不前或者伺机而动，存在畏难情绪。

第六章 对策与建议

新媒体的迅猛发展对全国区县报是一次冲击，无疑也是一次浴火重生的机遇。无论是全国区县报的改革，还是县级融媒体中心建设，其中的关键都是因地制宜，借鉴先行经验与样本，采用适合县域实际情况的改革举措，符合全国区县报改革与县级融媒体中心建设的根本目标。只要我们坚定信心、明确方向、抓住机遇、乘势而上，切实加快媒体融合步伐，不断提高主流媒体的传播力、公信力、影响力，就一定能在新的传播格局中变被动为主动。因此，课题组提出如下发展策略。

第一节 执行好顶层设计

自2014年8月中央下发《关于推动传统媒体和新兴媒体融合发展的指导意见》，2018年11月，中央下发《关于加强县级融媒体中心建设的意见》，为媒体融合发展和县级融媒体中心建设指明了方向，明确了目标和原则。之后，2019年1月15日，中宣传部、国家广播电视总局联合发布了《县级融媒体中心省级技术平台规范要求》《县级融媒体中心建设规范》。建设意见和建设规范相配套，使县级融媒体中心建设有了明晰的时间表和路线图。这些政策的颁布，为县级报融入县级融媒体中心建设做了很好的顶层设计。

为何要强调顶层设计？因为现实证明，很多问题不是举一家媒体、一个政府之力就能解决的，不同地方在推进融合中依然存在很多共通性。例如，明确县级融媒体中心的定位，把这个位置定好，后续一系列的身份管理方式、考核模式、扶持政策问题就迎刃而解。

因此，课题组认为，有关部门应根据这些进一步完善顶层设计，从体制

> 媒体融合

机制、人才、技术等方面入手，完善法律法规、关键技术的攻关、建立沟通协调机制等方面进一步加大工作力度，将全国区县报改革纳入县级融媒体中心建设中，不断提高县级融媒体中心传播力、引导力、影响力与公信力，巩固基层舆论传播新阵地，成为引导群众、服务群众的重要平台，打通基层宣传"最后一公里"。

第二节　加快体制改革

机制体制是建设县级融媒体中心的老大难问题。它涉及组织协调、政策制度、机构设置、人事编制、薪酬考核、流程再造、经营管理等方方面面、各个环节。

课题组认为首要解决思想认识问题。建设县级融媒体中心不只是新闻单位和宣传部门的事情，是党委、政府和人民群众的事情，需要从上到下把思想和行动统一到中央决策部署上来。县市区域党委、政府要从巩固宣传思想文化阵地，维护文化和意识形态安全的高度加强对推进县级融媒体中心建设的领导。全国区县报应大力推进实行机构重组、资源整合，以机构合并为抓手快速推进改革，并妥善解决好富余管理人员的转型以及岗位调整人员职责的确权。例如，将报社、广播电视台、信息化中心合并，成立公益一类事业单位——融媒体中心，由市委宣传部管理。从体制上解决长期以来县级媒体事业不事业、企业不企业的尴尬问题，消除由此带来的沉重工资负担和经营负担。成立国有企业性质的传媒集团公司，将原广告经营、活动策划、发行印刷、教育培训、影视制作、信息服务、节庆活动等经营行为全部纳入其中，按照现代企业制度管理，自主运营，自负盈亏。借鉴重庆、江苏、浙江等地的经验做法，传媒集团由市国资局监管，人财物管理仍由融媒体中心负责。传媒集团的人员工资待遇、职级晋升等均按国企职工对待。

如果确定为公益一类事业单位，则必须在人事制度改革、绩效考核、管理制度等方面给予自主空间。2019年3月28日，河南省委宣传部等8部门联合制定并印发《河南省加强县级融媒体中心建设实施方案》，在"明确单位性质"中表述"从本地经济发展、市场空间实际出发，扩大县级融媒体中心自主管理权，合理确定事业单位性质""依法依规探索多元发展道路，提升自身造血功能"；在"推进体制改革"中表述"编办、人社等部门支持县级融媒体中心加快推进人事制度改革，给予媒体更多、更灵活的用人自主权"。

第三节　因地制宜，分类指导

成熟的整合模式中，可以通过发挥全国区县报在不同县级融媒体中心的体系架构中的不同分量与作用，顺利推进整合。中国各地情况千差万别，资源禀赋、媒介格局、媒体体量、机制特征、竞争关系，甚至主政者对媒体的重视程度都有差别，习近平总书记就指出，县级融媒体中心建设"不能一刀切、一个样"，媒体整合同样不能搞"一刀切"。原来保留刊号的这60家全国区县报的传播"四力"、经营能力相对于本地的广播电视台更强，也应因地制宜地让这些全国区县报成为媒体整合的主导，在体制机制、管理模式、绩效考核方面采用这些全国区县报的方案。而在那些没有正规刊号的传播力、经营能力较差的全国区县报，在整合中应采取保守方案。

在此基础上，对县级融媒体中心内的各个媒介实行精简聚焦，扶持与优化传播力、影响力、引导力、公信力较强，以及具有较好的营收能力的媒体，削弱与关停传播"四力"低下、营收能力较差的媒体。从我们所调研的情况来看，拥有全国统一刊号的全国区县报大部分属应扶持的行列。

第四节　加大支撑保障力度

2019年1月25日，习近平总书记在中央政治局就全媒体时代和媒体融合发展举行第十二次集体学习时强调："各级党委和政府要从政策、资金、人才等方面加大对媒体融合发展的支持力度。"这为当前县级媒体改革获得政策资金支持提供了政策依据。

（一）政策支持

政策支持是建设县级融媒体中心的重要保障。这既是意识形态属性的必

> 媒体融合

然要求，也是媒体商品属性客观使然。仅凭一家之力、一县之力也难以有效推动。必须强调的是，加大政策支持力度，绝不是"等靠要"，而是要立足实际、实事求是、勇于担当、积极作为，精准把握好县级融媒体建设的着力点，运用政策红利，优化资源配置，发挥杠杆效益，增强"两个效益"。建议尽快制定推进县级融媒体中心建设的产业政策、财税政策、金融政策、土地政策、版权保护政策、内容准入政策、反垄断政策等。

具体来说，可建立事业单位绩效发放制度，项目资金个人奖励发放制度；建立管理与业务提升双轨制；除了职称评定之外，还建立特殊人才年金制和首席人员首席、领衔待遇制，给员工最大化的提升空间，稳定人才队伍。与全县市其他事业单位打通晋升交流机制，优秀的管理中层与采编人员可以顺畅地实现机关干部与传媒骨干双向交流。

（二）资金支持

建议移动客户端建设，"中央厨房"设备更新以及今后基础设施建设、运行和维护所需经费纳入县财政年度预算。县财政依托县委宣传部主管的宣传文化事业发展专项、文化产业发展专项以及媒体融合补助资金等，财政在保障融媒体中心财政经费的同时将媒体硬件建设及技术改造工程列为政府投资重点项目。对于县级融媒体中心的项目积极予以支持。申请中央、省市级的文化产业发展专项资金对县级融媒体中心的项目给予倾斜。

河南省济源市2019年市财政投入2500万元用于市全媒体中心（济源传媒集团）的现办公场所装修和设备采购。同时，从2019年起，每年财政另外安排专项补贴经费1800万元，连续拨付三年，三年后根据运行情况决定专项补贴经费标准。为确保媒体改革的平稳顺利推进，对济源广播电视台形成的历史债务包袱由市财政核定后列入2019年度财政预算解决。这些保障措施，有效地保证了当地融媒体改革平稳快速推进。

（三）产业扶持

宣传部、网信办、各委办局乡镇街道应对县级融媒体中心无偿提供信源及版权支持。并采用红头文件形式，推广县级融媒体中心所运营的新闻客户端，安装目标责任制层层分解任务。为增强传媒集团产业竞争力，支持传媒集团资产重组，尝试资本运作，确保国有资产保值增值。支持市融媒体中心对公共数据的归集、处理和应用工作，可公开的政府数据、端口资源优先向融媒体中心开放。各部门政务服务和"智慧城市"建设项目优先由市融媒体中心承建，在同等价格情况下，优先采购其文化、信息类产品和服务。支持市融媒体中心承办各类会展、节庆、商务、文体等活动。如市属机关企事业单位、乡镇（街道）的宣传专题片、视频制作、媒体广告、活动组织等文化传媒服务，应优先选择向市融媒体中心及其下属的媒体公司采购，允许采用自行直接采购方式，促进融媒体产业发展。禁止以非公开竞争方式向其他社会组织直接采购。优先支持融媒体中心及其下属的媒体公司企业积极参与文创产业、智慧城市、农村电商等重要公共领域的项目建设，提升全市公共服务水平。

比如，《上虞日报》提出在资源配置上，实行"四个优先"，即政府性公共资源优先配置给融媒体中心；可公开的政府数据资源优先向融媒体中心开放；党委政府部门便民信息服务平台优先由融媒体中心承接；政府性户外广告业务、大型活动策划、文化产品等项目优先由融媒体中心承办。这符合绝大部分全国区县报利益与实际。《太仓日报》跟社会综合治理联动中心进行无缝对接，跟农业农村局合作打通乡村振兴的大数据中心平台，全市的100多个部门，包括区镇资源数据都在那里，这也是很大的资源。

只有提供成长发展空间，搭建干事创业平台，对县级融媒体中心工作者在政治上充分信任、工作上大胆使用、生活上真诚关心、待遇上及时保障，坚持"扶上马再送一程"，才是切切实实为推动媒体融合做实事。

第五节　县级报要创新创收形式和渠道

可以有以下几种尝试途径：一是开发新的广告形式，如直播广告、互动广告、多媒体广告、H5广告等，成为新的广告增长点。二是用好新媒体平台策划线下活动。三是开展电商服务。四是开展信息化建设业务，抓住政府各行各业开展信息化建设机遇，介入智慧城市、智慧党建、智慧城管、智慧旅游、智慧教育等应用业务。五是拓展渠道，建设社区（农村）综合信息服务枢纽及其商业平台。

河南省济源新闻传媒中心在坚持新闻业务与市场经营"两分离"原则下，进一步整合资源，探索"媒体+"的运营模式，根据发展实际，在经营板块

>> 媒体融合

拟注册成立集团公司，下辖"六公司一学院"，分别为报刊发行公司、广告传媒公司、影视文创公司、电商贸易公司、旅游服务公司、文化演艺公司、传媒培训学院。重点开拓"媒体+"延伸服务，聚焦报刊发行、影视制作、文化创意、演艺活动、旅游服务、传媒培训、电商贸易等业务，发挥传媒优势，做大做强传媒品牌。

浙江省诸暨日报社积极参与政府公共资源管理的经营性项目，一是该报社开发的诸暨智慧停车收费管理项目运行稳定，覆盖面进一步扩大，道路收费泊位已达2200个，每月营收40万元。近期将达3000个泊位，营利规模将进一步扩大。该项目已有效缓解部分区域"停车难"现象，将有力推动诸暨智慧城市建设；二是以政府购买服务的方式开展公共服务产业，运营诸暨发布、文明诸暨、诸暨文明网；三是建设智慧生活服务平台，在移动端注入新闻资讯、公共服务和生活服务资源，开拓二手房交易、人才招聘等业务，"掌上诸暨"App将逐步成为推进媒体深度融合，把读者转化成用户，实现全媒体战略的支撑平台。

第六节　人才支撑

中央对县级融媒体中心的建设要求是事业单位体制，区县报在合并进入县级融媒体中心后，应实行事业单位企业化管理，根据按劳分配、多劳多得、效益优先、兼顾公平、奖优罚劣的原则，制定实施灵活的薪酬制度，建立分层分类的岗位体系，变身份管理为岗位管理，以岗定薪、动态管理，形成对内公平、对外有竞争力的利益分配机制。事业编制人员保留事业档案工资，并按国家相关政策，对档案工资进行相应调整。结合新的管理体制平稳过渡要求，过渡期间，融媒体中心人员薪酬制度仍按原单位内部管控模式和绩效考核分配制度实施。待新的岗位绩效考核管理办法制定公布后再实行新的薪酬机制。制定科学合理、有利于推动员工积极性的内部绩效考核办法。

第五编

学术期刊出版人才现状调研报告

原国家新闻出版广电总局人事司委托项目

负责人：王　平　杨驰原
所在单位/部门：中国新闻出版研究院课题组
结题时间：2016年12月

前　言

为落实《完善学术评价体系、治理遏制论文发表不良倾向工作措施分工方案》的有关要求，加强学术出版人才队伍建设，出台相关配套政策，受国家新闻出版广电总局人事司委托，中国新闻出版研究院于11月15日至12月20日，对学术期刊出版人才现状进行了专项调研。

中国新闻出版研究院对此项调研工作高度重视，在全院抽调9名科研骨干，组成了专门的调研工作组。调研采用了三种方式：一是召开专题调研座谈会，听取有关领导、学术期刊编辑出版人员、高校和科研院所研究人员的意见建议；二是设计制作了《学术期刊出版人才现状调查问卷》，在学术期刊界广为发放，对回收的问卷进行整理、分析，并在网上搜集行业相关人员的意见建议；三是发放征求意见函，征集相关单位的意见建议。

调研工作组分为两个小组，由时任中国新闻出版研究院副院长王平、《传媒》杂志主编杨驰原分别带队，先后在北京、上海、重庆、辽宁、福建、广西六个省、直辖市、自治区组织了6场座谈会，邀请全国94家学术期刊机构所属的300多家学术期刊的代表进行了座谈。调研工作组还联系到了中国科学院，收集到了该院现有291种学术期刊的编辑出版人员队伍情况的资料。

调研目标按照学科归属，确定选取哲学社会科学类期刊40家左右，自然科学类30家左右，医学类20家左右，综合类20家左右。调研内容主要集中在以下 6 个方面：一是学术期刊编辑出版人员队伍基本情况，包括人数规模、学历、职称、年龄结构、工作内容等；二是从学校、社会上招聘编辑出版人员采取何种方式，侧重的能力素质和考核的主要内容分别是什么，以及目前存在的问题；三是对编辑出版人员取得上岗资格有何具体管理规定、实施方式有哪些，以及目前存在的问题；四是执行出版职业资格制度是否严格，存在哪些问题；五是对不同职称或职务层次的编辑出版人员如何进行管理，具体的方式、基本的依据、取得的效果等，以及目前存在的问题；六是对于编辑出版人员的继续教育是如何组织实施和管理要求的，质量、效果如何，目前存在什么问题。

调研结束后，我们对收集到的数据和资料进行了统计、整理和分析，在此基础上撰写了此报告。由于时间太紧，撰写匆忙，报告的内容有欠全面，个别部分还有待进一步完善。

本课题组

2016 年 12 月 29 日

>> 媒体融合

第一章　学术期刊出版人才队伍建设基本情况

学术期刊是我国期刊业的重要方阵,是科学、文化创新和传播的重要载体,在推动学科发展、促进学术交流、展示和传播学术成果、引领科技进步方面,肩负着独特而重要的使命。建设世界科技强国、文化强国,学术期刊责任重大。而学术期刊的繁荣和发展,很大程度上依赖于学术期刊从业者,特别是编辑出版人才的学术视野、职业素质和事业热情。可以说,编辑出版人才是学术期刊的第一生产力。了解和掌握当前我国学术期刊出版人才队伍建设的基本情况,是此次调研活动的首要任务,也是梳理、分析问题,提出对策建议的前提。

第一节　学术期刊出版人才队伍总体规模

2014年底,为严格学术期刊出版资质,优化学术期刊出版环境,促进学术期刊健康发展,根据国家新闻出版广电总局《关于规范学术期刊出版秩序促进学术期刊健康发展的通知》和《关于开展学术期刊认定及清理工作的通知》要求,总局新闻报刊司组织开展了学术期刊认定工作。经过各省、区、市新闻出版广电局,中央期刊主管单位初审上报,总局组织有关专家严格审定,确定了第一批认定的学术期刊名单5756种。2016年底,第二批认定学术期刊名单即将公示,据悉总数为800种左右,两批总计为6500种左右。

本次调研,共走访、调研了94家学术期刊机构,共212家期刊,涉及编辑出版和经营管理人员1185名,平均每个刊物为5.6人。其中编辑人员为873人,占73.7%,其他人员312人,占26.3%。另据中国科学院提供的统计数据,该院现有291种学术期刊,编辑人员总数为1128人,刊均3.9人。综合两项数据，我国大多数学术期刊的人员数量很少，只有4—6人。但由于学术期刊数量众多，我国学术期刊出版队伍的总体规模依然相当可观，若按6500种左右学术期刊，每种期刊5人计算，全国学术期刊编辑出版人员的总人数约为3.3万，是一支堪称庞大的专业人才队伍。

第二节　学术期刊出版人才队伍结构状况

（一）人员的年龄结构

本次调研获得的数据显示，学术期刊编辑出版人员的年龄结构不太均衡，35岁以下的年轻人占比只有35%，35岁以上的人员占比65%，其中45岁以上占比接近30%。在一些专业化程度高、事业体制管理严格的刊社，45岁以上人员占比更是达50%以上，60多岁还坚守岗位的人员也有不少。而25岁以下的人员占比却少得可怜，只有3.7%。反映出我国学术期刊人才队伍人员老化现象比较严重，新生力量不足。

（二）员工男女比例

学术期刊工作比较稳定，文字工作的性质也更适合女性，因此，学术期刊编辑人员中女性偏多。此次调研获得的相关数据显示，各学术期刊社编辑出版人员中女性占到总人数的60.3%，男性仅为39.7%，相差20多个百分点。

（三）人员学历和职称情况

学术期刊从业人员整体素质较高，高学历人员占有较大比例。此次调研所涉及的212种学术期刊中，近60%的人员具有硕士或博士学历。在中国科学院主办的科技类学术期刊中，高学历人才占比更高，有四分之一的人员拥有博士学位。学术期刊编辑出版人员职称整体情况较好，约80%以上的编辑出版人员都具有中级或中级以上职称，副高以上职称占比超过50%。但不同类别学术期刊的情况呈现出较大差异，科研单位所属期刊比较重视职称问题，管理非常规范，而高校所属期刊和部分转企改制的期刊对职称的重视程度不够，要求不严，员工职称晋升缺少通道，积极性也不高。

第三节　人才编制和收入情况

（一）编辑人员的劳动关系

学术期刊社有许多是各科研机构、高校、协会等的下属部门，绝大部分性质为事业单位，其从业编辑出版人员为事业编制，部分期刊社转企改制后自主招聘，其从业人员为合同聘用。此次调研的结果为：在学术期刊编辑出版人员中，事业编制占比 67.1%；企业编制占比 8.6%；合同聘用制占比 20.5%；劳务派遣占比 2.1%；临时用工占比 1.7%。这种比例数据，应该说大致反映了我国学术期刊编辑出版人员劳动关系的基本情况。

（二）编辑人员的收入情况

在此次调研所涉的学术期刊单位，编辑人员的月收入水平总体偏低，且相互之间的收入差距并不大。月收入 3000 元以下或 15000 元以上的都没有，10000—15000 元的也只有中华医学会 1 家，其他基本都集中在 3000—5000 元和 5000—10000 元两档。收入档次之差与期刊所在地社会经济的发展程度密切相关，如北京、上海、重庆等经济发达地区，编辑人员月收入基本集中在 5000—10000 元之间，而东北和西部地区整体经济情况不佳，学术期刊编辑人员的待遇也相对较低，集中在 3000—5000 元这一档中。

第四节　人员招聘和培训情况

（一）招聘方式

在本次所调研的学术期刊中，人才招聘根据各期刊所属机构性质或自身经营情况采取不同的方式，归纳起来，主要有社会招聘、事业单位考试、上级主管部门统一招聘、主管部门加事业单位考试混合招聘（双轨招聘）、内部转岗 5 种方式。从调查结果可以看出，很多期刊社招聘人员由主管部门主导，期刊社自身没有太多的自主权，这在某种程度上限制了杂志的人才供给和人才使用。学术期刊大部分专业性较强，在招聘编辑出版人员时都会对应聘者的专业背景提出要求，此次所调研的这些单位中，97% 的期刊社都要求专业对口，绝大多数期刊社的学历要求是硕士或本科，占到总体的 81.7%。一些较高端的学术期刊会要求编辑人员有博士及以上学历，并需在专业领域有一定影响力。例如，中科院上海生命科学院生命科学期刊社，秉承"科学家的办刊模式"，对人员要求非常高，除了要有博士学历以外，还要求有学术成果、海外留学经历等。在招聘编辑人员的相关工作经历方面，75.3%的单位没有硬性要求，认为可以通过业务培训或是工作实践使编辑人员成长、成熟，胜任工作；24.7%的单位要求应聘者有一定的工作经历，一般要求有2—3年相关的工作经验。不过，尽管大部分单位没有硬性的工作经验要求，但在招聘过程中，同等条件下会优先考虑有工作经验或是有实习经验的人员。

学术期刊招聘员工，考察的因素是全方位的，涉及编辑文字能力、政治素养、协作能力、交际沟通能力、组织能力、抗压能力等多个方面，鉴于学术期刊的专业性很强，特别注重考察专业知识能力。在接受调研的94家期刊社，有77家将专业知识背景视为最重要的考核内容，反映了学术期刊对从业者专业知识的普遍高度重视。

（二）培训情况

此次调研的结果显示，学术期刊都比较重视人员培训工作，对采编人员进行技能培训的整体情况较好。所有学术期刊社均对编辑人员进行培训，有80%的期刊社积极组织采编人员进行定期或不定期的培训。很多期刊社除安排员工参加外部的各种技能培训外，还会组织各种内部培训，如采用技能比赛、师傅带徒弟、邀请专家讲座等形式。只有少数期刊的编辑出版人员接受培训次数较少。对编辑人员继续教育制度，大部分学术期刊社执行得较好，有83%的学术期刊社每年都安排编辑人员参加总局要求的72小时继续教育培训，并按期进行续展登记。

第五节 编辑人员职业资格制度执行情况

（一）对上岗的要求

此次调研的结果显示，有89%的学术期刊社严格执行行业行政管理部门规定，明确要求编辑人员上岗需要取得编辑职业资格证书。总结各单位的具体要求和做法有如下四种：一是对于新入职的人员，要求其在固定期限内取得出版专业技术人员职业资格证书；二是要求责任编辑必须持证上岗，入社一年内不得独自承担责任编辑工作；三是支持编辑参加培训，尽快取得证书，在限定期限内没有取得证书的调离编辑岗位；四是对已取得证书的编辑人员，严格按照《出版专业技术人员继续教育暂行规定》，要求其每年参加不少于72小时的继续教育，并按期续展登记。但由于各种原因，也有的学术期刊社对编辑人员的出版资格没有做出硬性要求，这类学术期刊社大约占到刊社总数的11%，虽然比例不高，但其产生的影响不容忽视。

（二）对职业资格制度的执行情况

学术期刊对出版专业技术人员职业资格制度普遍高度重视，在此次调研的94家期刊单位中，有82家单位表示严格执行出版专业技术人员职业资格制度。也有12家表示没有严格执行该项制度，没有执行的主要原因有三点：一是这些期刊社由于编辑人员变动大，流动性强，职业资格制度执行起来相对困难；二是一些设在研究院所或是高校内的学术期刊，期刊编辑工作主要由教学或科研人员承担，属于挂职或是兼职，不走编辑职称系列；三是由于职称评定对于从业者的工作安排和工资待遇影响不大，编辑人员，特别是年轻编辑对于职称评定和晋升的需求不强烈，动力不足。

第二章　加强学术期刊出版人才队伍建设的措施和成效

建设一支素质优良、作风扎实、富有创新精神的学术期刊出版人才队伍，对巩固我国的思想理论阵地，推动我国的学术研究事业，具有基础性作用。进入新世纪以来，国家比较重视学术期刊编辑出版人才队伍建设，在政策、管理、资金等各方面，采取了许多行之有效的措施，加大了支持的广度和力度。各期刊社也从自身实际情况出发，积极探索，创新不断，并取得了一定的成效。

第一节　强化导向意识，巩固思想理论阵地

学术期刊是前沿学术成果的发布和传播平台，是引领学术发展、推动学术进步的重要载体，代表着一个时代的科技创新程度和学术理论水平。当前我国正处于全面深化改革的关键时期，科技发展日新月异，思想学术空前活跃，学术思潮跌宕起伏。在这样纷繁复杂的背景下，把好政治方向依然是学术期刊的第一要务。此次调研的情况显示，广大学术期刊编辑普遍具有明确而坚定的导向把关意识，能够认真学习和贯彻党的方针、政策，旗帜鲜明地当好学术出版的政治"把关人"，有力地保证了学术期刊出版的正确方向。

（一）坚持以马克思主义为指导

马克思主义是我国的主流意识形态，学术期刊编辑有责任、有义务为巩固主流意识形态阵地服务。坚持正确的政治方向，对于学术期刊来说，首先就是要把握好政治和学术之间的关系，既不能把学术问题简单地当作政治问题来对待，以致束缚自己的手脚，限制自己的视野；也不能笼统地把政治问题作为一般学术问题，从而丧失原则，模糊立场。在编刊实践中，广大学术期刊编辑能够较好地处理政治与学术的关系，在发扬学术研究探索精神的同

时，能以强烈的社会责任感，坚持正确的政治导向，确保学术期刊登载的内容不违背马克思主义基本理论和方法，充分体现社会主义核心价值观。

（二）认真贯彻习近平总书记系列重要讲话精神

在"2·19"党的新闻舆论工作座谈会上，习近平总书记提出了党的新闻舆论工作的"48字"方针，为新时期如何做好新闻舆论工作指明了方向和路径。2016年5月17日，在哲学社会科学工作座谈会上，习近平总书记强调，要加快构建中国特色哲学社会科学，按照立足中国、借鉴国外，挖掘历史、把握当代，关怀人类、面向未来的思路，着力构建中国特色哲学社会科学，在指导思想、学科体系、学术体系、话语体系等方面充分体现中国特色、中国风格、中国气派。学术期刊是新闻舆论工作的一个重要阵地和哲学社会科学的主阵地，在增强党的新闻舆论工作的引导力、影响力，加快构建中国特色哲学社会科学方面承担着重要责任。此次调研的情况显示，广大学术期刊编辑出版人员能够深入学习、领会习近平总书记系列重要讲话精神，并贯彻落实到实际工作中。

（三）服务于国家发展战略

我国的学术期刊是党的出版事业的重要组成部分，要旗帜鲜明地为党和国家大局服务，为中国特色社会主义经济、政治、文化、社会和生态文明建设服务。此次调查显示，学术期刊编辑出版人员普遍具有较强的服务国家发展战略的意识，能够根据本刊的定位，在服务各类学术研究和学科建设的同时，着力把关乎国家安全与发展的战略性问题，特别是党中央提出的一系列重大思想、重大观点、重大部署，包括"一带一路"、经济新常态、国家治理等作为关注的重点领域和重要方向，努力为全面建成小康社会、实现中华民族伟大复兴的中国梦提供智力支持。许多期刊还设置专栏，集中刊发相关文章，进行热点话题和重点论题的探讨与阐发。如《社会科学》杂志就策划了"'一带一路'建设：问题与应对"研讨会及相关专题，有力地呼应了"一带一路"这个极具创新性的国家宏观战略。

（四）争取国际话语权

我国已经是世界第二大经济体，我国科技论文产出数量也已持续7年排名世界第二。但由于历史和社会的原因，西方国家在学术研究和学术成果传播方面仍然占据优势地位，在学术评价方面继续拥有主导话语权。近几年以来，我国的学术期刊编辑积极跟踪学术前沿，深入挖掘学术潜力，全面完善学术规范，为争取学术评价的国际话语权做了许多工作。特别是在哲学社会科学领域，我们坚持用中国理论来回答中国问题，用中国话语解读中国道路和中国模式。经过不懈努力，目前我国学术期刊的国际影响力有了明显提升，国际话语权在稳步增强。不少学术期刊的影响因子增加很快。比如，我国拥有自主知识产权的《细胞研究》影响因子已提升至14.812，稳居亚太地区生命科学类学术期刊第一位。

第二节 职业资格制度助推学术期刊人才队伍建设

我国自2002年开始建立出版专业技术人员职业资格制度，要求凡在出版单位工作的编辑人员，必须通过国家统一组织的出版专业技术人员职业资格考试，取得规定级别的出版专业资格，持相应的《中华人民共和国出版专业技术人员职业资格证书》上岗。出版单位根据工作需要和德才兼备的原则，按照《出版专业人员职务试行条例》有关规定，从具备出版专业职业资格的人员中择优聘用合适的人员，担任相应的专业技术职务。该制度对各类人员的职业资格还分别提出了具体要求。

2008年2月新闻出版总署发布并实施了《出版专业技术人员职业资格管理规定》，对在报纸、期刊、图书、音像、网络出版单位从事出版专业技术工作的人员实施职业资格制度，对职业资格进行登记注册管理。2010年颁布《出版专业技术人员继续教育暂行规定》，对责任编辑更新知识、提升素质、提高实际工作技能提出了明确要求，作出了制度安排。这些规定和措施，有力地保证了编辑人员的基本业务素质，有力地促进了学术期刊人才队伍建设。

一个单位，一个企业，主要负责人所起的作用非常关键。新闻出版单位更是如此。导向把关、质量管理、经营发展，负责人肩负重担，任务艰巨。为确保新闻出版单位负责人具备合格的素质，能够很好地履行职责，行业行政管理部门近年出台了相关制度，采取了有效措施。2002年，新闻出版总署印发了《新闻出版行业领导岗位持证上岗实施办法》，明确提出新闻出版行业领导岗位必须持证上岗，社长、主编等在经主管机关批准任职时，须定期参加相关培训，经考试、考核合格，取得《岗位培训合格证书》，才能上岗履职。《办法》同时明确要求，新闻出版管理机关应将领导干部情况列入新闻出版单位年检内容，单位领导持证上岗率达不到80%的，新闻出版单位年检主管机关将视不同情况给予警告；单位领导持证上岗率达不到50%的暂缓年检。针对领导岗位的管理制度，有效地保证了学术期刊队伍中负责人员和关键人才的政治素质、业务素质，对学术期刊人才队伍建设起到了巨大的推动作用。

第三节 助推学术期刊发展的创新举措

为了化解我国优秀学术期刊"学术价值高"与"商业价值低"的突出矛盾，切实解决我国学术期刊人才匮乏、经费不足等困难，近年来国家加大了对学术期刊的支持力度，通过设立专项基金等方式，积极支持学术期刊繁荣发展。学术期刊单位自身也不断探索，从各自的实际情况出发，采取了不少行之有效的措施，积累了很多成功的经验。

（一）国家层面专项资金支持

2012年6月，全国哲学社会科学规划办公室出台了《国家社科基金学术期刊资助管理办法（暂行）》（以下简称"《办法》"），《办法》规定，全国哲学社会科学规划办公室开展社科类重点学术期刊资助工作，旨在通过有重点、持续性的资助，改善办刊条件，提高办刊质量，扩大学术传播力和社会影响力。资助对象主要是学术水平较高或者专业和地域特色突出的哲学社会科学学术期刊。期刊资助坚持公开、公平、公正原则，突出学术质量和同行评价。全国哲学社会科学规划办公室对获得资助的期刊实施动态管理、定期考核。年度考核合格后拨付下一年度资助经费；年度考核不合格，停拨经费，限期整改；年度考核连续两年不合格，或有严重违规行为的撤销资助。

中国科协也设立重大专项资金，支持和引领期刊发展。科协采取"以奖代补、以奖促建"的方式，2007年设立了面向中文期刊的"中国科协精品科技期刊工程"，2013年设立了面向我国英文科技期刊的"中国科技期刊国际影响力提升计划"。2016年，为定向解决制约期刊自身发展的关键软肋和短板问题，启动"中国科技期刊登峰行动计划"，进行期刊精准扶持。为从源头上引导更多的优秀科技成果凝聚到我国科技期刊上来，中国科协启动了中国科技期刊优秀论文遴选推介活动，对发表在我国科技期刊上的优秀论文进行遴选奖励。

（二）地方层面专项资金支持

通过此次调研我们了解到，很多省（市）都推出了支持学术期刊发展的政策，其中最具代表性的是重庆和上海。

重庆于2012年正式设立期刊出版专项基金，每年提供经费200万元，在全国率先实施品牌期刊工程、重点学术期刊建设工程，用于资助入选两大工程的期刊。该专项资金除用于内容建设和品牌打造外，人才建设，包括人才培训、人才激励等也是支持的重要方面。重庆"期刊出版专项基金"遴选程序严格、规范，检查验收全面、认真，资助效益显著，发挥了非常好的作用。如重庆大学，两本学术期刊受资助14万元，学校配套40万元，这54万元全部用于提升两刊质量。四年来，重庆共对102家报刊进行政府资助，资助总额800万元，成为拉动"渝版"期刊的重要引擎。此项工作受到国家新闻出版广电总局高度重视，目前江苏、广东、吉林等省都在学习重庆经验，开展期刊资助工作。

2013年，上海市新闻出版局发布了一份上海期刊统计报告，对上海期刊的整体情况进行了分析。报告指出，尽管上海学术期刊质量及影响力在全国处于领先地位，但仍然存在品牌期刊国际化程度较低、经营能力较薄弱、缺少领军人物、在数字出版方面遇到瓶颈等问题。自2013年起，上海市新闻出版局明确出版专项资金支持学术期刊专业化、数字化、国际化发展，3年来重点扶持了35个项目，资助金额达到600万元。

上海有高校期刊155种，占上海期刊总数的24.8%。为进一步提升这类学术期刊的质量，上海市新闻出版局和上海市教育委员会自2014年起联手推出"高校学术期刊质量提升计划"，两年来先后资助的项目达20个，资助资金470余万元，成效明显。

2016年，上海市新闻出版局和上海市教育委员会着力实施"高水平高校学术期刊支持计划"，将其列入了《上海市文教结合工作三年行动计划（2016—2018年）》和《上海市文教结合2016年工作要点》，拟给予高校学术期刊500万元的专项资金资助，通过3年的持续扶持，力争有3—4种高校学术期刊能够入围国际知名检索系统。

(三)学术期刊社自身的积极探索

在此次调研中我们了解到,对于加强编辑人员队伍建设,提升学术期刊质量,各学术期刊社都根据自身情况进行了积极探索,在人才引进、人员管理、人才培训、人才使用和激励机制等方面,采取了很多创新措施,产生了一定效果。具体创新措施各有特色,摘要归纳如下。

(1)在人才引进方面,有些学术期刊主办单位将用人自主权下放到期刊编辑部,实现按需进人,制定了合理科学规范的人才引进、使用、流动机制。许多学术期刊对于突出人才,实行特殊政策,给予择优支持,不仅为其提供较好的工资和福利待遇,而且为其提供充足的工作经费和宽松的工作环境,让引进人才有职有权,有业务方面的决策权,有充分的经营支配权和资源调配权,以保证突出人才能够安心稳定工作,充分施展才华。中国科学院专门为此发布了《中国科学院期刊出版领域引进优秀人才择优支持管理办法》,对学术期刊怎样引进优秀人才作出了具体规定,并明确了支持经费的数额。

(2)在人才培养方面,学术期刊普遍高度重视编辑人员的业务成长,积极创造条件,畅通学术期刊编辑成长、成才通道,以提高学术期刊编辑的职业化、专业化建设水准。各期刊社均能根据自身条件,让编辑人员尽可能参加学习培训和业务交流,鼓励编辑走出去参加学术会议,提供在职读硕、读博等进修机会。有的期刊社还定期邀请专家举办讲座,进行专题培训,以切实提高员工的业务素质。有的期刊社在人员培养方面视野更为开阔,致力于建立与国际优秀学术期刊的人才培养合作机制,搭建学术协同创新平台,让编辑人员得以充分学习、借鉴国际学术期刊办刊经验,大力提升学术期刊编辑选题策划、成果发现,组织同行评议,策划学术专刊,开展国际学术交流活动的能力,塑造具有国际化视野的学术期刊编辑。

由各省(直辖市/自治区)新闻出版广电局根据当地学术期刊的特点做出针对性较强的培训。总局培训中心可随时指导和监督,在资金、师资、教材等方面予以支持和配合。上海大学期刊社定期进行培训,按照要求完成每年72学时,其中的24小时面授课程采取自请专家,新闻出版教育中心认定,并派专人督查学习效果、学习时间和签到等情况的方式,每年开展六次培训,按需学习,有针对性地开展培训,已持续两年,效果良好。

（3）在人员管理方面，不少学术期刊单位建立了精细的绩效考核机制，以确保编辑绩效的最大化和最优化。很多属于事业单位体制的学术期刊社为提高工作效率和质量，内部管理机制采用企业化方式：严格定员定编，淡化职称概念，强化岗位管理，人员竞聘上岗，能上能下，能进能出。如上海生命科学研究院生命科学期刊社，在其所办的12种期刊设置了助理科学编辑、普通科学编辑、高级科学编辑三个岗位等级，在这三个等级内部再分为若干子级别岗位，通过个人申报、专家评审等方式竞聘上岗。针对不同职称或职务层次的编辑出版人员，许多学术期刊社参照公务员管理规定，规定了不同岗位人员的责任和权利，如对于高级职称人员进行全方位的岗位职责管理，对于中级职称人员实行任务考核，完成各学科的编辑出版工作等。

（4）在激励机制方面，各学术期刊社均高度重视，采取了相应的措施，希望通过物质和精神奖励来激发编辑出版人员的工作积极性，提升刊物的质量和影响力。这些奖励措施主要针对体现学术期刊质量的关键环节和核心因素，如针对专题策划环节，不少期刊制定了专题策划奖励计划，对于超额完成策划任务的人员进行奖励；如针对精品期刊目标，有的期刊主办单位与期刊负责人签订责任书，明确任务和奖励数额，然后按照任务书严格执行，奖罚分明，极大地激发了办刊人员打造精品学术期刊的积极性。

>> 媒体融合

第三章 我国学术期刊出版人才队伍建设存在的主要问题及其成因分析

近年来，我国学术期刊人才队伍建设取得了一些明显的成效，对我国学术期刊的改革发展起到了积极的支撑作用。但在经济社会环境迅速变化、媒体竞争日趋激烈的形势下，学术期刊出版人才队伍建设方面存在的问题也是突出的。此次调研情况清晰地显示，当前我国学术期刊人才状况总体上并不乐观，面临着一系列现实问题。相对于学术期刊在科学文化版图上的重要地位，学术期刊编辑出版人员的职业素养、精神状态和使用机制等，均存在一定的差距。而造成这种状况的原因也比较复杂，需要深入、细致地进行梳理、分析。

第一节 编辑人员地位边缘化

我国的学术期刊都有主管主办单位，期刊在管理层级中的地位，很大程度上取决于其主管主办单位的管理惯制和认知态度。长期以来，许多学术期刊的主管主办单位，如科研单位、高等院校、医院等对学术期刊重视不够，仅仅将之作为主体业务的补充和点缀，没有赋予它足够的独立性和重要性。在很多高校，学术期刊编辑部被归为"教学辅助"部门，编辑岗位被视为"教学辅助岗"。编辑人员相较于科研、教学人员，待遇低、晋升难，属于"边缘群体"。在科研机构或高等院校，普遍存在轻视编辑人员能力、低估编辑工作价值的观念，认为"只有搞不了科研的人才去做编辑"。事实上，在自然科学领域期刊中，SCI期刊编辑在对学科前沿、学科创新性的把握上，与该领域科研人员和科学家是基本同步的，然而编辑人员通常只被认为是科研的"支撑"岗。与这样的流行偏见相对应，编辑人员的薪酬待遇较科研人员同等职级普遍偏低。学术期刊编辑工作的性质，决定了学术期刊编辑出版人员参与研究项目的机会有限，成果很少，在强调、重视科研成果价值的研究院所和高等学校，学术期刊编辑人员与科研、教学人员相比，在评聘职称、申请各类人才计划支持时，先天地处于明显的弱势地位。

针对中国科学院系统学术期刊的调查显示，58.5%的被调查者表示"编辑人员待遇低于同级科研人员"，16.2%的被调查者表示"待遇大大低于同级科研人员"，只有少数被调查者表示待遇与同级科研人员没有明显差别，对薪酬待遇较满意。中国社会科学院所办的学术期刊有80多种大多具有很高的学术水准，在学术界具有很大影响力，但调查显示，这些学术期刊在中国社科院总体上处于边缘地位，编辑出版人员的待遇明显低于科研人员。在这样一种氛围中，学术期刊编辑人员容易缺乏成就感，对编辑岗位容易缺乏认同感，其工作的积极性和主动性受到不同程度的抑制和挫伤。

第二节　缺乏有效激励机制

与科研和教学人员相比，学术期刊编辑人员的地位边缘，待遇较低。在学术期刊社内部，也缺乏合理、有效的人才考评和激励机制。虽然目前学术期刊社大多也采用绩效管理办法，将编辑人员的工作业绩与其收入待遇挂钩，但对办刊人员工作量的考核与评价方式较为单一，主要集中于发稿数量和审稿字数等容易量化的指标，对稿件内容质量、学术影响力等不易量化的重要因素缺乏有效的考核办法，由此导致对办刊人员工作业绩的评价不甚合理，不够精确，编辑人员的努力程度和贡献大小对其收入的影响非常有限。

社长和主编等学术期刊负责人是刊物的灵魂，他们的学术视野、判断能力、学术资源，往往决定了一本学术刊物的品质、风格和影响力，一本优秀的学术期刊，必定有一个出色的当家人。但目前一个特别严重的问题是，在现有的体制和机制下，学术期刊领域核心人才的被认可程度较低，领军人才对推动学术期刊改革发展的核心作用缺乏权威有效的认定渠道，从中央到属地的行政主管部门或相关刊社的主管主办单位，也不太重视学术期刊编辑出版工作及核心人才的价值，在奖项设置或荣誉推选时，习惯于将其归入文化行业、新闻出版业等较大范围，极少单独设立奖项荣誉，在此情况下，给予学术期刊编辑出版人才的关注和名额就非常有限，导致对于学术期刊核心人才的激励力度明显不足，严重影响了学术期刊核心人才的积极性，极大地制约了学术期刊的发展。比如此次调研中我们了解到，重庆市的学术期刊数量较多，其中不乏颇具影响力的名刊、大刊，涌现出一批优秀期刊出版人才，但他们中获得国家级荣誉或表彰的人员少得可怜。截至目前，重庆市仅有《改革》杂志总编辑王佳宁获得了新闻出版广电总局推选的新闻出版行业领军人才和国务院特殊津贴两项荣誉和表彰。另一方面，高层次出版人才不仅需要职业尊严感和自豪感，也需要与之能力、责任相配的薪酬待遇，而在目前的薪酬体系下，学术期刊社提供的待遇普遍较低，对高层次人才缺乏足够的吸引力。

实际上，许多学术期刊社想通过奖金、奖学等鼓励和激励措施来激发编辑的工作积极性，增强岗位吸引力和团队凝聚力，然而现有的体制机制对此多有限制，使得许多方法难以实施。如西南大学期刊社制定了专题策划奖励计划，拟对超额完成策划任务的编辑人员发放奖金。然而主管部门在核定了全校的工资收入后，认为该社不能向编辑人员发放额外的奖金，导致期刊社无法兑现先前的承诺，在很大程度上损害了期刊社的信用，挫伤了编辑出版人员的积极性。

由于体制机制的限制，许多期刊社对于来自行政主管部门或上级单位的支持性拨款也无法有效利用，因为既没有针对编辑人员的花销项目，更不能直接发给编辑人员，结果拨款往往"躺在账上睡大觉"或"花不了再收回"，宝贵的支持作用无法实现。如《新闻与传播研究》杂志，每年来自社科院等的拨款至少有50万元，但这些钱无法用于奖励个人或团队，对于人才建设而言意义不大。在此次调研中我们发现，不缺经费和项目基金，但囿于体制机制，"无法用到人身上"，难以发挥应有作用，是目前比较普遍的一种现象，在一些规模较大的期刊出版单位，这种情况尤为突出，亟须加以解决。

第三节　人才短缺问题突出

学术期刊承担着学术传承和学术创新的重要任务，需要大批素质高、有理想、有经验的专门人才，这样才能有效地承担艰巨任务，取得良好工作业绩。但突出的人才短缺问题，严重制约了学术期刊的发展空间，严重影响了学术期刊社会功能的正常发挥。此次调研的情况显示，学术期刊的人才短缺不是局部的，而是全方位的，不是平面化的，而是结构性的，主要体现在以下几个方面。

（一）缺乏高层次领军人才

在学术期刊社中，社长、主编或总编是核心，是领军人才，他们的决策和理念影响甚至决定着期刊社的整体品质和发展层次。而目前学术期刊界最为缺乏的，就是这样的高层次领军人才。究其原因，固然是由于受体制机制制约，薪酬待遇偏低，招不到、留不住高端人才，也是因为主管主办单位在选用人才时范围过于狭窄，缺乏社会化、国际化视野，与许多拥有优秀潜质的学术期刊出版人才失之交臂。从国家层面，对学术期刊高端人才的引进和使用，目前也没有给予足够的重视，人才引进的措施总体乏力。我国有引进海外高层次技术人才的千人计划，但学术期刊甚至整个期刊领域却还没有类似的计划。

（二）缺乏专家型人才

学术期刊承载着引领学术发展的责任，尤其是自然科学类期刊，更要走在学科发展的前沿。这样一来，对学术期刊编辑的要求就不仅仅是收集资料、向学科专家约稿等常规工作，更要求编辑人员，特别是社长、主编或编辑部主任等核心成员成为这一学科的专家，能够与此领域的顶级专家对话、交流、探讨学术问题，理解学科要义，把握学科发展趋势，如此才能保证学术期刊的前沿性、引领性和权威性。许多学术期刊，特别是自然科学类学术期刊，如此次调研的《激光杂志》《航空学报》《结构化学》《中华创伤》等，对其编辑的专业性要求都非常高，一般的编辑人员很难胜任。而目前在学术期刊界，专家型编刊人才依然非常缺乏。虽然学术期刊编辑人员大多拥有本学科背景，但专业造诣普遍差强人意，与学科顶尖专家对话、交流的能力严重不足。反观国外如爱思唯尔、斯普林格等学术期刊出版大社，很多编辑不仅是学科领域的专家，且"一人办刊""一人办会"情况很是常见。

（三）缺乏新媒体人才

新媒体环境下，学术期刊出版的新媒体人才存在很大缺口。随着新媒体时代的到来，新思想、新业态不断涌现，例如目前"两微一端"发展迅速，甚至成为许多出版单位的主要业务发展方向和品牌着力点，然而许多学术期刊社缺乏对这方面的重视和投入，如很多 CSSCI 期刊甚至还没有涉足新媒体领域，或者只是形式上注册了账号，而没有规范化、系统化地建设和打造，如此便形同虚设，在"两微一端"等新媒体发展领域明显存在"短板"。2016 年国家新闻出版广电总局大力推进"学术期刊集约化和数字化发展"，在此背景下，对学术期刊出版单位的人才队伍建设提出了更高的要求。学术期刊的新媒体人才不仅要能够自如上传和运维"两微一端"的内容，还要具备创新思维，能够基于新媒体技术和手段在学术期刊出版的整体流程上进行系统化的设计和管理，在数据库、平台建设等方面上有所建树。

造成新媒体人才缺乏的原因主要是学术期刊的传统纸媒属性使然，对新媒体发展不重视，主管主办单位或期刊社的事业编制中罕见专为新媒体出版人才设置的岗位。此外，新媒体人才薪酬期待普遍较高，传统学术期刊社往往难以满足，这也是学术期刊新媒体人才短缺的重要原因。

（四）男女比例失衡

在学术期刊出版单位中，男女比例失衡，女多男少情况比较突出。此次调研获得的一般男女比例数据为 4∶6，而在科技类学术期刊中，这一比例相差更大，某国家级研究机构所办 3 家学术期刊中，编辑人员共 11 名，9 位是女性，只有 2 名是男性。编辑工作当然不分男女，优秀的女性编辑比比皆是。但相对于学术期刊而言，男性编辑在某些方面比女性具有优势，如体力好能承担繁重的外采任务，理性思维较强等，而女性编辑则普遍生育、教子负担较重，学术背景较弱，所以这种男女比例失调的人才结构在一定程度上不利于学术期刊的正常发展。正因为如此，很多学术期刊社在引进人才时特别青睐男性。在此次调研中我们得知，个别学术期刊社为了招到男性编辑，在招聘时不惜降低标准，并承诺给予比相同条件女编辑更高的待遇，虽如此，也很难如愿以偿。

第四节 人才招聘存在制度瓶颈

在此次调研中我们发现，无论学术期刊出版单位的规模大小或实力强弱，均存在招聘难的情况。招聘难不是说招聘时无人应聘，或是期刊社人员绝对数量少，而是说难以招到合适的人员，或现有的人员不能胜任工作，往往是"想要的人进不来，进来的人不想要"。导致这种情况的原因主要是很多期刊社都不具有自主用人权，不能按照自己的用人需求选聘人才。学术期刊对人才的引进工作通常由上级主管单位主导，虽然主管部门在招聘时一般会让期刊社提出用人需求，但统一组织的招聘往往难以顾及学术期刊的特殊需求，其结果是主管部门组织招聘、引进的人员，常常不能满足期刊社对人才的需求，不能胜任期刊社的工作。此次调研中我们了解到，《中华创伤》杂志，挂靠在第三军医大学附属大坪医院，编辑多为现役军人。由于主办单位的不重视，加之待遇等原因，近10年来没有进过一位新人，编辑多是由老人退役后返聘继续工作。《第三军医大学学报》需要编辑，则是由军区统一调配，或是由第三军医大学附属医院的医生转岗，往往派来的医学专业人员不具备文字素养，或是具有文字素养而对医学一窍不通。这样一来，所进新人既占用单位的岗位编制，又不能承担编辑工作，浪费了岗位资源，也影响了学术出版效率。另一个原因就是薪酬与人才期望值不匹配。高素质的人才一般要求高薪酬待遇，而大多数学术期刊社的事业单位属性决定了其无法提供较高的薪酬待遇，不能满足高素质人才的价值期许。此外个别学术期刊出版单位转企后，事业编制也随之取消，对新人的吸引力大大降低。

即便招到了适合岗位要求的新人，其工作稳定性也成为问题。新人由于收入低、价值观等原因，常常缺少工作积极性和职业成就感，因而很不稳定。很多新人将期刊编辑岗位作为跳板，没干多久就提出要离职转岗。调研数据显示，学术期刊的新入职人员离职率最高，新人队伍不稳定是普遍现象。

第五节　无证上岗现象难以消除

国家对学术期刊编辑出版人员有持证上岗要求，按照2008年新闻出版总署颁布的《出版专业技术人员职业资格管理规定》，在出版单位担任社长、总编辑、主编、编辑室主任（均含副职）职务的人员，除应具备国家规定的任职条件外，还必须具有中级以上出版专业职业资格并履行登记、注册手续。

媒体融合

从 2001 年 8 月 1 日起,国家对出版专业技术人员实行职业资格制度,编辑人员只有参加且通过全国出版专业技术人员职业资格考试,并取得相应职业资格证书才能上岗。但实际情况是,学术期刊单位对持证上岗这一要求的执行并不到位,不少学术期刊不同程度地存在着无证上岗的现象。一些学术期刊社的社长、主编没有参加过相关业务培训,没有取得任职资格。

导致学术期刊存在无证上岗现象的原因是多方面的。由于无编制、待遇不高、工作压力大等因素,很多单位招不到符合要求且具有从业资格证的人才,只有选择、安排无职业资格的员工上岗工作,勉强应付。如《辽宁教育》杂志社由于单位没有编制,以合同制招聘编辑,因杂志是教育类,想要招聘既有师范教育背景和教师从业经历,又具备较好的编辑业务能力并持有编辑上岗证的人才,但屡屡受挫。要么招不到,要么留不住,最后不得不降低标准,选择一些没有上岗证或教学经历,但是编辑能力相对较好的员工。也有一些期刊社,特别是部分转企的刊社对持证上岗这一规定不够重视,新进员工大多没有取得出版职业资格,使无证上岗成为常态。期刊社本身对于员工的职业资格没有明确要求,自然也就导致员工对参加出版专业培训和职业资格考试积极性不高。如《福建建材》杂志的主管主办单位均为企业,杂志社人员管理主要看工作量,除了要求主编必须取得上岗证之外,对其他编辑没有要求,结果社里没有人积极备考出版专业职业资格考试。

在调研中我们也发现,许多学术期刊社之所以存在无证上岗现象,并不是因为不重视,而是由于一些客观原因,主要涉及主管部门的一些制度安排。具体来讲,存在以下两种情况。

第一,总局培训中心组织的期刊主编社长培训班每年期次太少,每期所招人员名额在 130 人左右,很多地方的期刊社社长、主编连续几年都报不上名,导致无证上岗。如福建省的《党史研究与教学》《省委党校学报》杂志社提出由于培训名额太少,主编培训每次都要抢名额,动作稍慢就抢不到,以致他们连续几年连培训的机会都没有,更谈不上完成学时,进行续展。广西的《西部交通科技》也有同样的困惑,他们报名培训报了三年,直到今年才报上。福建省报刊处处长卓少锋在对全省情况进行总结时说到,省局对于主编持证上岗这一规定比较重视,但是目前总局培训力量不够,学术期刊一年只办三期,每办一期都靠秒杀抢名额,挤压得非常厉害,很多主编没上岗证或者上岗证过期需要培训却一直抢不到名额。严格来讲，这些期刊的主编和副主编没有上岗证，是无法通过年检的。但是如果严格坚持这条规定，省里三分之二的期刊就要停刊。广西报刊处处长厉让贤也谈到，由于培训名额有限，历时较长，很多主编社长并没有时间或者机会进行培训，所以在期刊年检时，很多人并不能通过。这一问题已经严重影响到了整体的监管，亟待解决。

第二，职业资格续展登记注册的问题。调研组曾得到多个期刊单位反映，他们按照要求提交材料进行职业资格续展认证，常常是几年过去了依然没有消息，还有一些单位反映有同时进行登记注册或是续展要求的编辑，虽然都符合要求，却有人通过有人未通过，失败的原因也无从得知。其中，《福建农林大学学报》《省委党校学报》杂志社就责任编辑资格认证和续展一事发表看法，他们于2010年提交材料进行编辑证的续展，至今没有收到回复，如此低效率不仅导致了编辑的无证上岗，而且严重影响了他们下一步的职称评定。除此之外，《福建农林大学学报》还提出，他们有两个编辑在2008年就已经通过了中级资格考试，迄今为止都没有拿到资格证。

第六节　继续教育培训效果不佳

学术期刊编辑工作具有很强的专业性，对从业者的素质有很高的要求。除了要具备任职资格之外，必须实施继续教育，才能不断提升业务素质、跟上时代步伐。国家对编辑人员的业务教育高度重视，制定了相关的制度，提出了明确的要求。《出版专业技术人员继续教育暂行规定》（新出政发〔2010〕10号），对出版专业技术人员每年接受继续教育的学时、方式，均有详细的要求。编辑人员继续教育制度的实施，对提高编辑素质，增强人才的能力，起到了积极的作用。

制定编辑继续教育制度的初衷无疑是良好的，但在实际执行过程中，效果却并不理想。在此次调研过程中，学术期刊社的同志普遍反映，编辑继续教育存在不少问题，有很多方式方法需要切实加以改进。问题主要集中在以下几个方面。

一是从时间上看，继续教育培训所需时间长，很多杂志社本就人手不够，

>> 媒体融合

外出培训动辄一周，影响了杂志的正常生产进度。此次调研中，辽宁《东北大学学报》、福建省《结构化学》、广西省《广西中医药大学》纷纷表示，参加总局的面授课程，加上往返时间，一般都要七八天，无论是编辑轮流外出还是主编社长不在社里主持工作，都会影响杂志的生产进程和各项工作的开展。

二是从地点上看，培训大多在北京或其他省外城市，由于距离较远，各地前往参加培训耗时自然就比较长、费用也比较高，但由本省组织的可计学时培训又寥寥无几。《福建行政学院学报》《艺术探索》杂志的代表在座谈中提到，社里部分编辑除了负责杂志的编校工作外，平时也担任学校其他教学工作，经常去外地培训，严重影响了正常工作的进展。《西部交通科技》杂志的代表也持有相同意见，认为培训去外地，时间费用都受限。每年社里要送7个编辑出差学习72小时，有时一年要出去几次，对按时出刊影响很大。

三是从费用上看，当前培训商业化色彩浓重，外出培训所需要的培训费、住宿费、差旅费等成本累计较高，但是多数单位报销标准较低，资金匮乏。如沈阳的《农业经济》《东北大学学报》、福建的《林业经济问题》《福建行政学院学报》等单位都表示参加培训的总体感觉是收获不大，但是收费较高，仅仅是外出参加一次培训，培训费就要2000元左右，再加上食宿和往返费用，一个人要七八千元，已经远远超过了单位的报销标准。而且从单位的经费来讲，每人每年都要执行72学时的学习，算下来需要很大一笔费用。

四是从学时上看，大多数编辑反映继续教育要求的72学时太多，但是可被认定为继续教育学时的培训却不多。且目前培训邀请太多，非常不好选择，导致参加的很多培训质量不高又不能算作学时，费时费力。《福建农林大学学报》主编曾提到目前培训鱼龙混杂，一周就能接到很多培训通知，给认可证书的培训较少、很难选择。《广西大学学报》和《广西社会科学》也表示，所有编辑执行完72学时任务量是非常大的，出去培训一次，耗费了不少的时间和经费，有时就只有30个学时，而很多网络上的学习和参加的学术研讨会，又没有证书不算学时。

五是从内容上看，也存在很多问题。首先，培训存在着内容重复的现象。调研中有很多编辑指出自己参加的不同批次培训，内容是完全相同的。上海的上海大学期刊社、上海交大期刊社、上海市建筑科学院研究集团，辽宁的《东北大学学报》，福建的《福建师范大学学报（哲社版）》都对此深有感触，他们提到，很多培训的内容非常老，没有新意，有时同事之间参加的不同批次培训是完全相同的，自己参加的多次培训内容也是相同的。而网上有些培训内容更新比较慢，学无所用。相比之下参加一些学术会议与研讨会反而收获更大，但这些都不能计入学时。其次，针对性不强。未能根据不同层次的编辑设置有针对性的课程，未能根据不同类别的期刊进行专项培训。例如，重师期刊社、《福建农业学报》均提出当前继续教育不够系统化，主编培训不分类别，不能有效针对社科类期刊存在的问题进行专题培训，而是一概而论，效率低下。辽宁的中科院金属研究所认为，由于他们下属的学术期刊中有英文刊，对外合作比较多，需要了解国际上学科编辑的业务操作和一些大的国际出版社的做法和流程，且国家也提出要提高英文期刊的比例和话语权，所以英文期刊的培训需要和国际出版接轨，但显然目前这项培训在国内比较薄弱。在提高针对性这一问题上，《东南传播》杂志也提出自己的想法，认为培训要根据研究范畴不同，将共性个性分开，分类进行培训。如其"海峡传播"栏目需要与台合作，经常涉及政治问题，且很多台湾的来稿也不好把握。落实到培训上，总局应该给予更多课程上的指导和经费支持。此外，《应用数学年刊》杂志社认为培训的针对性亟待提高还表现在，要根据数学、化学、物理等具体学科进行专项培训，才更有指导意义。《科技与出版》杂志社认为继续教育的培训基本分为政治理论、法律法规、业务知识、技能训练、职业道德这五个方面，但事实上培训对于编辑业务知识方面的关注度较高，没有意识到提升编辑出版人员的综合能力和素质的重要性，在法律法规和职业道德方面的培训也有待加强。

六是从形式上看，培训多以面授课为主，在线教育占比低，也只能在固定的时间内进行，不够灵活，未能有效利用"互联网+"和移动互联网实现随时登录学习、在线考试。对此，《北京大学医学部北京大学学报（医学版）》、上海船舶运输科学研究所、《应用工程与装备》《福建农林大学学报》《艺术探索》等单位都一致认为当前的培训形式过于单一，面授课内容老套，网络培训也存在课程不够丰富、报名时限易错过、选择范围窄、更新慢等问题，自学自修比例也较低，且面授与网上学习未能有效结合，未能全年提前统筹规划。此外，更多的继续教育形式，如参加学术会议、行业大会等还未能开放。

> 媒体融合

第四章　加强学术期刊出版人才队伍建设的建议

此次学术期刊人才状况调研显示,近年来,学术期刊取得了很大的成绩,其改革和发展的探索积极、多样,富有成效。但学术期刊人才队伍建设方面存在的问题也非常突出,在人才结构、人才选用、人才培养、人才管理等各个方面,目前的状况都令人担忧。如何解决这些问题,让我国学术期刊人才状况得到良好改善,从而促进学术期刊的繁荣发展,是调研中学术期刊从业者的迫切希望,也是行业管理者的责任所在。梳理、分析此次调研的情况,结合业界同行的研究和意见,我们提出如下几点建议。

第一节　加强顶层设计,明确学术期刊的改革方向

人才是事业发展的基础,人才问题的具体样态与事业发展的水平和程度密切相关。学术期刊人才队伍建设中存在的诸种问题,很大程度上反映了期刊改革发展在目前阶段所面临的一些困难和局限。要解决这些问题,有必要加强顶层设计,进一步完善我国学术期刊发展的政策与制度环境,明确学术期刊的职能、定位,明晰其改革发展的方向。原新闻出版总署于2012年曾经颁布了《关于报刊编辑部体制改革的实施办法》,但因种种原因没有施行到位,期刊的转企改制目前基本处于停滞状态,导致许多学术期刊定位不清、方向不明。建议行政管理部门尽快研究制定学术期刊发展规划,出台相关政策,进一步明确学术期刊社的功能定位,确定下一步的发展方向。2016年11月26日,中科院印发了《中国科学院科技期刊"十三五"发展规划》,提出要大力推动期刊体制机制改革,引导期刊研究所打破所属期刊编辑部壁垒,进行人员、财务、业务的实质性整合,提高集约化效益。这是期刊主管主办

机构所作出的努力。建议总局从国家层面，统筹考虑全行业情况，制定《中国学术期刊中长期发展规划》，以顶层设计突破体制机制方面的瓶颈，消除制约学术期刊人才队伍建设的若干制度障碍。在此基础上，出台相关配套政策，建立健全体现学术期刊编辑职业特点的资质认证、考核评价和职业晋升体制，充分调动学术期刊编辑职业热情和敬业精神。

第二节 针对学术期刊，建立国家层面激励机制

学术期刊在国家文化建设和科技进步中具有重要作用，但目前受到的重视程度与其地位其实是不相称的。在一些重大奖项的评比中，学术期刊的占比非常有限。在全国新闻出版行业领军人才队伍中，学术期刊领军人才占比过低，与我国学术期刊的数量规模很不匹配。为了充分体现对学术期刊的重视，建议针对高端优秀人才，通过设立基金、组织专业评奖、在既有评价体系中增加学术期刊份额等方式，建立国家层面的学术期刊人才激励机制，让学术期刊出版人才，特别是高端人才的职业价值得到充分的尊重。具体建议如下。

其一，设立国家层面的学术期刊出版高端人才发展基金，用于引进、培养、留住高端优秀学术期刊出版人才。要通过该项基金的设立，为高端、优秀的学术期刊专业人才提供良好的工作环境和生活保障，为他们的业务拓展和培训交流提供坚实的支撑。当然也是鼓励高端优秀人才专注于职业发展，以带动和优化整个学术期刊出版人才队伍建设。

其二，将学术期刊出版人才作为重要类别，纳入全国新闻出版行业领军人才计划，增加其在人才计划中的比例，以发挥优秀学术期刊出版人才的示范、引领作用，增强学术期刊编辑出版人员的职业荣誉感和自豪感。

其三，在国家层面设立学术期刊发展创新工程，鼓励学术期刊单位根据自身发展需求设计、申报工程项目，并给予资金支持。以项目整合分散资源，以项目带动专业创新，在项目实践中发现人才、培育人才、凝聚人才。

其四，改革科研经费和学术期刊项目经费分配、管理体制，允许经费适当用于学术期刊编辑、管理人员的劳务报酬和考核奖励；在中国出版政府奖

> 媒体融合

等评奖和培训项目中,增加学术期刊人员比重,鼓励和促进优秀学术期刊出版人才成长。

第三节　放宽出版专业资质,拓展学术期刊人才引进渠道

学术期刊不同于一般大众期刊,专业性和学术性是其核心价值。而体现这一核心价值的关键,就是编辑出版人员的专业能力和学术水准,甚至包括在本学科领域的知名度和影响力。但现有的人才选拔、引进和管理机制,更多的是强调从业人员的出版职业资质,这在很大程度上限制了对专业人才的吸纳和使用。要改变这种状况,就要进一步拓宽学术期刊出版人才,特别是科技类学术期刊出版骨干人才的引进渠道。将院士、科学家、学科带头人,包括外籍科学家及团队吸引、充实到办刊队伍中来,优化办刊队伍,提升办刊人的层次和规格。为此建议修订《关于报刊社社长总编辑(主编)任职条件的暂行规定》,对学术期刊实行类别化、差异化管理政策,放宽优秀学术期刊,特别是科技类学术期刊骨干人才的资质条件,强化其学科专业资质条件,包括工作履历、专业造诣、学术声望等,相对弱化其出版职业资质,以利引进高标准、高层次、高质量的办刊人才。

第四节　改进继续教育方法,切实提高培训实效

对于学术期刊编辑出版人员来说,进行继续教育很有必要。除了岗位本身的培训,行业主管部门的继续教育培训也必不可少。但目前实行的继续教育方法中的确存在一些问题,需要切实加以改进。针对调研中大家普遍反映的目前继续教育培训内容陈旧、重复,缺乏专业性等问题,建议行业培训机构认真梳理培训内容,减少一般性的出版知识培训,多开办具有针对性的专业培训,并主要按照专业类别组织实施,以切实提高办刊人员的专业水平。要充分利用互联网等新平台、新技术、新优势,针对编辑时间碎片化的特点,开办方便编辑人员网上学习培训,尤其是在手机移动端的学习培训,创新培

训方式，节约培训成本，提高培训效率。鉴于参加学术会议对于学术期刊编辑人员专业素养提高的重要性，建议继续深化落实《出版专业技术人员继续教育暂行规定》中第七条的内容，将参加专业学术会议计入继续教育学时。而鉴于总局培训能力有限，无法满足培训需求，建议把地方学术期刊社长、主编的培训下放到省级新闻出版管理机构，由各省（直辖市/自治区）新闻出版广电局根据当地学术期刊的特点做出针对性较强的培训。总局培训中心可随时指导和监督，在资金、师资、教材等方面予以支持和配合。

第五节　完善体制机制，加强对青年人才的培养和使用

调研情况显示，学术期刊人才老化，后备年轻人才不足的问题比较突出，建议由国家相关部门主导，设立专门的"学术期刊青年人才工程"，从工作一线遴选一批基础扎实、业绩突出的青年骨干，提供充分的培训、交流机会，加以重点培养。培训、交流的费用由国家支持。在现有的各种奖励中，给学术期刊青年编辑出版人员留出一定的名额，让业绩突出的青年期刊编辑人员获得奖励，增强他们的职业荣誉感和认同感，坚定从事学术期刊编辑工作的决心和信心。同时适当放宽出版专业资质，允许高校和科研院所的青年科技人员在学术期刊兼职，让更多的科研人才参与、接触学术期刊编辑出版工作，从而发现优秀的学术期刊编辑出版人才。

附录：《学术期刊出版人才现状调查问卷》分析报告

本次调查通过发放调查问卷的方式，对我国学术期刊出版人才状况进了深入调研，共调研了94家学术期刊机构，这些机构多为科研单位、高校、协会等，有些拥有多个期刊，所以本次调研的总期刊数为212家。其中，既有中国社会科学院、中华医学会期刊管理中心、上海大学期刊社、上海交通大学期刊社、中科院上海生命科学研究院生命科学期刊社、中科院金属研究所、广西现代教育杂志社有限公司、五九期刊社等各学科大型期刊社群，也有《学术月刊》《外语界》《人力资源》《学术论坛》《规划师》《农业经济》等各类有代表性的小期刊社。调查问卷主要发放于北京、上海、重庆、辽宁、福建、广西等省（直辖市/自治区）。

共回收有效问卷94份，课题组对这些问卷的相关数据和问题进行了统计分析，具体分析内容如下。

1."贵刊所属省市是？"

参与调查的单位共94家，其中，北京13家，占比13.8%；上海17家，占比18.1%；重庆13家，占比13.8%；辽宁17家，占比18.1%；福建18家，占比19.2%；广西16家，占比17%（见图1）。

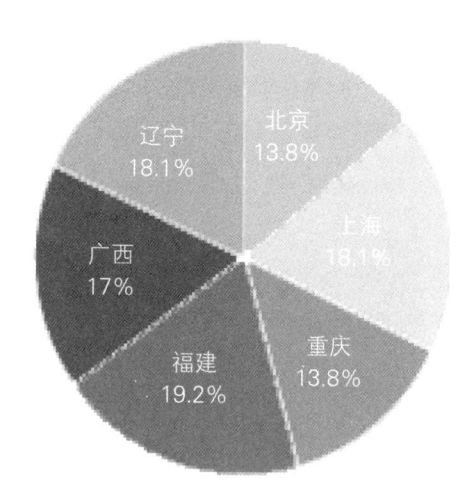

图 1　样本期刊地区分布

2."贵刊的类别是?"

参与调研的单位中,哲学社会科学类的较多,共 42 家,占比约 44.7%;自然科学类次之,有 23 家,占比约 24.5%;医学类 11 家,占比 11.7%;综合类 12 家,占比 12.8%;其他类 6 家,占比约 6.4%(见图 2)。

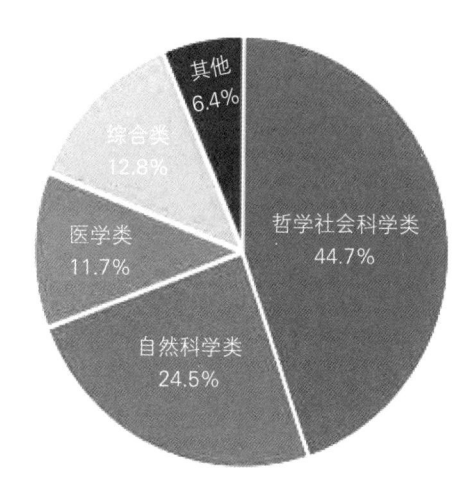

图 2　调查期刊类别

3."贵刊总人数为多少人,编辑人数为多少人?"

在调研的 94 家单位 212 家期刊中,总人员数为 1185 人,平均每个刊物为只有5.6人。其中，编辑人员为873人，占整体比例的73.7%，其他26.3%为发行人员或是经营人员等（见图3）。

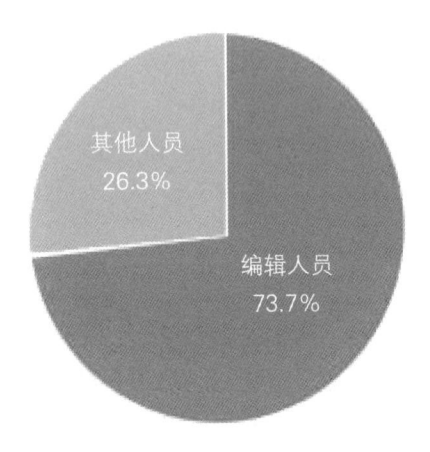

图3 编辑人员占总人数比例

4."贵刊编辑出版人员中，男性为多少人，女性为多少人？"

根据调查结果显示，学术期刊单位编辑人员以女性居多，占到整体的60.3%，男性为39.7%（见图4）。

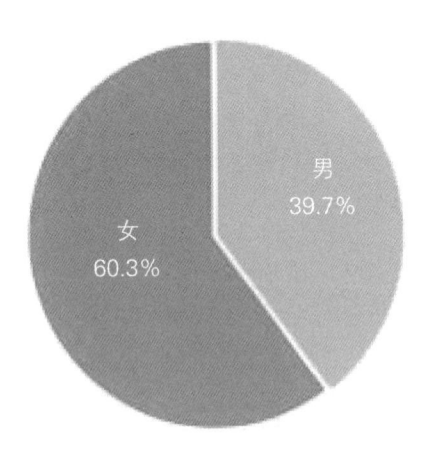

图4 编辑人员占男女比例

5."贵单位编辑出版人员的学历结构是？"

在调研的期刊人员中，博士学历的有200人，占比19.5%；硕士学历的有407人，占比39.8%；本科学历的有352人，占比34.4%；专科及以下学历

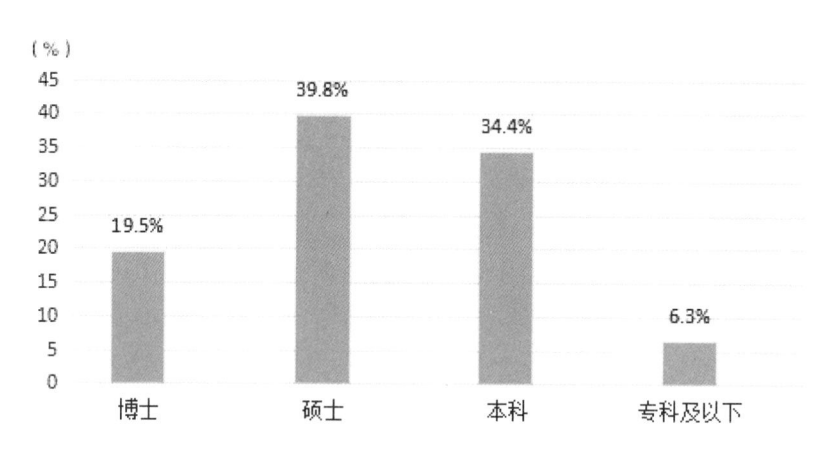

的有 64 人，仅占比 6.3%（见图 5）。

图 5　编辑人员占学历情况

由此可知，期刊作为文化产品，从业人员整体素质较高，大部分是高学历，从调研结果显示可以看出，近 60% 的人员均为硕士以上学历，专科及以下的只占很少一部分。

6."贵单位编辑出版人员的职称情况是？"

在此次调研的期刊中，正高职称人数为 167 人，占比 16.9%；副高职称 247 人，占比 24.9%；中级职称 362 人，占比 36.5%；初级或是没有职称的人员 215 人，占比 21.7%（见图 6）。

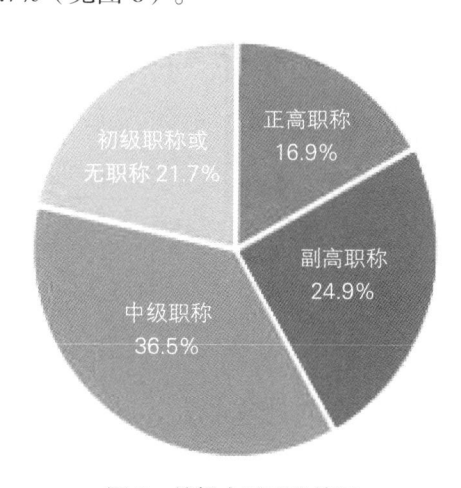

图 6　编辑人员职称情况

媒体融合

各种类型的期刊编辑人员的职称情况不尽相同,整体情况较好,约80%的编辑从业人员都是中级及以上职称,尤其是科研单位所属的期刊社比较重视职称问题,对职称管理非常规范;也有部分期刊社由于职称晋升困难或是转企改制后缺少通道,对职称的重视程度不够,还存在一些无证上岗的情况。

7."贵单位编辑出版人员劳动关系为哪种?"

针对这一问题的调研结果是:事业编制715人,占比67.1%;企业编制92人,占比8.6%;合同聘用制218人,占比20.5%;劳务派遣22人,占比2.1%;临时用工18人,占比1.7%(见图7)。

图7 编辑人员编制情况

这些期刊社均为各科研机构、高校、协会的下属部门,绝大多数性质为事业单位,编辑人员为事业编制,部分期刊改企后自主招聘,所用编辑为合同聘用制。

8."贵单位编辑出版人员的年龄为多少?"

调查结果为:25岁以下36人,占比3.7%,25—35岁306人,占比31.5%;36—45岁342人,占比35.2%;45岁以上288人,占比29.6%(见图8)。

图 8　编辑人员年龄情况

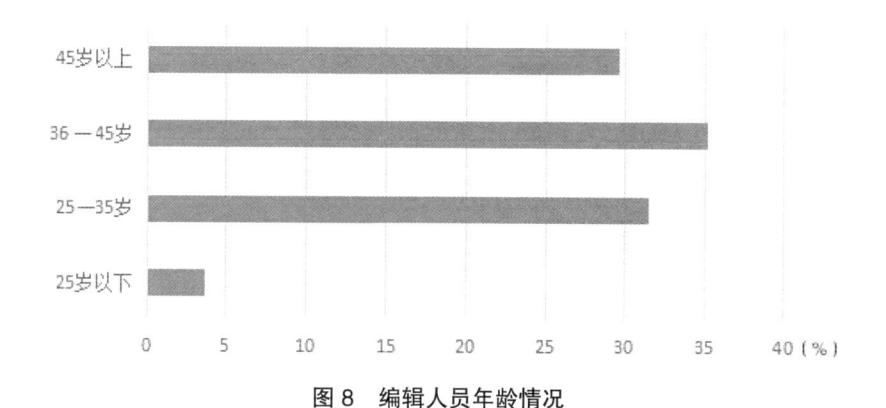

总体而言，近三成的人员 45 岁以上，25 岁以下的人员占比很少，显示出期刊编辑部人员的老化比较严重，一些刊社出现青黄不接的情况，60 多岁依然坚守岗位的也不在少数。

9."贵单位大部分采编人员的月收入约为多少元？"

调查中，月收入在 3000 元以下的为 0 家；3000—5000 元的 36 家，占比 38.3%；5001—10000 元的 57 家，占比 60.6%；10001—15000 的 1 家，占比 1.1%（见下表）。

编辑人员月收入情况

月收入	数量（家）	占百分比
3000 元以下	0	0.0%
3000—5000 元	36	38.3%
5001—10000 元	57	60.6%
10001—15000 元	1	1.1%
15000 元以上	0	0.0%
合计	94	100.0%

由此可知，各期刊社编辑人员的月收入差距不大，3000 元以下或 15000 元以上的都没有，10000—15000 元的也只有中华医学会 1 家，其他基本集中在 3000—5000 元和 5001—10000 元两档之中。且收入与当地经济发展程度密切相关，如北京、上海、重庆等经济发达地区，编辑人员月收入基本集中在 5000—10000 元之间；而东北和西部地区整体经济情况不佳，待遇也相对较低，集中在 3000—5000 元一档。

10."贵刊是否组织采编人员进行技能培训？"

调查具体情况为：29家定期培训，占比32.2%；43家不定期进行培训，且次数多，占比47.8%；18家偶尔有培训，但次数少，占比20%；从不培训的为0（见图9）。

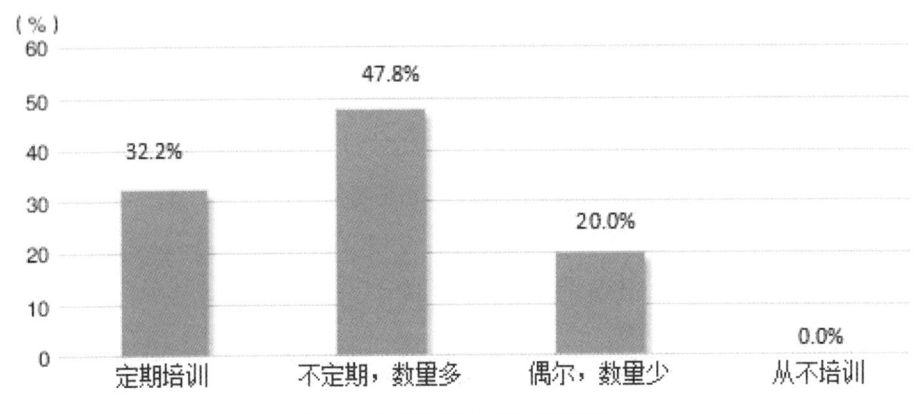

图9 各期刊社技能培训情况

由此可知，在所有调研期刊中，对采编人员的技能培训整体情况较好，80%的期刊社会组织采编人员进行定期或不定期的培训，一些编辑部除外部的各种技能培训外，还会有各种内部培训，如技能比赛、师傅带徒弟、邀请专家讲座等形式。虽然有少量期刊社由于经费或其他各种原因等导致培训的次数较少，但没有任何一家期刊社是从不培训的。

11."贵刊以何种方式进行招聘？"

针对这一问题，各单位给出的答案总结归纳为以下几点：一是直接社会招聘，有36家，占比38.3%；二是通过事业单位考试招聘，有8家，占比8.5%；三是上级主管主办单位统一招聘，有40家，占比42.6%；四是通过事业单位考试和上级主管主办单位混合招聘，称为双轨并行，有5家，占比5.3%；五是通过内部转岗，有5家，占比5.3%（见图10）。

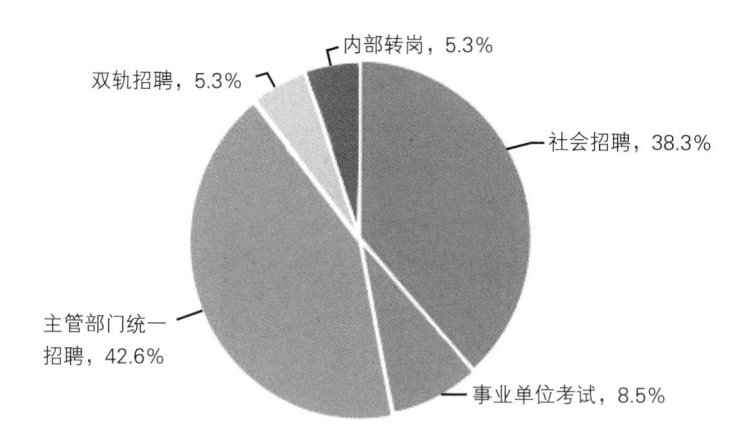

图 10 各期刊社人员招聘方式

由此可知，在所调研的学术期刊中，人才招聘方式与各期刊主管部门的性质有很大关系，很多期刊社在招聘人员这块没有太多的主动权，这在某种程度上束缚了杂志的发展。

12."招聘编辑出版人员是否有学历及专业要求？如何要求？"

针对这一问题，归纳各单位在问卷中的答案，主要有以下几种情况：一是专业对口博士及以上学历，共有7家，占比7.5%；二是专业对口硕士及以上学历，为51家，占比54.8%；三是专业对口，本科及以上学历，为25家，占比26.9%；四是对专业没有硬性要求，要求硕士以上学历，为3家，占比3.2%；五是专业对口，有编辑经验，通过考试即可，为7家，占比7.5%（见图11）。

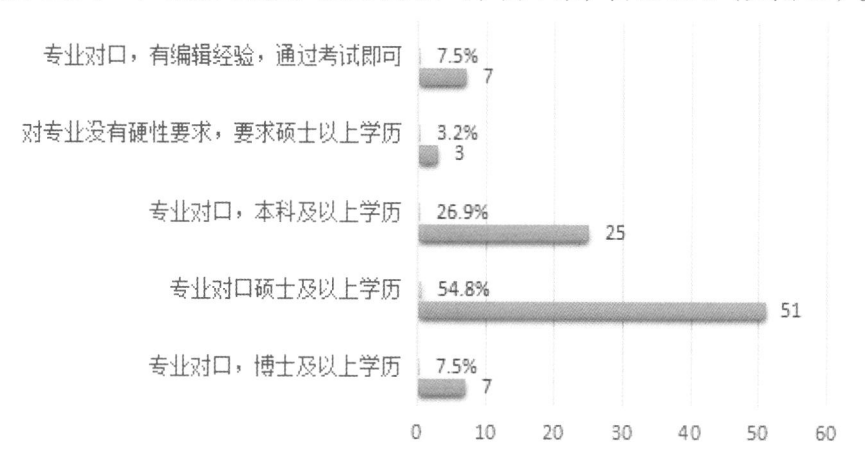

图 11 各期刊社招聘编辑人员专业及学历要求

由此可知，学术期刊大部分专业性较强，97% 期刊社都要求专业对口。学历根据实际情况要求也不一样，一些较高端的学术期刊一般会要求博士及以上学历，并需在专业领域有一定影响力，但绝大多数期刊社的学历要求为硕士或本科，占到总体的 81.7%。

13."招聘编辑出版人员是否有相关工作经历要求？如何要求？"

在招聘编辑人员的相关工作经历的要求方面，75.3% 的单位没有硬性要求；24.7% 的单位要求有一定的工作经历要求，一般要求为 2—3 年的相关工作经验（见图 12）。

图 12 招聘编辑人员的工作经验要求情况

由调研得知，大部分学术期刊社没有设置硬性的有工作经验的要求，认为只要学历和专业方面符合要求，工作能力可以内部培养，或是在工作中学习和成长，但是在招聘过程中，同等条件下还是会优先考虑有工作经验或是有实习经验的人员。

14."招聘编辑出版人员时，主要考核什么方面的能力和素质？"

针对这一问题，各单位考核因素多种多样，如编辑加工能力、专业知识背景、工作的热情、政治素养、团队协作能力、业务能力、语言表达能力、组织能力、抗压能力，等等。在所有答案中，最主要的五种考核内容为：专业知识背景，有 77 家；编辑文字能力，有 54 家；团队协作能力，有 21 家；政治素养，有 25 家；英语能力，有 19 家（见图 13）

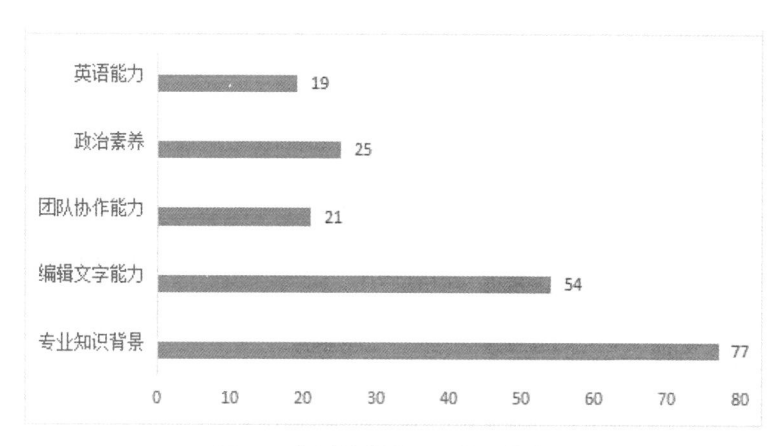

图13 招聘编辑人员时的考核内容

英语能力 19
政治素养 25
团队协作能力 21
编辑文字能力 54
专业知识背景 77

由此可知，大部分学术期刊主要考察的是编辑专业知识背景和编辑文字能力，也有一些期刊对英语水平要求比较高，因刊而异，因人而异。

15."贵刊在招聘过程中遇到了一些什么问题？"

针对这一问题，各期刊提出了存在的五花八门的问题，综合归类为以下几种：有27家单位提出，由于体制或编制问题，招收不到或留不住高端人才；有19家单位提出招聘人才时，专业知识和编辑技能难两全；有21家单位提出是由主管主办方主持招聘，手续烦琐，无决定权；有9家单位提出受其所在行业收入水平影响较大；提出复合型人才缺乏和很难招到男性编辑的都为6家（见图14）。

很难招到男性编辑
复合型人才缺乏
受其所在行业收入水平影响较大
主管主办方主持招聘，无决定权
专业知识和编辑技能难两全
招收不到或留不住高端人才

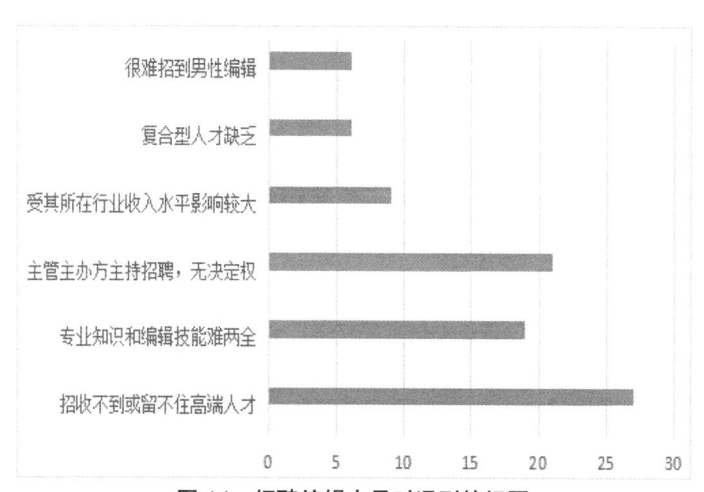

图14 招聘编辑人员时遇到的问题

由此可知，由于学术期刊的各种特殊性，除对人才的学历、技能、素质等各方面均有较高要求外，编辑人员招聘还受体制、主管主办单位、所在行业等多方面的约束。

16."贵刊对编辑出版人员取得上岗资格有何具体要求和管理规定？"

针对这一问题，有84家单位明确要求上岗需要取得资格证书。总结各单位的具体要求和方法有：一是对于新入职的人员，要求一年内取得出版专业技术人员职业资格证书；二是责任编辑要求一定是持证上岗，入社第一年不得独自承担责任编辑工作；三是派编辑参加培训和考试，取得职业资格证书，对没有证书的会调离编辑岗位；四是对已取得证书的编辑人员，严格按照《出版专业技术人员继续教育暂行规定》的要求，每年参加不少于72小时的继续教育，并按期进行续展登记。也有一小部分期刊社对编辑人员的出版职业资格没有做出硬性要求，占到11%（见图15）。

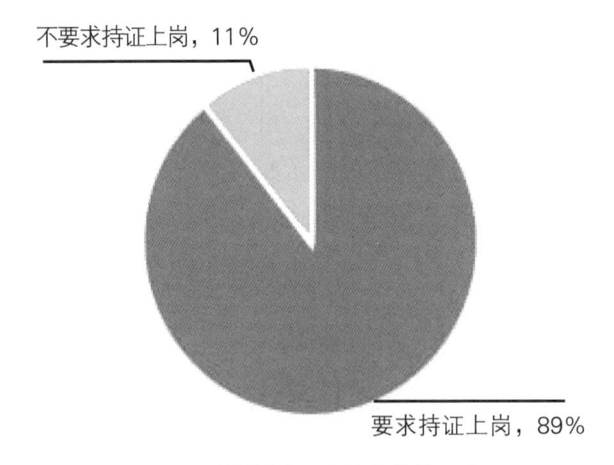

图15 对编辑人员上岗资格的要求

由此可知，各学术期刊单位对出版专业技术人员职业资格的要求非常严格，管理比较规范，但小部分期刊社在这方面还有待进一步加强。

17."贵刊是否严格执行出版职业资格制度？执行过程中存在哪些问题？"

针对这一问题，有82家单位表示严格执行出版职业资格制度，有12家承认没有严格执行出版职业资格制度。存在的问题主要体现在以下几个方面：一是由于人员变动频繁，流动性强，出版职业资格制度执行起来比较困难；二是年轻人没有职称评定的需要，在待遇上也没有特别明显的区分，动力不足；三是一些研究机构或是高校内的期刊，编辑工作是高校教授或是科研机构人员兼职或挂名，职称不走编辑系列，对其作用和限制都不大（见图16）。

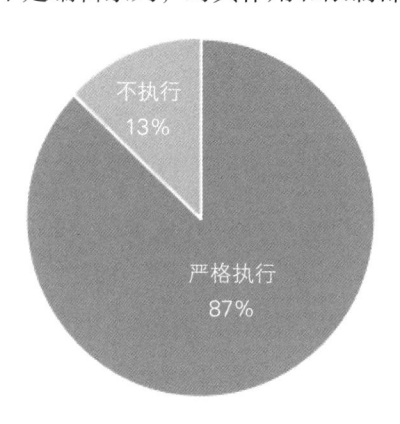

图16 编辑人员出版职业资格制度的执行情况

由此可知，大多数学术期刊社对编辑人员出版职业资格制度是相当重视的，基本上能够严格按照制度执行。有些期刊社没有严格执行该项制度，主要是因为编辑人员的兼职身份所致。而之所以需要兼职，则有体制机制和学科专业要求等方面的复杂原因。

18."贵刊对不同职称或职务层次的编辑出版人员如何进行管理，具体的方式、基本的依据、取得的效果等，目前存在哪些问题？"

关于不同职称或职务层次的编辑出版人员的管理方式和依据：一是依据国家新闻出版广电总局人事和期刊管理相关规定进行管理，参照公务员管理规定，规定不同岗位人员的责任和权利。二是参照各社的绩效考核办法进行管理，对不同职称或职务层次的编辑出版人员进行职称提升、岗位聘任、岗位定责、岗位定薪酬，如对于高级职称人员进行全方位的岗位职责管理，对于中级职称人员实行任务考核，完成各学科的编辑出版工作等。三是分层管理，逐级负责，层层责任。四是培养编辑骨干，通过各种形式的培训、学习，让其能尽快独当一面，培养后备力量。

对于各单位的管理办法和措施，取得了一定的效果：如岗位聘任，高级职称一般是社内各部门领导、中坚力量，发挥了明显的作用。岗位定责把责任明确到人，提升了管理效果，等等。但是其中仍然存在不少问题：一是评价机制和晋升机制的不统一，导致晋升困难；二是单位激励机制效果一般，没有全面体现多劳多得，缺乏工作动力；三是由于大多数编辑部规模小、人数少，难以分类管理，不论能力只按资历；四是职称和职务由主办单位决定，名额受限，没有主动权；五是走研究系列的编辑人员项目机会少、工作量大，影响职称评定。

19."贵刊对于编辑出版人员的继续教育是如何组织实施和管理要求的，质量、效果如何，目前存在什么问题？"

在编辑人员的继续教育实施方面，有78家的单位表示每年都参加72小时继续教育培训并按期续展登记，有52家单位还组织内部定期培训。但各学术期刊社提出，在继续教育方面存在如下问题：一是培训内容针对性不强，课题重复过多，质量良莠不齐，效果不理想；二是每年72小时继续教育时间过长，大多为形式主义，没有起到实际作用；三是行业学术会议效果好，但不计入学时；四是社里经费有限，培训成本过高。

20."贵刊对加强编辑出版人员的队伍建设采取了何种措施？"

在编辑人才队伍建设方面，各期刊社都根据自身情况采取了多种措施，制定各种激励机制，总结为以下几点：一是实行高效、高薪激励机制；二是让人员参加培训交流，鼓励编辑人员多走出去参加学术会议，提供在职读博、读研机会；三是重视编辑出版队伍的建设，为员工提供很好的保障，让编辑人员有归属感，荣誉感；四是定期邀请专家进行专题培训，进行内部培训。

第六编

中国传媒创新报告
（2017—2018）

负责人：杨驰原
所在单位/部门：传媒杂志社
结题时间：2018年10月25日

前　言

"中国传媒创新报告"2008年确立为中央级科研院所国家资金支持课题、中国新闻出版研究院院级课题，到现在已经整10年了。作为年度报告，每年在传媒杂志社主办的中国传媒年会上发布。10年来，经过课题组和专家的共同努力，该年度报告已经成为传媒行业卓具影响力的专题报告。

《中国传媒创新报告（2017-2018）》以2017年1月到2018年7月为观察时段，对这一时段内我国传媒创新的政策背景、创新亮点进行盘点。为使报告内容更准确、充实，课题组于2018年7月17日在南京大学紫金传媒研究院（北京）会议室举行了课题报告开题会，邀请了8位专家出席，确定了撰写提纲；2018年10月23日，在职工之家召开结题会，邀请了9位专家出席。

本课题得到了南方传媒研究院、暨南大学新闻与传播学院、南京大学紫金传媒研究院、杭州凡闻科技公司的大力支持，在此致谢。

本课题组
2018年10月25日

2017年1月中宣部组织召开推进媒体深度融合工作座谈会后，全国传媒业以建设"中央厨房"为基础工程，把媒体融合推进到一个新阶段。随后，在本课题报告观察期（2017年8月1日到2018年9月30日）内，深刻影响中国社会发展方向、极具划时代意义的党的十九大召开，宣告中国特色社会主义进入新时代。随后，在2018年召开了对传媒业影响巨大的两次会议：一是2018年2月召开的党的十九届三中全会，会议启动了党和国家机构改革，改革使传媒业的管理发生了巨大变化；二是在8月21日召开的全国宣传思想工作会议，这次会议为传媒业未来发展指明了方向。全国媒体在党的十九大精神和习近平新时代中国特色社会主义思想指引下，深入学习和贯彻落实这两次会议精神，锐意改革，积极创新，取得了丰硕成果。

第一章 2017—2018年传媒业创新背景

第一节 党的十九大报告为新时代的新闻舆论工作指明方向

2017年10月，党的第十九次全国代表大会召开。习近平总书记在十九大报告中指出要"牢牢掌握意识形态工作领导权"。"高度重视传播手段建设和创新，提高新闻舆论传播力、引导力、影响力、公信力。加强互联网内容建设，建立网络综合治理体系，营造清朗的网络空间。""推进国际传播能力建设，讲好中国故事，展现真实、立体、全面的中国，提高国家文化软实力。"这一系列重要论述，为新时代党的新闻舆论工作指明了方向。

▶ 媒体融合

第二节 中央和国家机构开启新一轮改革

2018年3月,中共中央印发了《深化党和国家机构改革方案》,推进党中央机构、国务院机构和行政执法体制的深化改革。方案提出,由中央宣传部统一管理新闻出版工作和电影工作,并优化中央网络安全和信息化委员会办公室职责;组建文化和旅游部、国家广播电视总局和中央广播电视总台;在行政执法体制方面,整合组建文化市场综合执法队伍,由文化和旅游部进行指导。此次改革是推进国家治理体系和治理能力现代化的一场深刻变革,是关系党和国家事业全局的重大政治任务,同时也是传媒业改革发展的重要契机。

第三节 全国宣传思想工作会议召开,习近平总书记 提出新形势下做好宣传思想工作的五个使命任务

2018年8月,全国宣传思想工作会议在北京召开。习近平总书记指出,中国特色社会主义进入新时代,必须把统一思想、凝聚力量作为宣传思想工作的中心环节。强调宣传工作要做到"九个坚持",并提出新形势下,做好宣传思想工作的五个使命任务——举旗帜、聚民心、育新人、兴文化、展形象。

党的十八大以来,以习近平同志为核心的党中央,不断深化对宣传思想工作的规律性认识,提出了一系列新思想新观点新论断,这就是坚持党对意识形态工作的领导权,坚持思想工作"两个巩固"的根本任务,坚持提高新闻舆论传播力、引导力、影响力、公信力,坚持以人民为中心的创作导向,坚持营造风清气正的网络空间,坚持讲好中国故事、传播好中国声音。在全媒体时代,我们更应尊重新闻传播规律,把握好互联网规律,进一步创新方法手段,以贴近受众心理的话语、适应分众传播的渠道、切中现实热点的议题,巩固壮大主流思想舆论、弘扬主旋律、传播正能量。宣传思想干部要不断掌握新知识、熟悉新领域、开拓新视野,增强本领能力,加强调查研究,不断增强脚力、眼力、脑力、笔力,努力打造一支政治过硬、

本领高强、求实创新、能打胜仗的宣传思想工作队伍。

习近平总书记多次强调："推进国际传播能力建设，讲好中国故事、传播好中国声音，向世界展现真实、立体、全面的中国，提高国家文化软实力和中华文化影响力。"讲好中国故事，既需要生动精彩的内容，也需要有影响力的传播渠道。新媒体技术的迅速发展，尤其是全球性社交媒体平台的出现，为中国媒体提升国际传播能力、打破西方媒体的话语权垄断，带来了新机遇。我们需要强化互联网思维，善于应用新媒体新技术，拓展对外宣传舆论阵地，抢占国际传播制高点，构建起立体多样、融合发展、联通世界的现代化对外传播体系，向世界讲好中国故事、传播好中国声音。

全国宣传思想工作会议是推动宣传思想工作开创新局面的一次重要会议。习近平总书记在会上发表的重要讲话，对做好新形势下宣传思想工作具有十分重大的指导意义。

第四节　四封贺信彰显总书记对新闻传媒事业的高度重视

2017年11月8日，习近平总书记致信祝贺中国记协成立80周年。他在贺信中高度赞扬了中国记协多年来为我国加强新闻队伍建设、为我党凝聚强大舆论力量所做的重要贡献；2018年6月15日，习近平总书记致信祝贺《人民日报》创刊70周年，充分肯定《人民日报》在各个历史时期发挥的重要作用，并对新时代进一步办好《人民日报》提出明确要求；2018年7月4日，习近平总书记在《求是》暨《红旗》杂志创刊60周年的贺信中指出，《求是》杂志是党中央指导全党全国工作的重要思想理论阵地，始终坚持党刊姓党、政治家办刊原则，为推动马克思主义中国化时代化大众化，用新时代中国特色社会主义思想武装全党、教育人民、指导实践作出了重要贡献；2018年9月26日，习近平总书记致信祝贺中央电视台建台60周年，他在信中充分肯定了新中国电视事业的重要贡献和现阶段中央广播电视总台推进深度融合的成果，并寄望"打造具有强大引领力、传播力、影响力的国际一流新型主流媒体"。四封贺信展现了党中央对我国传媒事业发展成就和巨大作用的肯定，更彰显习近平总书记对新闻传媒事业的关怀、重视和期待。

> 媒体融合

第五节 《新闻出版广播影视"十三五"发展规划》发布

2017年9月，原国家新闻出版广电总局印发《新闻出版广播影视"十三五"发展规划》，提出到2020年争取实现舆论传播力、引导力、影响力、公信力大幅提升，公共文化服务全面升级，对经济的拉动作用显著增强，"智慧广电"战略和新闻出版数字化转型升级行动全面推进，保障国家文化安全的能力显著提高，传播中国声音、提升中国形象、产品服务走出去的成效和作用更加凸显等六大目标。同时，提出了提高舆论引导力，提高内容生产能力和创新能力，推动媒体融合取得新突破，促进公共文化服务提质增效，构建现代传播体系，提高新闻出版广播影视产业规模化、集约化、专业化水平，加快构建现代新闻出版广播影视市场体系，健全社会效益和经济效益相统一的体制机制，提升国际传播力，提升新闻出版广播影视安全保障能力，大力发展版权产业等11项任务。

第六节 网络管理部门加大互联网传播秩序管理力度

2017年以来，网络管理部门加大了互联网传播秩序管理力度，对多个网络直播平台和网络主播进行专项清理整治。国家网信办2017年7月依法关停下架10家违规直播平台；将一批网络主播纳入黑名单，要求各直播平台禁止其再次注册直播账号。北京市网信办则依法约谈搜狐、网易、凤凰、腾讯、百度、今日头条等网站的相关负责人，对上述网站下达行政执法检查记录，并责令其进行全面深入整改。2018年9月14日，国家版权局在京约谈了抖音短视频、快手、西瓜视频、火山小视频、美拍、秒拍等15家重点短视频平台企业负责人，要求其加大版权保护，全面履行企业主体责任。2018年9月26日，国家网信办指导北京市网信办依法约谈凤凰网负责人，责令其立即停止传播违法不良信息、违规转载新闻信息、歪曲篡改新闻标题原意等违法违规行为，全面深入整改。整改期间，凤凰网问题频道与"凤凰新闻"客户端等将停止更新。

第二章　2017—2018 年传媒业十大创新亮点

第一节　重大新闻报道彰显主流媒体融合传播能力，现象级融媒体产品频出

在深度融合的大背景下，重大新闻事件现场成为各大媒体的竞技场和新媒体融合成果的练兵场。在党的十九大和 2018 年全国两会期间，各主流媒体集中调动优势资源，推出图文、音视频、H5、电子书、可视化、大数据等形态各异、精彩纷呈的融媒报道；联合"三微一端"、大屏小屏融屏共振形成终端全面覆盖。十九大期间，人民日报社第一时间推出思维导图《一起学习十九大报告》、图解《习近平作报告 全场 71 次掌声》、H5《十九大报告电子书》、短视频《你好十九大 说说心里话》等众多爆款融媒体报道，其中《一起学习十九大报告》一经推出，几天时间内在人民日报新媒体平台阅读量即达 2010 万。新华社推出的"点赞十九大，中国强起来"系列公益互动活动，创造了史上首个"30 亿级"国民互动产品。2018 年两会期间，《人民日报》国家形象系列宣传片《中国一分钟》一经推出，就有过亿的点击量。中央电视台以"央视新闻"客户端、央视网、CGTN 新媒体为主发稿平台和原创阵地，联动央视所有客户端和 50 余个两微平台，同步播发重要新闻，其中微视频《历史时刻中国国家主席宪法宣誓纪实》全平台播放阅读量超 2600 万次。

第二节　中央广播电视总台成立，全国媒体整合大幕拉开

2018 年 3 月，中央电视台（中国国际电视台）、中央人民广播电台、中

> 媒体融合

国国际广播电台合并组建中央广播电视总台。三台合并顺应了媒体发展和国际传播的诉求，实现了中央层面的广播电视、国内国外传播机构的融合，为国家层面的广播电视改革提供了现实案例。"合并"大势所趋，不同层面、不同范式的合并不断涌现。一是报报合并。2017年重庆日报报业集团旗下《重庆晨报》《重庆晚报》《重庆商报》合并为重报都市传媒集团。二是报网合并。2017年8月，江西日报社委会决定将中国江西网与《信息日报》融合发展；同年10月，依托河北长城传媒集团（长城网）和河北经济日报社等媒体资源整合组建的长城新媒体集团揭牌成立。三是纸媒与广电合并。2018年初，天津日报社及子报编辑部门集体迁入天津广电大院，此前，依托北方网新媒体集团，融合中央驻京媒体、《天津日报》、《今晚报》、天津广电、北方网等优势资源的媒体融合项目"津云"平台已开始运行并发挥作用。2018年7月19日，辽宁报刊传媒集团（辽宁日报社）挂牌成立，整合了辽宁报业传媒集团（辽宁日报社），辽宁党刊集团及其所属服务中心、辽宁先锋服务中心、中华先锋网编辑部、党员读物编辑发行中心、辽宁老年报社、友报社、好孩子画报社、兰台世界杂志社、党史纵横杂志社、辽宁人大杂志社、今日辽宁杂志社、侨园杂志社、妇女杂志社、新少年杂志社、理论界杂志社等多家单位。同年7月31日，锦州日报社、锦州广播电视台、新华社辽宁分社专职通讯员站整合组建锦州市新闻传媒集团。

此外，停刊或休刊，转场新媒体已成为传统纸媒的常见做法。据中国记者网的数据统计显示，2018年上半年已有近20家纸媒停刊或休刊，许多报纸停刊或休刊后，原有的工作人员向其他报网或广电分流，其实这也是一种"变相合并"。从中央到地方，媒体融合促进资源重构、优化产业结构，有利于人才队伍的培养和优化，有利于增强媒体活力，是对媒体供给侧结构性改革的有力推进。

第三节　媒体融合与转型进入新阶段，由融媒体向智媒体升级

近两年，媒体融合在向纵深发展的同时，开启了智媒体之旅，智慧化、智能化、智库化发展取得很大进展。

一是人工智能正日益嵌入传媒行业之中，逐渐得到普及应用，写稿机器人逐渐成为热点事件的信息首发者，引发全社会的关注。2017年8月8日晚21时19分，四川九寨沟县发生7.0级地震，中国地震台网机器人仅用25秒就自动编写出540字并配有4张图片的稿件，在这篇报道中，地震相关信息一应俱全。2017年12月，新华社"媒体大脑"正式发布，只需10秒便生成了首条MGC新闻。由封面传媒自主研发的机器人"小封"在今年世界杯期间，总的发稿量达到642篇，全网总阅读量超过两亿，除了写稿之外它还自己做图、做标题等。新闻主播也进入实际应用阶段。2018年3月1日，由南方财经和科大讯飞联合推出的"人工智能语音主持人"正式上线，可以通过先进的语音合成技术模仿真实主持人的声音，进行新闻信息播报。纵观新闻业人工智能领域，机器人已用于编辑新闻、搜集线索、交互应用等，并在财经报道、体育报道等工作中大展身手。在内容分发市场中，智能算法推荐快速崛起，满足用户个性化需求。与此同时，暴露出的内容低下、观点极化、版权纠纷等问题也亟待解决，可见，我国传媒业人工智能仍有较大发展提升空间。

二是新闻大数据参与传统媒体的生产、指挥、传播、分析和应用等转型升级工程已经成为共识。2017年12月，习近平总书记在主持中共中央政治局就实施国家大数据战略进行第二次集体学习时强调：获取数据、分析数据、运用数据。新时代媒体转型发展，必须实施大数据战略：建设媒体数据中心，盘活数据资产，转型数据运营，发展媒体经济。2018年1月，由安徽日报和凡闻科技联合打造的新闻大数据中心，秉承新媒体理念，紧盯新技术前沿，以大数据核心、云服务模式，提供线索发现、传播监测、舆情分析、专题追踪、热点分析，以及应急指挥的个性化、可视化、动态化、多样化服务，为新闻插上科技的翅膀，在全国两会前后方指挥报道及安徽全省重大活动报道中发挥了重大作用。创新模式具有轻资产、低成本、快见效和个性化的特色，为探索区域性媒体融合发展走出了新路。

三是党的十八大以来，以习近平同志为核心的党中央高度重视中国特色新型智库建设。2017—2018年，涌现出一批特色鲜明、影响广泛的传媒智库，为主流媒体融合发展提供了新路径、增添了新动能。近年来，从中央到地方的智库科研课题、调查任务100多项，得到习近平总书记20余次

> 媒体融合

重要批示，为相关工作决策和有关问题解决提供了重要参考。如南方报业传媒集团致力于打造形态完备、产品多样的十大系列传媒智库，初步形成南方传媒智库矩阵，目前已围绕广东改革发展的关键领域提供了一批代表性课题和产品，为当地经济、法治、教育、乡村振兴等领域提供了决策支持。智库与媒体的融合，产生"1＋1＞2"的效果，两者优势互补，牢牢把握时代发展脉搏，为政府决策者输送研究结果，为社会治理提供可行性方法，为舆论引导提供强有力的保障。

第四节 中央高度重视县级融媒体中心建设，中宣部要求2020年底基本实现全国全覆盖

在2018年8月21日召开的全国宣传思想工作会议上，习近平总书记发表重要讲话时强调，要扎实抓好县级融媒体中心建设，更好引导群众、服务群众。这为抓好县级融媒体中心建设、推动县级媒体转型升级指明了前进方向、提供了根本遵循。9月20日至21日，中央宣传部、中央网信办、国家广电总局、中国记协和浙江省有关负责同志，各省区市及新疆生产建设兵团党委宣传部、部分县（市、区）党委宣传部负责同志走进长兴，参加中宣部在这里召开的县级融媒体中心建设现场推进会。将建设融媒体中心作为新阶段深化广电体制改革的重点举措，这意味着媒体深度融合的工作重点已从中央深入到地方，从省以上媒体延伸到基层媒体，而基层媒体改革的顺利推进也标志着媒体融合工作已触及全盘，上升到国家全局层面。

2018年以来，全国各地已有多家县级广电媒体试水融媒体中心改革，并已初见成效。2018年上半年，北京市石景山区、大兴区、延庆区、朝阳区、顺义区、通州区融媒体中心也相继宣布成立。各区融媒体中心整合所属的电视、广播、报纸、网络、新媒体等多个媒体平台，通过组织机构、生产流程、体制机制、人才资源等方面的深度融合，形成了"一体策划、一次采集、多种生成、多元传播、科学评价、有效应用"的全新生产流程和模式。

加强县级融媒体中心建设是加强和改进基层宣传思想工作、推动县级

媒体转型升级的战略工程。中宣部要求，要在2020年底基本实现全国全覆盖，今年先行启动600个县级融媒体中心建设。

第五节 4K超高清电视投入应用，将成为"万亿市场"

广播影视部门贯彻落实中央创新驱动发展战略、促进文化与科技融合，以发展4K超高清电视为重要举措。2017年11月28日，原国家新闻出版广电总局下发了《关于规范和促进4K超高清电视发展的通知》。2017年12月23日，广东广播电视台4K试验频道(影视)启动，国家广播电视总局于2018年9月批复同意广东广播电视台综艺频道调整为以4K超高清方式播出，该频道成为全国首个省级电视4K超高清频道。2018年10月1日，央视也开播了4K超高清实验频道，2022年的冬奥会将全面采用4K HDR技术进行直播，并提供部分8K内容。发展4K超高清电视，将有力带动4K超高清电视产业链各环节的发展，如影视机构、运营商、集成商、设备生产企业、图像信号处理企业等。相关研究显示，中国超高清视频产业将成为"万亿市场"，或将成为全球最大的4K超高清市场。

第六节 内容（知识）付费成为互联网新风口

知识付费收入显著增长，成为互联网新风口。2016年被定义为知识付费元年，2017年知识付费井喷式发展，2018年继续升级，用户规模已达2.92亿人，众多知识付费平台应运而生，支付宝的在线课程、飞慕课的高速增长、知乎将"知识市场"业务升级为"知乎大学"等引发关注。现在知识付费正进入平稳发展期，慢慢地从尝鲜人群中往外扩散。

2018年上半年，随着知识付费市场传播以及营销手段的不断演进，知识付费市场受人瞩目，知识付费定价远未达天花板。知识付费市场的兴起，与共享概念的盛行，移动支付的普及，用户对碎片化时间利用的需求增加，主动学习意愿的增强等息息相关。包括音频录播、图文分享、在线问答、

> 媒体融合

视频直播、付费传统媒体等多种知识付费产品和形式涌现。其中音频类成为最受用户群体青睐的付费产品类型。2017年付费内容购买指数前十名中，70%为音频类产品，其中6项最受欢迎的产品来自喜马拉雅FM，该平台也凭借音频类知识付费产品在2017年知识付费市场异军突起。目前，我国知识付费领域逐渐分化，从商业财经、技能培养等热门领域向更多细分领域扩展。知识的产品化，令内容创造者变得更有价值，也因此产生了一批"知识网红"。

2018年知识付费行业进入拐点，知识付费用户规模扩大，用户发展逐渐成熟，对付费知识质量的甄别能力更强，消费趋于理性，用户更加关注付费内容的质量，更愿意为实用且高质量的内容付费。但目前，知识付费市场准入标准低，内容质量良莠不齐。随着行业进入成熟期，内容优胜劣汰趋势将持续增强，唯有专业的知识内容能吸引资本投入，满足用户需求。

第七节　我国成全球电影市场增长的主引擎，国产电影表现不俗

2017年，中国电影市场迎来新局面，这一年也被称为"电影质量促进年"和"电影市场规范年"，《电影产业促进法》的顺利实施和"放管服"改革，为电影市场提供制度体制保障，注入更多活力。美国电影协会发布的报告显示，2017年全球电影票房为406亿美元，其中我国内地总票房高达79亿美元，位居全球第二。在各种火爆电影的支撑下，2018年全国年度票房再次达到了一个新的节点，根据猫眼专业版数据，截至2018年8月5日，中国2018年年度电影票房已经突破了400亿元，共用时217天，比去年提前了29天。从题材和类别上说，2017—2018年是国产影片迈向多样化的一年，观众的审美水平正朝着多元化发展，艺术片如《冈仁波齐》，取得票房破亿的好成绩。去年上映的《战狼2》总票房高达56.8亿人民币，刷新国产票房纪录；今年7月上映的《我不是药神》也取得30.98亿元的不俗票房，并引发对医疗现状这一社会矛盾的讨论，口碑票房双丰收。

第八节 媒体跨界融合，经营多元化展现新活力

2017年，媒体行业和互联网科技公司、资本公司跨界合作经营的趋势愈来愈明显，融媒体的经营模式更加多元。2018年2月，新华社信息中心与百度百家号进行战略签约，双方将共同探索"内容+渠道+搜索+大数据"的媒体运营模式。地方媒体也不断拓宽跨界融合的深度和广度，探索多元经营模式。如中国国际电视总公司与阿里巴巴集团签订技术合作协议，双方将在云平台、大数据、移动客户端、信息化平台建设等方面进行合作。贵州日报报业集团与杭州凡闻科技有限公司合资成立了"贵州日报凡闻大数据有限公司"，面向集团及全省党政机关、各级媒体、垂直行业，提供大数据产品和服务，为媒体内容变现和运营转型进行新的探索。温州都市报社以"温都"为核心进行跨界营销改革与升级，打造"零碎八碎"（分类信息客户端）、温都猫（电商平台客户端）、温都金服（互联网金融理财产品客户端）等系列产品，2017年底，温都猫成功挂牌新三板，2018年半年报显示，截至2018年6月30日，温都猫实现营收757.6万元。"温都"系列的跨界多元发展实现纸媒下行软着陆，为媒体融合在创收上找到新的经济增长点。

第九节 短视频平台呈现爆发式增长，行业进入洗牌期

数据显示，截至2017年底，中国短视频用户规模增至2.42亿人，2018年将达3.53亿人。2017—2018年，短视频行业MAU（月活用户数量）增长突飞猛进，2018年4月达3.6亿，DAU（日活用户数量）峰值达1.6亿，短视频行业呈爆发式增长。从文字到图文再到短视频时代，用户对内容的本质需求不变，只是对内容的表现形态需求不断改变。短视频行业的"狂奔"发展，也暴露了不少问题，如内容粗制滥造甚至无道德底线，带来行业乱象，也给受众和社会带来负面影响。对此，相关部门的监管力度不断升级，通过严格控制"牌照"，从源头上约束短视频平台；严格审核播放内容，责令涉事短视频平台整改或彻底关停。加之市场的需求和资本的进入等原因，

> 媒体融合

短视频行业进入洗牌期。一份在2019年初发布的短视频行业报告提到,"2018年短视频逐渐健康化发展,内容更加丰富多元,行业标签发生明显变化"。抖音在"今日头条"大力投入短视频助力下异军突起,2018年2月,活跃用户统计数据较去年同期增长3807.69%。此外,美拍、快手、火山小视频等短视频平台也表现不俗。短视频平台进一步社交化、"赋能"化、细分化,在技术创新背景下,行业生态圈不断完善,仍有很大发展空间。

第十节 国家广播电视总局提倡"小正大"原则,引发影视行业节目发展新趋势

2018年4月3日,在宁波举办的广播电视节目创新创优培训班中,国家广播电视总局宣传司司长高长力提到,今后广播电视节目必须继续遵循"小成本、大情怀、正能量"的自主创新原则,要让普通百姓和为国效力的各界精英成为节目的主角和明星。

高长力的讲话引发了行业的积极响应。2018年4月4日,腾讯视频、优酷、爱奇艺联合发布《关于规范影视秩序及净化行业风气的倡议》,向全行业从业者发出呼吁:共同抑制不合理的高片酬现象,进一步规范剧组工作流程,逐步建立劣迹演员名单库。2018年9月3日,爱奇艺宣布关闭显示前台播放量,以综合用户讨论度、互动量、多维度播放类指标的内容热度,逐步代替原有播放量显示,将用户体验作为更重要的指标,告别唯流量时代。无论是"小大正"原则、三大视频网站发布的倡议,还是爱奇艺的评价体系创新,均是行业主体对影视传媒行业中不良风气的有力反击,影视传媒行业应回归理性,回归文化化人的本质,创造社会效益,弘扬主旋律,讴歌真善美,提倡正能量,为人民群众提供优质的精神文化食粮。

第三章 传媒业创新发展的趋势

第一节 5G技术将引发媒体格局剧变，移动优先将变为移动唯一

第五代移动通信技术，将使万物互联成为可能，高速发达的网络为万物赋予了信息传播的功能，用户将无时无刻不处在信息的包围之间。5G技术对媒体格局带来新一轮的颠覆，信息传播的延迟将被大大缩小。由于传输速度的大幅提升，高清视频传播或将进一步成为主流，同时，虚拟现实技术网络延迟问题得以解决，大量应用于网络直播、新闻报道、社交聊天、在线教育、电子竞技等领域，打造新的盈利模式。抢占移动视频端，将成为各大媒体的下一步措施，移动优先演变成移动唯一，媒体将进一步寻求与互联网公司、通信行业的跨界深度合作。

第二节 传统媒体融合发展形成的影响力将逐步转化实现盈利

近年来，传统媒体通过融合发展，影响力得到很大提升。从中央媒体来看：三年前新华社客户端新版隆重发布，新华社的新闻信息通过移动客户端直达受众，目前下载量已经突破2.7亿，综合影响力位居国内媒体前列；人民日报官方微博上线6年来，粉丝数量已达7666万。地方媒体几乎都建立了自己的"两微一端"，发行几万份的报纸，其"两微一端"的粉丝、下载量可达十几万甚至几十万。但发展新媒体需要投入，如何实现将影响力变为盈利是融合发展的大问题。经过多年的不断探索，现在这一问题已经初见曙光。在本课题组采访调研中了解到，很多主流媒体所办新媒体已

> 媒体融合

经实现了盈利，封面传媒、新湖南客户端、掌上春城客户端是其中的杰出代表。未来，这种变影响力为盈利，将成为主流媒体融合发展的主攻方向。

第三节 区块链技术在版权保护方面将发挥作用

互联网让海量信息得以共享，但也令侵权行为变得轻而易举。无论是音乐、文字、图片或者视频，面对侵权行为，对内容生产者来说，传统的法律维权手段都成本高，流程复杂，往往"入不敷出"。而区块链技术的去中心化和不可逆改性等特征将推动数据储存革命，简化数据存储、管理、取证流程，使这一现象成为历史。2018年6月，浙江省杭州市互联网法院对一起侵害《都市快报》新闻稿件信息网络传播权纠纷作出公开宣判，判定被告某公司侵权成立。该公司旗下网站刊发的一篇文章几乎完全抄袭《都市快报》新闻稿件。原告通过第三方存证平台，对侵权网站进行数据抓取和源码识别，采用区块链技术进行存证固定。这是国内法院首次对区块链存证技术的认可。未来，版权产业将得到大力发展，"区块链+版权"将得到传媒行业的青睐，这一组合将有效促进行业的诚信之风。

第四节 短视频报道将成为新常态

截至2018年6月，入驻短视频平台抖音的政府机构和媒体数量已超过500家，多家主流媒体用短视频方式进行相关新闻报道，如坐拥数百万粉丝的人民网抖音号等。短视频在视听上的多样性，以及时长上的优势性，既能触发用户情绪，又满足用户获取信息的需求，填补碎片时间的空白。短视频将加速新闻报道创新，加之5G技术的发展，短视频报道将受到媒体追捧，成为新闻报道的常态。从文字到图片，再到移动短视频，新闻报道的媒介载体变迁，进一步释放了用户的感官体验，让"媒介作为人体器官的延伸"的预言在全媒体时代得到验证。

第五节　网上付费订阅将成为纸媒的探索方向

国外，用户"付费订阅"媒体内容早已不是新鲜事，《纽约时报》《泰晤士报》《卫报》等早有先例，国内也有财新网进行付费试水。在新闻"免费"标签的影响下，在大量信息重复的情况下，接收渠道是否便利、报道角度是否独特、内容是否足够专业、信息是否有价值，将成为用户衡量是否进行付费订阅的标准。付费订阅本质上是在互联网引发的媒体变革潮中媒体去流量化，走向分众化、垂直化后的一种相伴的主流商业模式的确立。只有足够优质、专业、贴近用户的内容，才能赢得青睐。同时，媒体需要针对市场需求，创新付费手段，提高垂直领域内容质量，从而培养出忠实用户，扩大潜在付费群体。

媒体融合

第四章 2017—2018年媒体创新案例

第一节 2017—2018年十大创新媒体

2017年至2018年,传统媒体加快融合创新步伐,充分运用新技术,不断探索内容生产的新形式。加快从"相加"向"相融"阶段转变,基本实现"你中有我、我中有你"的融合,并正在着力向"你就是我、我就是你"的目标迈进。无论是通讯社还是电视媒体,无论是报业集团还是网络集团,都在积极主动打破自有媒介束缚,积极拓展信息承载介质,丰富表达手段。利用新技术形式整合相关资源,运用跨界理念进行产品革新乃至实现自我身份的重塑,是媒体融合战略背景下传统媒体积极自我革命、适应新时代传播环境和趋向的重要表征。课题组通过采访、调研,网络搜索,专家推荐等环节,整理出2017年至2018年的媒体创新案例。课题组邀请中央新闻单位研究机构负责人、中国新闻出版研究院专家、高校媒体研究学者共11人组成专家组,通过案例分析对比,推选出2017—2018年度十大创新媒体机构及十大创新产品。

2017—2018年十大创新媒体机构和十大创新产品

时间	十大创新媒体机构	十大创新产品	价值和影响
2017.12	人民日报社	人民号	智能化、服务性、开创性
2018.06	新华社	媒体大脑	中国第一个媒体人工智能平台
2018.07	央视网	时政微视频	总台"明星产品",35条全网播放量23亿,平均每条6500万
2017.10	南方报业传媒集团	十大传媒智库	引领全国媒体智库发展

续表

时间	十大创新媒体机构	十大创新产品	价值和影响
2018.06	新京报社	我们视频	都市报最具影响力的视频产品。周产原创短视频200条，播放量1.5亿
2018.09	广东广播电视台	4K超高清频道	全国首个省级电视4K超高清频道
2018.05	封面传媒	封面新闻4.0版	打造全新智媒体
2018.03	南方财经全媒体集团	人工智能虚拟语音主持人	通过先进的语音合成技术模仿真实主持人的声音，进行新闻信息播报
2017.01	中国大百科全书出版社	穿越时空的大运河	与DK合作制作的国内首款媒体融合4.0产品
2017.03	北方网新媒体集团	"津云"新闻中央厨房	天津报网台全媒体内容融合平台

第二节 县级融媒体中心建设十大案例

鉴于中央高度重视县级融媒体中心建设，本课题组特在本课题创新案例部分设置"县级融媒体中心建设十大案例"。为推选此十大案例，本课题组在杭州凡闻科技的支持下，利用大数据搜索，共搜索到43个案例。课题组根据采访、调研了解到的情况，结合专家意见，以成立时间、建设特色、地区分布的代表性、合作单位、发展潜力等指标为参考，推选出以下县级融媒体中心建设十大案例。

一、浙江省长兴传媒集团

2011年4月，长兴县委、县政府对原长兴广播电视台、长兴县宣传信息中心、长兴县委报道组、长兴政府网等媒体资源全面整合，组建了长兴传媒集团，从此开启了长兴传媒新时代。

浙江长兴传媒集团与索贝合作开发了融合广播、电视、报纸、网络、移动端五位一体的指挥平台系统。长兴传媒集团目前拥有广播、电视、报纸、杂志、网站、新媒体等14个媒体平台，20多个微博微信平台。长兴传媒

> 媒体融合

集团的媒体融合实践，被原国家新闻出版广电总局列为2016年面向全国推广的17个典型案例之一；2018年9月20日至21日，中宣部在长兴召开了县级融媒体中心建设现场推进会。

二、北京市延庆区融媒体中心

2018年6月16日，延庆区融媒体中心在人民日报媒体技术股份有限公司提供的技术支持下成立，成为国内首家"广电＋报业"模式的"中央厨房"，打破了原有各媒体平台各自为战的传统模式，融合了延庆电视台、延庆人民广播电台、《延庆报》、"延天下"微博和"延天下"微信公众号等媒体，实现了资源的高度整合。同时，增加了H5、航拍、动画等多种新媒体产品，提升了新闻采编效率，实现了对受众的精准投放，也使新闻传播效果最大化，让新闻产品可听、可看、可视、可触。

三、河北省武强县融媒体中心

武强县融媒体中心成立于2018年9月5日，以长城新媒体集团中央厨房的技术研发、平台传播优势及凡闻科技的大数据为支撑，立足武强县发展定位，坚持本土化发展战略，建设适合县级融媒体需求的个性化管理和应用平台系统，以县广播电视台为主体，整合县域内广播电视、微博微信、手机客户端、政府网站等官方传播平台，着力打造了集新闻宣传、政务服务、民生服务、引领育人等功能为一体的全新媒体平台。如今，武强县融媒体改革对提高新闻舆论传播力、引导力、影响力、公信力的作用正在逐步彰显，积极探索出了一条国家级贫困县融媒体中心建设的有效路径，有力助推了党的声音"飞入寻常百姓家"。

四、山东省平邑县融媒体中心

2017年10月18日平邑县融媒体中心正式运营。平邑融媒体系统覆盖了县域所有的传统媒体和新兴媒体，其中包括15个党政网站、12个自媒体、14个镇街公众号、广播电视网络、村村响网络。在自主权上，该系统由平邑县委宣传部自行研发，已申请软件著作权。智慧平邑融媒体系统可以与雪亮工程平台、智慧城管平台、广播村村响平台、广电台新闻生产线等对接。打通报纸、电视以及微博、微信、客户端、头条号等媒体平台，打通线上、线下融合宣传，打通县内、县外统一宣传，实现发布内容的一次采集，多角度处理，跨平台发布。同时通过舆情监测平台对发布内容传播情况进行实时采集、追踪、统计，通过大数据分析，及时掌握传播效果和舆情态势。

五、河南省项城市融媒体中心

2016年10月，河南项城广电建起了融市电台、市电视台、内部资料《项城市讯》、《项城瞭望》、项城网、瞭望项城官方微信、微博、App客户端为一体的融媒体中心。打破了各媒体各自为战的局面，整合现有人力资源，组建了统一指挥调度的多媒体采编平台。建立统一指挥调度的多媒体采编中央厨房。在融媒体建设中大胆创新，形成网、报、刊、双微、手机报等全媒体发力的新闻宣传新局面，成为河南省县级广电融媒体中心建设的标杆单位。

六、江西省分宜县融媒体中心

分宜县融媒体中心将原分属于县委宣传部、县文广新局和县政府办的广播电台、电视台、报纸、政务微博、微信公众号、手机报和分宜政府网八家媒体整合为一，升格为县委直属正科级全额拨款社会公益类事业单位，于2016年9月1日挂牌，归口县委宣传部管理。融媒体中心改变了落后的采编机制和流程、单一的传播方式，实现信息"一次采集、多样生成、多元传播"。该中心初步建成了大数据中心，对发布的新闻和用户反馈建立了数据库，分析新闻发布情况、用户阅读习惯、及时发现舆情热点、参考选题和读者习惯，开展信息服务，指导新闻生产。与大江集团合作，建设了一套舆情监控系统，通过对全国范围内的新闻、微博、微信以及App等涉分宜县的媒体信息进行实时采集，可准确了解分宜县在网络上的舆情情况，为政府决策服务。2017年7月入选江西省媒体融合十大标杆案例。

七、重庆市綦江区融媒体中心

2018年9月5日，綦江区融媒体中心建成投入试运行。随着新兴媒体

媒体融合

日新月异的发展，媒体融合已是大势所趋。为了更深入地推进媒体融合从"相加"迈向"相融"，从2017年开始，綦江区下大力气建设融媒体中心。该项目得到了重庆日报报业集团的大力支持，是重报集团与区县媒体联手打造的全市区县报首个"中央厨房"模式的样板项目。区融媒体中心项目主要围绕"中央厨房"这个龙头进行综合集成，由新闻内容生产、新闻报道指挥、网络舆情监测、新闻绩效考核、新闻报送直达、全媒体资源服务、区域媒体管理运营七个平台构成。

八、广东省新兴县融媒体中心

2018年9月20日，广东省新兴县融媒体中心举行揭牌仪式，这是全国宣传思想工作会议后，广东省首个挂牌成立的县级融媒体中心。新兴县融媒体中心以新兴电视台、新兴广播电台、《南方日报》新兴视窗三个传统媒体为基础，对传统媒体和新兴媒体在业务、人员、内容、空间及管理等方面进行整合，打造"新闻+政务+服务"宣传业务平台，构建"电视+广播+报纸+网站+移动端+舆情"的融媒体传播矩阵。该中心的成立打破了全县各新闻采编部门间相互分割、各自为阵的局面，在重大事件、重要活动中互联互通，进行深度和快速报道，实现新闻信息一次采集，多样生成，多元传播。

九、江苏省南京市江宁区融媒体中心

2019年6月6日，南京市江宁区融媒体中心成立。这是全国较早建成的区县级融媒体中心，江宁区委宣传部在杭州凡闻科技有限公司的技术支持下，创新了大数据平台及可视化指挥中心，顺应媒体融合发展趋势，整合江宁新闻宣传资源，借助现代化技术手段，积极抢占区域主流舆论制高点，多渠道传播江宁"好声音"。平台具备了领导活动报道、媒体关注热点、网络热点预判、传播路径分析、专题事件跟踪、新媒体播报、周边地域新闻等实时大数据功能，实现与区属媒体平台及部门单位新闻信息传播互通，加快整合各类新闻信息资源，构建信息采集、内容加工、数据管理、用户体验为一体的平台，推进区属媒体从"相加"走向"相融"。

十、福建省武平县融媒体中心建设

武平县融媒体中心建设获得了中宣部的重点支持推动，成为福建全省两个县之一、全国 57 个县份之一的县级融媒体中心建设试点县，参加了中宣部在浙江长兴召开的县级融媒体中心建设现场推进会。

武平县结合自身实际，以提升新闻舆论传播力、引导力、影响力、公信力为抓手，整合县内媒体资源，先行先试，建成全媒体融合生产的融媒体中心，探索经济欠发达县的媒体融合"武平模式"新路子，走出了一条低投入高产出，先机制后平台的欠发达县媒体融合之路，初步解决之前县内媒体各自为战导致的资源浪费、效率低下、传播力弱等问题。

第七编

报道改革开放新闻作品研究报告

中国新闻出版研究院（2018年）院级课题
编号：2018-Y-Y-ME-132

负责人：杨驰原
所在单位/部门：传媒杂志社
结题时间：2018年12月7日

前　言

2018年是我国改革开放40周年，在40年的改革开放历程中，作为党的耳目喉舌，各媒体坚持正确舆论导向，为改革开放鼓与呼，对推进改革开放起到了巨大作用，产生了《实践是检验真理的唯一标准》《东方风来满眼春》等新闻名篇。

在纪念我国改革开放40周年之际，重温这些新闻名篇，对我们回顾改革开放历程、总结经验，在新时代新征程更好地以改革开放精神建设中国特色社会主义，具有重要意义。因此，《传媒》杂志特向中国新闻出版研究院申报了"报道改革开放新闻作品研究"课题。本课题以《文摘报》"旧报新读——改革开放40年路上的人和事"栏目的构想与内容为基础，邀请中国记协、新华社、人民日报社、光明日报社、经济日报社、科技日报社、中国青年报社、中国人民大学、南京大学、中国新闻出版研究院等单位的专家，梳理改革开放40年中报道改革开放的优秀新闻作品，进行深入研究，形成本课题。

本课题组
2018年12月7日

第一章　改革开放 40 年相关新闻报道综述

40 年改革波澜壮阔，40 年开放风云激荡。新闻工作者用如椽巨笔抒写华章，用精彩镜头记录了伟大时代。

思想解放大潮澎湃，对外开放高潮迭起。新闻工作者用激越鼓点催人奋进，用新鲜风气引领了伟大时代。

40 年改变了中国，今日之中国风华正茂，奋发图强，国力增强，民心凝聚，越来越走近世界舞台的中央。

40 年改变了中国，新闻之事业惊人嬗变，从铅与火到光与电，从纸与笔到机与网，智能化、数据化、移动化交相辉映，传统媒体和新兴媒体融合发展之路越来越宽广。

回首 40 年来改革开放史上重要的新闻佳作，不但看到了一个伟大的时代，而且更加深刻地感知到了新闻的力量。回顾 40 年来传世佳作诞生的历程，不但看到一个时代的背影，而且更加清晰地看到一个个坚强挺拔的身影，触摸感知一颗颗伟大的心灵，发现一道道刻在历史深处的足迹。

回眸 40 年来新闻发展的历程，不但看到新闻的重大作用，而且更加感受到新闻工作者巨大的责任。新闻工作者用建设者的姿态、奋进者的状态、改革者的心态，主动参与改革、积极报道改革、率先推动改革，自己也成为改革的主力军之一。新闻工作者是中国改革开放史的记录者，也是中国改革开放史的重要书写者，更是中国新闻改革开放史的主人公。优秀的作品、优良的人品，深度影响的报道和深刻历史的足迹，激荡人心的历史回响，感动人心的精神召唤，把新闻的巨大作用、记者的伟岸形象深深地镌刻在中国改革开放史的丰碑上。

>> 媒体融合

第一节 新闻的力量

1978年12月，十一届三中全会召开。次年三四月时，全国出现了一股否定三中全会精神的"倒春寒"。有人说"辛辛苦苦20年，一夜回到解放前"，《辽宁日报》的同志觉得非常困惑，怎么一下气候就变了？

刚结束20年"右派"生活的范敬宜到一线乡村调查后，发现农村改革虽然出现了一些新问题，但是大部分农民对中央政策是特别拥护，生产积极性高涨。因此就写了一篇正确看待当时农村形势的述评。5月13日《辽宁日报》以《莫把"开头"当"过头"》为题刊登，《人民日报》更是在16日头版头条转载，标题是：《分清主流与支流，莫把"开头"当"过头"》，肩题是：《辽宁日报》记者述评贯彻尊重生产队自主权政策的现状时指出，副题是：各级领导干部解放思想是保证生产队行使自主权的关键，要坚定不移落实党的方针政策。而且还加了一个"编者按""……作为新闻工作者，要像《辽宁日报》记者范敬宜同志那样，多搞一些扎扎实实的调查，用事实来回答那些对三中全会精神有怀疑、有抵触的同志"。范敬宜后来说，这篇文章当时看起来是逆潮流而写的，但是却又实实在在地顺应了潮流的发展。因为事实是采访得到的，观点是调研中总结的，结论是老百姓得出的，因此并没有觉得需要太大的勇气。一个新闻记者，只要真正反映广大人民群众的心声就无所畏惧。肩题和副题是《人民日报》编辑加的，观点更明确，内容更准确，"编者按"更是鲜明，把新闻传播党的政策主张、引导时代方向、推动社会进步的作用充分体现出来了。

记者见证历史发展，记录关键时刻，其代表作品成为时代坐标。20世纪80年代东欧剧变，有人对中国改革开放中的一系列重大问题提出了疑问和诘难，也有人甚至对每一项改革开放的措施都要"问一问是姓'社'还是姓'资'"。1991年2月15日发表在上海《解放日报》头版的"皇甫平"文章引起各方注意，《做改革开放的"带头羊"》《改革开放要有新思路》《扩大开放的意识要更强些》《改革开放需要大批德才兼备的干部》系列评论，引领社会深入思考。1992年2月4日，《解放日报》率先发表了题为《十一届三中全会以来的路线要讲一百年》的署名评论；3月26日《深圳特区报》刊登通讯《东方风来满眼春》，拉开了宣传小平同志南方谈话精神的序幕。1992年4月1日和 9 月 29 日《经济日报》分别刊登记者的述评《改革开放赋》《市场赋》。党的十四大发出响亮的号召，中国迈开了建设社会主义市场经济体制的步伐。为改革开放摇旗呐喊的记者周瑞金、陈锡添、庹震、詹国枢……也在新闻史上留下不可磨灭的名字。

记者记录世事沧桑，记述人情冷暖，引领重要方向。1982 年 10 月 10 日《光明日报》刊登记者陈禹山的通讯《为中华崛起而献身的光辉榜样——记中年光学专家蒋筑英》，10 月 15 日刊登《工程师罗健夫把毕生心血献给科研事业》。两篇通讯生动记录了去世时分别年仅 43 岁和 47 岁的蒋筑英和罗健夫感人至深的事迹，引起了对知识分子"中国式早逝"现象的广泛关注，为全社会点燃了营造"尊重知识、尊重人才"舆论环境的火光，有力推动了知识分子政策的落实工作。

记者为民加油助力，为人长歌鼓劲，吟诵命运交响。1979 年 11 月 8 日，《光明日报》推出报道《地主家庭出身的教师龚福永入党记》推动了"让知识分子入党，告别一个时代之痛"，促进社会改革当时有些单位知识分子受歧视、"老九难摘帽"、工作上受刁难、入党更是"难于上青天"怪现象。1982 年 6 月，《光明日报》以怀柔三名女老师被打事件的读者来信发端，一个月内刊发报道 73 篇，引起了社会强烈反响，从批评殴打教师现象到针砭教育投入少时弊，到推动提高教师待遇，再到建立教师节，营造尊师重教氛围，新闻舆论通过典型事件报道推动了社会进步。

新闻的力量从来是与记者职业精神联系在一起的。作为一名记者，他的专业素质就是始终有一种能力，于纷繁事件中有一双发现新闻的锐眼、两只捕捉新闻的敏耳，于复杂现象中有一双直击主题的慧眼、一个展示主题的妙角，于简短时间中做出恰当的判断、准确的描述，体现剖析事实的逻辑、展示发展变化的故事。他的职业品格就是始终有一种深情，有一颗理解的心关注世事沧桑，有一颗真诚的心关怀人情冷暖，有一颗火热的心观照悲伤痛苦，用个别传播普遍，用典型启示大众，用故事传递真情，告诉人们世道人心，给予大家温暖力量，引导走向光明希望。

>> 媒体融合

第二节　报道的创新

1984年10月16日,《经济日报》记者罗开富从江西瑞金出发踏上了长征路。平均每天走75里路,成为中国唯一一位完全按长征原路、同样用368个昼夜的时间走完两万五千里的人;途中先后有2800多位向导、陪同和医生一起走路、签名见证。他的脚力和毅力被世人广为称赞,连日本《朝日新闻》都发表图文并茂的报道《向长征之路挑战——中国经济日报记者罗君》称:"在中国,不,在世界上,今天用'脚'长途采访的记者,可就是他了。"

而报道的形式创新也让时人耳目一新:每天写日记、每天完成一篇见报的稿件,刊登在"来自长征路上的报告"专栏。反应老区发展仍然困难的名篇《有粮有猪有竹子　缺钱缺肉缺筷子——大余农副产品加工业发展缓慢　急需资金人才》让人难忘,记载"有一条被子也要剪半条给老百姓的人就是共产党"生动故事的《当年赠被情谊深　如今亲人在何方——徐解秀老婆婆请本报记者寻找三位女红军下落》,至今仍被人传颂,体现了他良好的笔力、眼力、脑力。《经济日报》特地开辟"'来自长征路上的报告'回音"专栏,刊登社会各界对相关报道的反映,推动了沿线经济发展甚至干部作风等很多问题的解决,连续报道的效应和图文报道的形式让报纸新闻改革也成为社会关注的热点,30多位参加过长征的老红军,分别在媒体公开发表谈话。1985年10月19日,新华社播发了消息《罗开富沿长征路线采访　胜利到达终点吴起镇》。次日,《经济日报》头版消息:"罗开富这一年零三天的采访实践,是我国新闻史上的一个创举,他将以一年内徒步里程最长、发稿最多的记者而被载入我国的新闻史。"今天不忘初心、牢记使命,不忘本来、继往开来仍然激励着新闻人以更大的勇气推动新闻改革,参与中国进一步改革开放进程。

1986年6月17日《光明日报》刊登《一个工程师的出走反思》,触及了人才不能合理流动的痛处,引起了企业和广大科技人员的强烈共鸣。而采取的中性报道新样式,既不是表扬报道也不是批评报道,而是一个有争议题材的报道;客观报道矛盾各方的意见,客观记录事情经过,不下结论、不评是非。

1987年6月13日《经济日报》刊登《关广梅现象》也采取了一种新样式,用讲故事的方式讲述关广梅和职工、上级、社会等各方关于租赁制的瓜葛,而且用系列报道的形式讲述"关广梅现象"引出的更多社会故事,向改革的人们提出一些迫切需要回答的问题，客观报道各方反映，表述双方意见，让各方参与讨论，最后得出最大公约数，引领舆论方向。

《一个工程师的出走反思》《关广梅现象》成为当年的重头报道，持续长期反响表明，改革是一步一步往前走的，同时也表明旧制度的消亡和新制度的建立需要漫长的时间，新观念取代旧观念更需要时间长河冲刷。新与旧、进与退、未来与以往、变化与僵化，一场深刻的社会变革，总是在冲突中碰撞、矛盾中对峙、问题中解决。改革浪潮滚滚向前，人们会更加聪明地总结经验教训，悟出道理得到答案，制度会被修复更好，短板会被补得更长。

社会总是在发展中前进，历史常在曲折中向前。历史中的人们总是有站在一条河流中的局限。有些现象并不能一下子看透，有些问题也并不能马上结论。问题是时代的声音，报道这些声音需要客观，更需要智慧。随着经济体制改革的不断深入，"改革的宣传呼唤宣传的改革"，读者要求新闻媒体能够更加及时、深刻地回答时代提出的各种新问题。

1994年4月1日《焦点访谈》栏目在中央电视台黄金时间播出，鲜明的舆论监督特色、鲜活的贴近生活题材、真实的现场画面、锐利的观点锋芒成为重要时代符号，而记者现场采访甚至暗访、公众现场评述，多报道、少评论的形式，主持人固定成品牌的运作机制，成为一种新闻现象。电视并不只有"画面+解说+音乐"一种形式，还可以用深度访谈等更多形式；新闻单位也并不是事业单位一种体制，还可以用聘用制等形式；题材选择三点重合"领导重视、群众关心、普遍存在"，表达方式两点特色"硬焦点软着陆、软焦点硬道理"……新样式、新机制、新观点引领一时之风，帮忙不添乱、建设性的舆论监督也是正面报道成为新闻宣传理论的重要创新。

20世纪末以来，互联网深刻地改变舆论生态，也推动了传播格局、媒体形态的变革。2006年第16届中国新闻奖首设"网络新闻奖"：网络评论、网络专题和网络新闻专栏，获奖作品13个，人民网《我们怎样表达爱国热情》等分获3个一等奖。从2008年第18届中国新闻奖开始，网络新闻奖增加网络访谈和新闻网页设计，同时网络新闻作品参加新闻漫画、新闻摄影和国际传播奖项的评选。网络新闻作品的实际参评奖项达到8项，此后每年网络获奖作品数量占年度获奖总数比例近一成。2014年第24届中国新闻奖中，中国经济网的网络评论《限制"公款消费"本质是制约权力寻租》首获特别奖，

媒体融合

2017年新华社的融媒体专栏《新华全媒头条》获得特别奖，表明新媒体作品的质量有较大提升，成为中国优秀新闻作品的重要组成部分。2018年增设"媒体融合奖"：短视频新闻、移动直播、新媒体创意互动、新媒体品牌栏目、新媒体报道界面和融合创新，共50个奖数。此次媒体融合奖项设立的类别和数量都超乎寻常，不仅是对新媒体的重视，更是促进传统媒体与新兴媒体深度融合，适应数据化、智能化、移动化、分众化、视频化等快速变化，创作出更多更好、有意思又有意义的融媒体产品的举措。

"芳林新叶催陈叶，流水前波让后波。"报纸、广电等媒体的经典报道创新案例表明新闻报道改革，媒体自身也必须改革；网络、端微等媒体的创新，呼唤着新闻报道的与时俱进。新闻工作者有足够的智慧改进新闻宣传的形式、手段、内容、方法，而今天媒体融合发展的机遇更需要理念、体制、机制、体裁、业态等的改革。而改到后面多是硬骨头，改革改到深处，改到新闻人自己头上，更需要智慧和勇气。以变应变，变有不变。新闻监督社会、前瞻未来，社会要求媒体、保持锐气，人民希望记者守望公平，媒体应该向前、保护正义、拥抱创新，这是新闻媒体的难能可贵的建设性作用，也是自我革新的革命性作用。

第三节　人民的眼睛

1978年7月21日，《光明日报》刊登了一篇读者来信《农村集市应该恢复》，反映山西稷山县取缔集市贸易的不便，并指出"集市对于广大社员来说就像工人、干部的星期天一样，大家都要把自己要办的事情集中到这一天办理。通过集市，互通有无，调剂余缺，安排好生活"。来信在全国特别是运城地区引起强烈反响。基层干部到处找报纸，一时刊登来信的报纸成为干部群众亲朋好友互相传阅赠送的"礼品"。尽管地委负责人暴跳如雷，继续"撵集"，但是一些卖鸡蛋的农民把《光明日报》贴在大街上，盖在放鸡蛋的篮子上，进行抗争；而不少干部群众给报社写信发电报支持读者来信。8月4日，报纸刊发第二封群众来信《陈寿昌的信说得好》，运城地委召开干部群众大会称，恢复集市贸易是资本主义回潮，是和学大寨唱对台戏，和《光明日报》

的斗争是资本主义和社会主义两条路线的斗争。8月18日,《光明日报》刊出第三封群众来信《不能再撵集了》,并在9月刊登运城等地关闭集市贸易造成严重后果的调查报告和评论员文章。

人民的眼睛如此雪亮,紧盯着党的政策是否落实,是否不走样、一一落到基层,形成强大的社会舆论,守护着一个地方的政治清风。不久,山西省决定开放集市贸易。稷山县"两红市场"恢复集市贸易的第一天,尽管没多少货物可买卖,但人山人海,群众把报纸贴墙壁上,放鞭炮庆祝!多年的事实甚于雄辩,集市贸易促进了流通,促进了农副业发展,各地的这些小市场连着全国的大市场,成为广大农民的致富桥、摇钱树!写第一封来信的读者陈寿昌回忆这段经历说,"我们农民正是从报纸上看到了光明,开始了新的追求、新的生活"。

开门办报,和群众一起办报,是我们党报的优良传统。党把人民关注、重视、希望的事情放在心上,记者更要把人民心里的呼唤放在重要版面上。而人民的愿意参与、乐于发声,体现了民主意识的觉醒,知情权、监督权、参与权等权利意识的唤醒,焕发了参加社会主义改革和建设的巨大热情和创造力量,推动了时代前进的车轮。

时代在前进,改革的主战场从农村延伸到乡镇企业和工业建设。1982年12月23日,《光明日报》的一篇消息《救活工厂有功接受报酬无罪》,介绍星期天支持上海钱桥乡镇企业发展的橡胶制品研究所工程师韩琨引来官司的遭遇,报道法检两家不同的看法。一石激起千重浪。次日华东政法学院院长急切地要见记者发表看法。法学专家发表文章《要划清是非功罪的界限》,律师发表文章《法律应保护有贡献的知识分子》。全国各地的来信雪片一样飞向编辑部,报社顺势而为开辟专栏"如何看待科技人员业余应聘接受报酬",全国科技、公检法司、劳动人事、党政机关等各部门持续四个月讨论。这场讨论不但使被称为"中国星期天工程师无罪第一案——韩琨案"顺利解决,而且使"星期天工程师"从地下转到地上、非法转到合法、支援转换合作,极大地解放了科技生产力,使有限的科技力量在改革开放后经济发展中最大限度发挥作用,推动了我国乡镇企业和民营经济发展。

韩琨这个小人物因为一件并不显著的小事引发了一场全国性的大讨论,他在这一特殊年代的遭遇折射出历史的进步,反映了这个时代知识分子命运的巨大变迁。社会各界读者的广泛参与,代表了民心向背。这些重头报道背后是人民关注时代的眼睛,热情推动发展的眼睛,守望公平正义的眼睛。有人这样评价,这一案例推动了劳动人事部门松绑,科技人才的有序流动,乡镇企业发展的苏南模式以及后来的快速发展都是这一事件的间接成果之一。

新闻的力量在于真实,记者的力量在于人民。有人民的支持,记者铁肩不孤单,有道义的关怀,记者行文才从容。习近平总书记强调,改革要把握住方向和源头,坚持从人民利益出发谋划改革思路。人民群众关心什么期盼什么,改革就抓住什么,推进什么,人民有所呼、改革有所应,使改革符合广大人民群众意愿,得到广大人民群众拥护。这是我们过去改革的重要经验,也是未来汲取的不竭源泉。只有为了人民群众心花怒放,实现人民对美好生活的向往,记者的妙笔生花才有源源不断的墨水泉流。

第四节 总编的担当

1978年5月9日,杨西光在光明日报社负责人会上说,"11日将发表一篇文章《实践是检验真理的唯一标准》,如果结果好,那不用说。如果因此我们受到了误解,甚至受到组织处理,由我承担责任。但我们也要相信,历史最终会公正地作出结论。因为,这是一场事关中国命运的尖锐的政治斗争"。11日报纸出版的当天,他也收拾好了简单的衣服和牙膏牙刷,准备再次被关进牛棚或……

文章发表后,反响强烈。自然,也出现了不同声音和激烈意见。尽管以一颗平常心来待,采取了有智慧的的办法:先内参再公开,前日先在中央党校《理论动态》发表,后以本报特约评论员的身份刊发《光明日报》,以恰当的理由巧妙地送时任中央党校副校长的胡耀邦审阅。如此鲜明的观点,如此恰当的时机,拉开了一场全国性的"关于真理标准问题讨论"的序幕。绕开宣传口领导审查之误与引领当时思想路线的激烈斗争之责,不过小巫见大巫:当时主管宣传工作的领导同志对之大加挞伐,作为总编辑的杨西光在思想上、政治上无疑承担了巨大压力,而此时距他正式就任《光明日报》总编不过两个月。策划运筹帷幄,改稿精益求精,记者和通讯员、社内和社外通力合作，内容和形式恰当配合，如此周密的部署，一篇振聋发聩的评论终于发挥了应有的作用。坚持真理信仰，坚持党性原则，善于斗争的艺术，功劳上交的品格，一个在特殊时期，有特别担当、有独到智慧的总编辑就这样深深地刻在我们印象里。

新闻最闪亮的是主题，故事最活泼的是细节，报道最关键的是人物。新闻离不开有眼力、脑力、脚力、笔力的好记者，一篇反响强烈的报道，可以红了记者、绿了责编、响了报社，而一个难以想见的常识是：有奉献甚至牺牲精神的总编往往隐藏在影响深远的重大报道后面，往往不为人知。

"关广梅现象"最初是作为内参报道的，记者了解到这一现象表面是因为对租赁改革和改革者的评价，实质是对改革的认识产生分歧。改革中出现了问题，中国的改革还要不要搞下去？在当时反对资产阶级自由化斗争的背景下，如此鲜明地提出这样严肃的"难点"问题？经济日报总编辑范敬宜态度鲜明：只要角度适当，没有不可触及的问题。

当时改革开始由农村转向城市，十三大尚未召开，社会主义初级阶段理论还没有提出，采访中遇到始料不及的两种意见争论如此激烈，当前的改革究竟是社会主义性质还是资本主义性质，前方记者压力山大。不能打退堂鼓！范敬宜给采访组写信指出，"开展这一讨论，不是针对一个人的问题，而是帮助广大群众认清我们目前改革的性质，更加坚定对改革的信心和决心。如果将来的事实证明这个报道搞错了，一切由我来负责，与记者无关"。记者庞廷福说，这是军令状啊！上级给下级的军令状还真是头一回，但是让我们参与报道的人吃了个"定心丸"。

一篇好的报道出来，需要深入采访的记者、精心把关的编辑，最终需要守门人的把关。总编就是最后一道守门人，也是冲锋的第一旗手。慧眼睿智，多谋善断，千军易得，一将难求。在特殊环境时，总编辑的担当和他的智慧一样重要。而勇气是汇聚报人高尚的品德和宽广的情怀的重要动力。有了勇气，才敢于突破旧的框框套套，敢于顶住压力与抵制改革的势力进行较量，敢于旗帜鲜明地支持新生事物，为改革助阵呐喊，为开放呼唤。

新的时代，硬骨头需要啃，难关需从头越，深化改革的文章需要更加精彩抒写。开放的时代更需要世界胸怀，关怀人类命运，和实现中国梦一起构思布局。在传播格局、舆论生态、媒体形态大变的时代，更需要有报人精神、

▶ 媒体融合

人文情怀、奉献品格、高深智慧的总编辑担当引领时代风向的责任。

改革，要在改革中完善；改革者，也要改革中完善自己。报社同样是如此，要在改革中完善报道，树立自己的公信力，塑造自己的品牌。《光明日报》的知识分子大报特色就是因为20世纪80年代推出马寅初、张志新、孙冶方、蒋筑英、罗健夫等一批影响大、效果好、广为称道的人物报道，呼应着人们关切，汇集着人民心声，奏响了时代的主旋律。《经济日报》的经济大报品牌就是因为20世纪末以来推出了关广梅现象、海尔现象等国企改革案例，呼唤"醒来吧，铜陵""开封何时开封"等城市改革，推出鲁冠球、任正非等有担当、有胆识、勇于改革的企业家群体，回应了时代问题，反映了改革进展，凝聚了改革的正能量。今天，受众正在分化建群，时间正在稀释碎片，移动网络扩大覆盖，媒体需要精准聚焦，报道需要快准新活，各具特色的媒体品牌就是在正确应对信息化、移动化、分众化中做好受众需要、热爱、互动的服务中不断擦亮的。

第五节　中央的英明

1984年6月9日，《光明日报》发表了"青海杨小民故意杀人　重罪轻判群众反映强烈"的内参。八位中央领导同志作出批示，胡耀邦指出，这是"徇私枉法，官官相护，封建家族关系"，应当坚决纠正。有关部门联合组成调查组出具报告，推动政法机关重审；中央书记处开会进行讨论，对有关责任人进行追究，作出处理。2014年12月15日，呼格吉勒图案平反，冤案得以昭雪，同样也是中央高层关注新华社内参，新华社三届领导支持记者汤计深入采访调查主持正义，推动政法机关重审纠偏，人民终于迎来了法治的春天。

1982年，韩琨事件热议引起高层注意，中央政法委专门开会讨论，作出六条决定：韩琨的行为不构成犯罪，公检法机关今后不再受理类似案件……中央发出文件，劳动人事部长郑重解读：相关政策科技人员在不影响本职工作的前提下可业余兼职并获取合理报酬，由此受打击的科技人员一律平反。

改革开放是在党的领导下取得成功的，回顾一篇篇散发着时代光彩、沉淀着成功记忆的传世佳作，我们更加清晰地看到背后党委和政府的强大支撑。

蒋筑英事件报道后，中央要求，落实知识分子政策必须在十三大前基本完成。知识分子的生活待遇、工作条件、著作版权、稿酬、职称等系列问题受到党和政府有关部门的重视，推动了党对知识分子政策的落实。

《深入宝库采明珠》报道了抗疟新药"青蒿素"的研制历程，《哥德巴赫猜想》报道数论研究的最新进展……陈景润、屠呦呦、王选等科学家在解放思想、改革开放的春风吹拂下迎来了科学的春天，取得了一个又一个新的成绩。报效祖国、攀登高峰成为一个时代精神的缩影，团结起来、振兴中华成为一个民族精神的强烈符号。

优秀的记者不但能在喧哗中找到宁静，而且能在反思中发掘深刻，善于抓住时代的心跳，热情把住前进的脉搏。

1979年7月10日，《光明日报》发表文章《应该为马寅初同志恢复名誉》。这是全国第一篇公开要求为"新人口论"平反的文章，让马寅初都没想到！20年前，当时在广州出差的马寅初看到《光明日报》的批判文章，气愤地一甩袖子说"《光明日报》不光明"。

更让他没想到的是得知中央将要为他平反。时年98岁的老人激动地说："一件东西平反过来是很不容易的事情，无论是学术问题还是政治问题，都是这样，这需要宽阔的胸怀和巨大的力量。只有共产党有这样伟大的气魄，这样大的力量"，"党有这么大的勇气很了不起！"

这是一个教育大家的宽阔心胸，是一个共产党员的正确认识，更是一个有铮铮铁骨的知识分子的肺腑之言。

勇于自我革命是中国共产党最鲜明的品格，也是中国共产党最大的优势。没有任何自己的特殊利益，只为人民谋幸福，才能不掩饰缺点、不回避问题、不文过饰非，有缺点克服缺点，有问题解决问题，有错误承认并纠正错误。只有在革故鼎新、守正创新中实现自身跨越，才能不断给党和人民事业注入生机活力。

新闻是时代的记录，记录今天，昭示明天。40年改革开放表明，一个国家、一个民族要振兴，就必须在社会改革的洪流中改革、在历史前进的逻辑中前进、在时代发展的潮流中发展。习近平总书记强调，"以改革开放的眼光看待改革开放，充分认识新形势下改革开放的时代性、体系性、全局性问题"。有这种战略眼光，有敢打胜仗的勇气，有奋勇克难的斗志，有中华民族的智慧，

> 媒体融合

在实现中国梦的伟大征程上,我们一定能走得更远,在全球激烈竞争中笑到最后。

回顾过去40年优秀新闻工作者的足迹,重温优秀新闻作品的味道,我们更加感受到新闻的责任、人民的信任,更加认识到记者职业的精神、职业的担当,也更加深切地感受到事业的重任和党的关怀。作为一名新闻工作者,我们必须在习近平新时代中国特色社会主义思想的指引下,坚持正确的政治方向、舆论导向、价值取向、新闻志向,坚持"四个意识"、坚定"四个自信",更加深入基层、深入群众、深入生活,贴近改革时代、贴近开放一线、贴近人民实践,努力以正确的舆论引导人,以优秀的作品鼓舞人,为中华民族的伟大复兴作出新的更大贡献。

第二章　新闻报道对推进改革开放的意义

党的十一届三中全会开启了中国的新历程，改变了中国，也改变了世界。改革开放的光辉岁月已经融入人民的生活，40年的披荆斩棘与流光溢彩谱写下一卷令世人瞩目的不朽篇章。

媒介是对社会现实的反映，新闻内容是对社会现实的构建。改革开放以来，我国的媒体行业及广大新闻工作者充分发挥新闻工作者作为"党的政策主张的传播者、时代风云的记录者、社会进步的推动者、公平正义的守望者"的职能，一大批优秀新闻工作者以敏锐的新闻眼光、坚定的政治立场、敢为天下先的无畏勇气和高超的表达艺术既推动了改革开放进程和社会进步，也为我们留下了令人难以忘怀的历史记忆。

优秀新闻作品是新闻人推动改革开放的成果结晶。回顾40年来改革开放史上重要的新闻佳作，不仅能感受到一个伟大的时代，更能深刻地感知到新闻传播的重要力量。本文通过回顾、梳理、细读改革开放40周年新闻优秀作品，试图揭示中国媒体及新闻报道在改革开放进程中所起的重要作用，为媒体在当代中国社会中的价值与影响进行历史定位。

第一节　改革开放40年来新闻报道充当的重要角色

今天的新闻，是明天的历史。改革开放40年来新闻报道记录了中国飞速发展的各个精彩历史瞬间。这些精彩的新闻报道是当下我们回溯改革开放以来社会变迁的重要线索，它们不仅是社会变迁的产物更是其重要参与者。这是因为新闻报道在改革开放的进程中发现、记录、引领了历史。

媒体融合

（一）作为新变化发现者的新闻报道

在改革开放进程中，党的决策为中国带来了翻天覆地的变化。发现和使人民群众认识到这些变化是新闻报道的一个重要目标。为了完成这一目标，需要新闻媒体作为新生事物的发现者，去挖掘改革开放中的新气象和新成果，尤其是需要积极弘扬先进人物的事迹，从它们的故事中传递正能量并为民众树立信心和学习的榜样。

市场经济的提出与发展是改革开放初期特别值得关注的一种社会现象。如何报道和评价这种新现象成了新闻媒体需要考虑的问题。1987年6月13日，《经济日报》头版头条刊出报道《关广梅现象》，立刻引发租赁企业究竟姓"社"还是姓"资"的问题讨论。记者庞廷福在回忆这段历史的时候说，"这是个带有全局性的重大问题，不失时机地抓住这一刚露头的事关大局的事态，提出人们都十分关心却不知怎么提或不敢提的问题，说出人们想说却不知如何说或不敢说的话，不仅是记者的职责，也是新闻价值和新闻魅力所在"。类似的报道还有《"傻子"和他的瓜子》，该文报道了号称"中国第一商贩"年广久的故事。"傻子瓜子"的出现，也让当时社会对个体户姓"社"还是"资"的问题展开了讨论。从实地调查采访中，记者金涛得出"傻子瓜子"的五大好处，从中也得出年广久个人的发展是对个体经济发展的肯定，以个体经济作为公有经济的补充来展开对"傻子瓜子"这一经济现象的分析和肯定。此外，柳梆和马成广于1983年2月22日报道了《我国八亿农民搞饭吃的旧局面开始发生变化》，赵玉庆、刘广军、马义于1991年3月20日报道了《"东北现象"引起各方关注》以及毛磊于2013年2月28日报道了《首次实行城乡按相同人口比例选举》，这些新闻反映了改革开放以来中国各个方面的新变化。这些新现象新变化的发生最初只有少部分当事人了解，但当新闻媒体以新闻的方式向社会各界报道之后，广大人民群众对改革开放带来的实惠和发展有了更直观的认知和借鉴的对象。

改革开放以来中国的科技创新研究也不断取得令世界瞩目的成绩。报道这些新成果既是对相关研究人员成绩的肯定，也是一种推广改革开放中创新成果应用的方式。1978年《光明日报》的长篇报道《深入宝库采明珠——记抗疟新药"青蒿素"的研制历程》对青蒿素的研究过程作了全面而生动的解读。该报道还原了制作青蒿素的艰难过程，以及科研人员是如何做到思想解放、勇于创新，报道里还记载了科研人员以身试药的事实。这些正能量的事迹经由记者王晨执笔，为我们还原了那样一个需要"前进"的时代，需要不断的前进方能实现国家复兴。其中值得一提的是，文章中提及的"一位解放后从北京医学院毕业的实习研究员"正是后来诺贝尔生理学或医学奖得主——屠呦呦。1979年王选作为"汉字激光照排系统"的创始人，主持研制成功汉字激光照排系统的主体工程，输出了一张八开报纸底片。王选所领导的科研集体研制出的汉字激光照排系统为我国新闻出版业全过程的计算机奠定了基础，被誉为"汉字印刷术的第二次发明"。新闻媒体在《汉字信息处理技术的研究和应用获重大突破——我国自行设计的计算机激光汉字编辑排版系统主体工程研制成功》中给予了详细地报道，并在国内外引起了巨大反响，同时该报道也被评委全票通过评为"科技好新闻一等奖"。此外，其他领域中的创新成果也得到了当时新闻媒体的广泛报道，使得中国人民群众的科学自信得到了极大的鼓舞。

（二）作为重大历史事件记录者的新闻报道

改革开放40年来发生了诸多的重大历史事件，新闻媒体在记录这些重大事件中产生了诸多经典的新闻报道。这些新闻佳作如实地记录了40年来中国在各个方面的重大变革，为后人了解中国再次走向世界提供了优美的文字记录。读史使人明智，这些记录改革开放历史的名篇，能让我们回溯过去曾取得的辉煌成就，也使我们更加坚定当下的脚步，毫不动摇地坚持改革开放。

自改革开放以来，民主政治的改革与优化是推动中国向前发展的重要举措。新闻报道也如实地记录了这些影响中国进程的重要历史决策。1978年以后国家的工作中心转移到社会主义现代化建设上来，过去的宪法已不再适应社会发展的需求。在这样的社会背景下，为顺应时代的发展，新的宪法孕育而生。1982年12月4日，第五届全国人民代表大会第五次会议上，3000多名全国人大代表通过无记名投票，表决通过《中华人民共和国宪法》。新华社记者通过《五届全国人大五次会议举行大会，通过中华人民共和国宪法》的新闻报道如实地记录这一过程。随着改革开放深化发展，现行宪法又历经了五次修正，新闻报道始终如实地记录了这一过程。回望历史，我们深感国家在不断强化法治观念，提高公民的法律信仰和守法意识，而新闻记者也在

媒体融合

不断地为传播宪法精神而服务。1984年，《一个意义重大的构想——邓小平同志谈"一个国家，两种制度"》在《瞭望》见刊，从"出发点、根据、主题、出路、可行性"五个维度对"一国两制"进行了全方位的报道。"一国两制"的构想，为解决港澳问题提供了正确的解决方式，在改革开放40年的今天，香港、澳门地区的繁荣发展正是该构想正确性的一个直接体现，该报道无疑见证了这一历史发展的起源。

党的十八大是我们党在深化改革开放攻坚时期召开的一次十分重要的会议，是全党全国各族人民政治生活中的一件大事，对于我们党加快推进社会主义现代化、开创中国特色社会主义事业新局面，具有重大而深远的意义。2012年11月，十八届一中全会选举产生新一届中央领导机构后，中共中央政治会议审议通过了中央政治局关于改进工作作风、密切联系群众的八项规定，新华社立刻下发通稿《中共中央政治局会议审议改进工作作风、密切联系群众的有关规定》强调"打铁还需自身硬"。中央新领导班子上任后，开局令人振奋，可以概括为：亲民、务实、自律。自党的十八大以来，我国的改革开放进入了新的阶段，《习近平在广东考察时强调：做到改革不停顿开放不止步》报道见证了这一阶段的历史到来，在赴广东考察时习近平指出中国改革已经进入攻坚期和深水区，并反复强调改革开放是我们党的历史上一次伟大觉醒。

经济改革直接推动了中国走向繁荣富强，新闻报道则如实地记录这一历史发展进程。我国是农业大国，农村经济直接关乎着中国经济的整体发展态势。1979年《人民日报》将经济建设报道的重点转向农村经济发展的问题上，关于《农民为什么如此喜欢生产责任制——安徽农村见闻》的新闻报道为安徽的农业改革创造了良好的舆论环境，使舆论向着有利于生产力的方向发展，从而加速了政策的制定。1984年，《农民在愉快地转化为工人——苏南农民之路及其在世界经济史上的意义》的新闻报道充分肯定了乡镇企业的崛起和发展解决了庞大的农村剩余劳动力的就业难题，称其探索出了一条具有中国特色的农村工业化道路。2005年12月底，十届全国人大常委会第十九次会议决定，1958年开始实施的农业税条例自2006年1月1日起正式废除，从此，中国农民彻底告别了有2600年历史的"皇粮国税"。新华社的新闻报道《农业税条例废止——2600年"皇粮国税"自2006年第一天起退出历史》又在关键历史时刻记录了这一重大的历史事件。此外，新闻报道对城市经济发展的关注更是不曾间断过。新闻报道作为历史的记录者，书写了深圳经济特区作为邓小平同志关于改革开放的重要试验，取得举世瞩目的成功。1983年，《深圳特区见闻系列报道》正确回答了深圳特区发展并没有偏离社会主义，绝不是走资本主义发展道路的问题，证明了深圳经济特区的发展是改革开放的重要举措。

政治和经济方面的改革促使中国的社会面貌焕然一新。40年来，我国的国际地位也在不断地提升，让世界重新认识我们，重新定义中国。2001年，多哈会议主席一锤定音，正式敲开了我们入市的大门，从此，世界向我们说：中国，请进！世界贸易组织第四届部长级会议10日下午在卡塔尔首都多哈以全体协商一致的方式，审议并通过了中国加入世贸组织的决定。新华社刊登《多哈会议主席一槌敲开入世之门 WTO：请进，中国 20多个世贸组织成员代表登台发言表示祝贺》，记录下了这历史性的一刻。从2001年初冬的多哈，到2018年仲夏的北京，17年来中国成为多边贸易体制的积极参与者、坚定维护者和重要贡献者。在国际上，中国也在不断地传播自己的文化，让世界聆听到更多中国的声音。2008年北京成功举办第29届奥林匹克运动会，让世界看到一个多元化的中国。新华社以一篇《204个国家和地区的1万多名运动员欢聚北京奥运盛典展开"中国长卷"》报道了北京奥运会盛大的开幕式，让全世界记住了中国。

当然，在这40年里我们也曾遇到过考验，但在困难面前我们未曾惧怕。2008年突如其来的汶川大地震，举国同哀。《人民日报》刊发《灾难中挺立伟大的中国——写在中国人民抗击四川汶川大地震之际》，记录了那段从悲伤不已、举国驰援重新站起来的历史，提醒、激励着我们中华儿女不要忘记曾经的伤痛，但也要相信在灾难面前，我们唤起心与心的联结，让悲壮的过去化作持续前行的力量。

（三）作为历史引导者的新闻报道

历史，总是在重要节点勾起回忆和反思，传递精神和力量。40年改革开放波澜壮阔的历史，已经改变中国，也正在改变中国。在这40年中，新闻报道作为历史的先声，记录着历史也创造着历史。所谓"先声既振，后殿载扬"，在40篇佳作中，作为历史的先声，新闻报道向民众预示着一个新时代的到来。

媒体融合

1978年,中国共产党的十一届三中全会的召开标志着改革开放由此开始。随着拨乱反正的深入,人们的思想也逐步从"左"的思想束缚中解放出来,丰富的社会实践活动使得人们开始思考并讨论真理的标准究竟是什么?1978年5月11日,《光明日报》在头版显著位置以特约评论员的名义发表了一篇题目为《实践是检验真理的唯一标准》的文章正式点燃了这一场讨论。这是一篇思想解放的宣言,强调了检验真理的唯一标准是实践,批评了"四人帮"对人民思想的禁锢。该文章推动了拨乱反正工作的顺利开展,为推进改革开放打响了重要的一枪。1978年6月2日邓小平在全军政治工作会议上就此内容作出了重要讲话,态度鲜明地支持真理标准的讨论,以实事求是的态度论证了到底什么是检验真理标准的问题,强调只有实践才是检验真理的标准,为中国的改革开放拉开了序幕,这是中华民族历史上罕见的思想解放运动。可以说,该报道是真理标准讨论的先声,它预示着一个思想解放和改革开放时代的到来。

20世纪90年代,中国共产党人面临着一个"向何处去"的现实课题。在经济环境和经济秩序由乱到治的过程中,理论界在改革方向这个问题上出现了严重的分歧,存在着改革的"市场取向"和"计划取向"之争。正当人们在对改革方向莫衷一是、存在颇多迷惑的时候,1991年,皇甫平相继在《解放日报》上发表四篇关乎改革的评论文章——《做改革开放的"带头羊"》《改革开放要有新思路》《扩大开放的意识要更强些》《改革开放需要大批德才兼备的干部》,围绕解放思想以深化改革、扩大开放这个中心,宣传了邓小平90年代初提出的改革开放新思想。四篇系列性文章相互呼应重谈改革开放的重要性,防止陷入某种"新的思想僵滞",强调改革要勇于探索和创新,明确地指出市场经济并不等同于资本主义。皇甫平论改革开放系列文章一石击破水中天,在1991年引发了社会上不同观点的讨论,是继真理标准的讨论后的又一场思想交锋。

在1991年就"皇甫平"文章展开的交锋中,邓小平同志冷静地思考了1991年这场思想交锋。在南方重要谈话中,他针对本次交锋指出"发展才是硬道理",舆论态势由此发生了根本性的变化。实践证明,真理往往越辩越明确,道路往往越走越清晰。人们看到继"实践是检验真理的唯一标准"后,一场新的思想解放运动是如何坚持改革开放步伐、引领社会向前发展,同时也看到一代新闻人在舆论风口浪尖上，是如何发挥先导作用，推动改革开放现代化事业有条不紊地向前发展。再者，"皇甫平论改革开放"系列文章也预示着一个新的时代的来临，我国发展市场经济是大势所趋，加快提高人民生活水平是众望所归，坚持改革开放乃是人心所向。

深圳经济特区，作为改革开放的重要试验，取得了举世瞩目的成功。《东方风来满眼春》在推进深圳经济特区建设的过程中发挥了重要的推动作用。1992年3月26日，长篇通讯《东方风来满眼春》在《深圳特区报》头版刊出，全景式生动地记录了小平同志1992年1月19—23日在深圳的所行、所思、所讲。该文发表后在社会上便产生了巨大的反响，第二天《羊城晚报》对其进行了全文转发，此后《文汇报》《光明日报》《北京日报》等越来越多的报纸都转发了这篇通讯。3月30日新华社播发了这篇文章。不仅是国内媒体，国外的各大通讯和报纸也都播发或刊登了这篇通讯。《东方风来满眼春》的发表成了新闻界在思想解放运动中的一个标志性事件。这篇影响深远的通讯，引导着中国改革开放的方向，肯定了中国改革开放的进程，进一步解放了思想，也使《深圳特区报》成为改革开放的"窗口"，在中国新闻事史上写下了浓墨重彩的一页。

新闻报道是弘道之器。党的十八以后，党中央提出要实现中华民族伟大复兴的中国梦，我们的发展理念也要适时地做出转变。"不要以环境为代价去推动经济增长，这样的经济增长方式不可持续"，这是习近平总书记对当下发展给出的纠正。2017年，《绿水青山就是金山银山》预示着持续深化生态文明建设，让良好生态环境成为人民生活的增长点、成为经济社会持续健康发展的支撑点。我们应时刻注意环境保护与生态保护，力求走生态文明发展道路，"五大发展理念"中创新理念、协调理念、绿色发展理念、开放理念、共享理念在不同程度上要求我们对发展进行重新定义。实践是新思想的理论来源和发展动力，改革开放的实践告诉我们保护环境和发展经济是可以转变为相互依存的统一体。《绿水青山就是金山银山》把主题报道宣传的新思想建立在新闻性上，以内容来满足读者的需要，它用以记录一段历史的方式在呼唤新观念的到来。

（四）作为社会观念的塑造者的新闻报道

改革开放的进程并不是一帆风顺的，在这 40 年的历史进程中，也曾出现一些质疑和反对。随着改革开放的深入发展，新闻业的本体意识增强，出于社会责任的需要，新闻媒体通过观念的引导及时制止错误思想，引领社会朝着正确的方向大步向前。重温 40 篇新闻报道，不禁感叹在改革的浪潮中，新闻工作者不仅是观潮儿也是弄潮儿，他们通过对观点的塑造明确告诉读者是非对错，他们不仅记录了历史也瞭望了时代。重读这些优秀的新闻报道，有助于我们厘清当年具体历史事件产生的机理，尤其是在改革开放 40 年之际，有助于在深化改革的过程中，消除分歧，增进共识。

党的三中全会以后，农村家庭联产承包责任制才开始贯彻，有群众就认为"乱了套""过了头"，甚至一些领导干部同志，在未展开深入调查的情况下一听到有人说"过了头"，也就听而信之。1979 年，《辽宁日报》记者范敬宜及时对基层展开调查，写出《分清主流与支流，莫把"开头"当"过头"》的报道，指出领导干部要对客观形势有一个清醒的、正确的估计，这是正确贯彻党的政策的前提。范敬宜在后来的回忆里说道："我从实践中总结出一条，离基层越近，离真理也就越近，我只是如实地反映情况，根本没有想到正面、反面的轰动效应。"简单的几句话，可以看出范敬宜身为一名新闻工作者令人敬佩的职业素养，正是因为他的这种精神，才使当时错误的倾向得到了及时的纠正，引领社会走向了正确的道路，推动了改革的顺利发展。

1982 年，为工厂带来经济效益的技术顾问韩琨却在一夜之间成了罪人。在当时的社会环境下，关于韩琨事件，上海市领导专门下令：不许报道。为此，韩琨一案被搁置一旁，并渐渐被人们淡忘。但谢军作为记者的社会责任感发挥了作用，他舍弃了个人的利益，冒着巨大的风险对韩琨案进行调查，从而写出了《救活工厂有功　接受报酬无罪》。在他的新闻报道的推动下，科技人员业余兼职收取报酬的问题迎来了新的政策。在多年后对该报道记者谢军进行回访时，他说道："成功与风险并存相依。为了反映知识分子的呼声，更好地落实党的知识分子政策，冒一点风险也是值得的。'韩琨事件'不准报道，而我违禁了，确实冒了风险。"作为党中央的记者，谢军拥有全局的意识，拿出自己的主张，履行了党报赋予的职责，同时该新闻报道也在社会上重树了一种新的观念，促进了生产力的发展。

1996年以后，炒股已然成为社会热门话题，股票市场成为我国金融市场的一个重要组成部分。但社会上出现了不少关于股票的错误认识，《人民日报》在《正确认识当前股票市场》的报道中，对股市中诸多的争议性问题给予了详细的回答。这为增长民众知识，为改革开放的发展提供了助力。"发展是硬道理，GDP是硬指标"，是改革开放以来，中国最熟悉和刻意追求的两个目标。然而在改革开放的进程中，GDP的增长，不能反映资源的消耗和环境的损失，出现GDP在增长但社会福利水平反而在下降的矛盾现象。2003年，《经济日报》的报道《干部政绩高与低，不能只看GDP》为纠正"唯GDP"的错误观念，促进经济又好又快的发展做出了重要贡献。2015年，《五问中国经济——权威人士谈当前经济形势》紧扣社会关注热点，直面当下经济运行的困难，从五个方面对中国经济问题给出回答。在第26届中国新闻奖评选中，该篇报道获得深度报道一等奖，被称作"有关中国经济最重要的访谈""可以载入经济新闻史册的作品"。

第二节 改革开放 40 年来新闻报道的主要价值取向

一篇有价值的新闻，应该是兼具新闻价值与社会价值的共同体。如果一篇新闻作品仅有新闻价值，而不具备社会价值的话，那么可认为该新闻报道的导向出现了问题，因而不可能得到社会主流价值观的认可。通过对改革开放以来的新闻佳作进行分析，可发现这些新闻报道在价值取向方面具有以下特点。

（一）引领舆论导向：在党的领导下服务改革开放大局

新闻事业是党和人民的耳目喉舌，新闻事业因其特殊性一直与意识形态有着密切关联。纵观改革开放40年来的历史，并结合40篇新闻报道的主题，发现新闻事业的发展历史始终是与社会环境，尤其是政治环境有着密切的互动关系。在改革开放的关键时刻，优秀的新闻报道始终遵循着我党正确的价值观，弘扬时代主旋律，让人民群众及时、快速、准确地了解国家的最新发展方向，保证改革开稳定有序地进行。新闻媒体作为历史的引导者和记录者、社会的瞭望者和发现者，在关键的时刻代表党和国家发出正确的呼声，做好

> 媒体融合

信息沟通、传播知识、引导舆论，发挥出党和人民群众的纽带作用。改革开放以来，"解放思想"和"发展经济"成为中国的发展的主旋律，中国的新闻媒体作为这个主旋律的传播者，积极扮演着传播党和国家正确价值观的角色。如《实践是检验真理的唯一标准》引发的讨论极大地推动了思想上的拨乱反正、正本清源，正确地反映了当时国家所需要的主流价值观，为改革开放新局面的形成奠定了坚实的思想基础。作为社会意识形态的载体之一，新闻媒体亦处于国家的管理体系之中，新闻报道的内容及意识形态需符合国家的主旋律，并需自觉加强议程设置积极引导舆论，履行政策解释和正面宣传的政治使命。从这一视角来看，改革开放以来的这些优秀新闻作品都站在了历史和时代的高度，从国家和民族的命运着眼，以鲜明正确的政治立场引导社会舆论的方向，加速了社会变革的步伐。

（二）求真务实：积极履行新闻媒体的社会责任

从新闻事业产生的那天起，新闻传播者就面临着两大主要矛盾：一是无限的客观事实与有限的传播能力，二是新闻工作者的选择标准与受众需要。为处理好这两大矛盾就需要新闻工作者具备敏锐的洞察力，在符合新闻客观真实性和满足受众需要的同时善于发现有价值的新闻。在改革开放这一重大主题中有着诸多可挖掘的历史信息和思想文化资源。如何发现热点问题成为摆在新闻工作者面前的主要问题之一。在关于改革开放的优秀新闻报道中，无论是宏大历史事件还是小人物的命运变迁，新闻工作者们都拥有一双洞察新闻价值的眼睛，善于抓住社会热点问题，同时恪守新闻职业道德，不懈地对其进行调查研究。《汉字信息处理技术的研究和应用获重大突破》这篇报道之所以能在改革开放的历史中"名流千古"，是因为记者李家杰坚决抵制从官方所给的现成二手资料（王选事迹材料）中寻章摘句拼接成人物通讯，而坚持要拿到足够充分的第一手资料才能进行新闻报道，他说"用二手材料是违背新闻职业道德的行为"。在他的调查下，将二手资料中遗漏的重大事件纳入人物通讯之后，纯技术性的自主创新故事被赋予了更深层次的政治内涵，单薄的主题立刻变得充实起来。《分清主流与支流，莫把"开头"当"过头"》的作者范敬宜后来回忆，"这篇文章当时看起来是逆潮流而写的，但是却又实实在在地顺应了潮流的发展。因为事实是采访得到的，观点是调研中总结的，结论是老百姓得出的，因此并没有觉得需要太大的勇气"。一个新闻记者，只要真正反映广大人民群众的心声就可无所畏惧。在改革开放40年中，国家重大事件的现场中新闻工作者从未缺席。重读这40篇新闻报道可以发现，关于重大题材的报道，新闻工作者孜孜不倦地对其进行翔实的记录与分析，他们以人民群众的利益为出发点，以最快的速度将最准确的消息传递给广大的人民群众，这是他们的新闻理想也是他们的职责所在。

（三）以民为本：从群众中来到群众中去

为了阐明新闻媒体的主张和观点，也为了更好地与读者交流和沟通，改革开放40年的报道无论在采访方法上还是写作技巧上，都以贴近人民群众为核心特色。它们虽然站在党和国家的政治立场，但这些报道没有居高临下以势压人，而是打破严肃面孔说教的语言风格，站在与读者平等交流的立场上，循循善诱，以理服人。改革开放以后随着市场经济体制的确立和新闻"商品"属性讨论的开展以及受众的兴起，新闻业也出现了巨大的变革，这种贴近人民群众的特色成了必然要求。新闻记者从群众中来到群众中去，是党报媒体践行党的优良传统的体现，这要求新闻报道的可读性要更加贴近受众，语言变得更加通俗化，以便更符合人民群众的信息需求。在这些优秀新闻报道中，多数报道的视角关注的是普通人的生活，从普通人的身上反映出改革开放改变了人民群众的生活状态，促进了社会的不断发展。如《抢财神——河南农村见闻》《一个工程师出走的反思》《守望精神家园的太行人——红旗渠精神当代传奇》等新闻报道的题材都十分接近民众的生活，报道的语言和文字风格也比较轻松。这种优良传统在新世纪后新闻战线积极落实"贴近生活、贴近群众、贴近实际"和深化"走基层、转作风、改文风"的活动中得以继续发扬光大。总体而言这些优秀的新闻报道以浓厚的情感表达，将我们对祖国的热爱、对改革的信任、对发展的坚持倾注于笔下，这些都值得今天的我们去细细品读。

改革开放推动了新闻事业自身的变革，在变革之中基于社会的新变化产生了一批新闻佳作。评选出来的这40篇新闻作品站在时代的高度，从国家和民族的命运着眼，以强烈的忧患意识，气吞山河，高声呐喊；同时，新闻媒体针对社会现实问题发表评论，呈现出的是新闻媒体勇于承担社会责任的使命感，也是对社会公平、正义和社会良心的体现；它们激起了人们的讨论，引发了思想碰撞，加速了社会变革的步伐。改革开放是实现中华民族伟大复

> 媒体融合

兴的必然选择，也是通往未来的必由之路。新闻媒体仍是记录这一长期国策的重要机构，为此新闻从业者既要继承"铁肩担道义，妙手著文章"的优良传统，也要应时而变通过新的报道方式对改革开放中的新变化和新问题进行真实地报道。

第三章　报道改革开放新闻作品蕴含的新闻价值

2018年11月16日至17日，第十三届传媒年会在成都举行。年会一个重要环节，是发布专家和网民评选的"报道改革开放40年40文"。40年间，全国的新闻作品很多，要从海量作品中选出40篇，绝对是在检验新闻的生命力。

第一节　新闻也应载道

2018年10月10日，《马识途文集》在中国现代文学馆举行首发式时，104岁的马识途不远几千里，坐高铁到北京出席，并接受了《新华每日电讯》记者的采访。最后记者让他签名和留言，他写的是："文以载道，书以载道，新闻也应载道！"

老先生提出"新闻也应载道"，不是信口，而是基于百载人生历程之心得。

习近平同志说：党的新闻舆论工作是一门科学，必须按照规律办事。我们回顾一下新闻史上留下来的，能被人经常念叨的篇子，都有哪些现象和规律？无论重大事件、经典瞬间，还是其他重要稿件，不就是一些"载道"作品吗？

新华社老记者张广友（后任《农民日报》总编辑）曾说，采写稿子时，脑子里要挂一根弦儿：我这篇东西30年后还站得住站不住脚！

他对不少新闻线索和题材都掂量掂量，看它有没有意义，尤其是有没有重要或深远意义，值不值得自己投入地干一次。现在回过头来，把"老记"和"老马"的话放在一起思考，其相通之处那就是一个"道"，新闻生命力强弱长短，往往取决于"道"的含量。

媒体融合

道，泛指思想。具体一点，是否可分为天道、人道。天道，应是讲物质世界的自然性规律。人道肯定讲人文世界及其规律，是"以人民为中心"的东西。新闻报道涉及量大的主要是人道。所以人间美丑、人性善恶、人世苦乐、人生终极关怀等，就应成为我们特别关注和应该特别投入之所在。

新华社记者解国记写道：我在河南工作期间，为什么那么关注农民负担重压下的一桩桩恶性案件？到北京之后，又东奔西跑调查 20 多个省、自治区、直辖市的农民负担恶性案件？为什么中央第二拨三农问题一号文件之始（2004年），我就带《新华每日电讯》编辑记者调查报道鄂豫皖农区真相，并连续追踪八九年不放？就是不放过任何一个为社会底层屈死草民说话的机会，就是要为减轻农民税负尽一点绵薄之力。因为人类终极关怀是普天之下共同主题。一个政党，一个国家，一个民族，如果对导致普遍性不正常死亡问题麻木不仁，不作政策调整，其未来结局还用讲吗？这样的认知和付出，使我的一些报道，使我主持的一些报纸版面，有了某些经得起时间检验的东西。前不久（2018 年 6 月 8 日）《新华每日电讯》发我《从"猪头税"到"告别田赋鼎"——亲历农民负担由"七十二变"到归零的历史变革》时，转发百度网站多达六个页面。其中光是新华社客户端浏览量就超过 140 万。《文摘报》"旧报新读"栏目（2018 年 9 月 15 日）一个整版配图转载。一位读者留言说：文中提到的二三十年前的报道，现在读来仍觉心颤。办《新华每日电讯》间，我曾花相当长时间，逐页翻阅 1949 年 10 月 1 日至我上大学的 1978 年 3 月期间《人民日报》的全部版面。30 来年、6 万多个版，"载道"高远处让我感佩，违"道"荒唐处使我瞠目。我当时一惊：未来多少年之后，读者翻阅我主政期间的《新华每日电讯》，会不会也给人这样的感觉？王羲之《兰亭序》曰"后之视今，亦犹今之视昔"啊！这番惊诧让我分外敬畏"实事求是"这 4 个字，对报纸更加小心伺候如履薄冰。那些会成为笑柄的东西，尽量不登少登弱登，让报纸多保持一些正能量本质。

第二节　新闻载道有风险关键时刻要担当

一篇特殊稿子的采写，一类特殊题材的跟踪，一个敏感版面的编发，是要冒一些风险的,尤其是在某些特殊政治社会环境的情况下。

道的一个重要方面,是人类社会发展规律,是"天下大势,浩浩汤汤,顺之者昌,逆之者亡"的认知。载此"大道",意义重大,有时风险也特别大。

入选"报道改革开放40年40文"的挂帅之作,是那篇著名的《实践是检验真理的唯一标准》(《光明日报》1978年5月11日)。"报道改革开放40年40文"评委之一、《光明日报》记者部主任、《文摘报》总编辑刘昆介绍说,文章见报那天,总编辑杨西光告诉秘书:今天不要让任何人进我的办公室。之后他关上门,再也不出来。任凭电话铃响个不停,他一个不接。秘书推开门缝看,但见他躺坐椅上,闭目蹙眉,深深思索什么。思索什么?后来方知,他是在想自己如何被人带走。他知道在当时的环境下,这篇东西发出来的风险何等之大!他要自己担下这个风险。在先前的报社负责人会议上宣布要发表这篇文章时,杨西光坚定地说:这是一场事关中国命运的尖锐的政治斗争。这篇文章是集体决定要发的,如果结果好,那不用说。如果因此我们受到误解,万一出了问题,责任全是我的,我一个人承担。

其实,这个担当之心,他早已下定。在文章修改过程中,已经有人提醒他,发表这篇文章会冒很大风险。他回答:我已经老了,而且"文革"那么大的险滩都闯过来了,还怕什么呢!

真理标准文章之外,入选的《莫把"开头"当"过头"》(《辽宁日报》1979年5月16日),《解放日报》1991年2至3月间发的"皇甫平论改革开放"的系列文章,哪个没有一定风险?邓小平南方视察,跟去那么多媒体记者,包括中央大媒体记者,为什么都不着一字?肯定有风险啊!所以《东方风来满眼春——邓小平同志在深圳纪实》(《深圳特区报》1992年3月26日)入选"报道改革开放40年40文"当为实至名归。是它,引来第二次思想解放;是它使中国人民踢开姓"资"姓"社"羁绊,放开手脚大干中国特色社会主义,一路浩荡直取世界第二大经济体地位。

第三节 大道至简心系人民

新闻的特性、新闻的意义,确有其应该"速朽"的一面。但其生命力的短长,

> 媒体融合

多取决于载道多少、轻重、深浅和巧拙。天道、人道、规律,可以穿越时空,历久弥珍。"载道"深厚者,生命力必长。每当历史出现反复或一个什么节点时,它就可能被重新唤醒和激活,一如引来两次思想解放的《实践是检验真理的唯一标准》和《东方风来满眼春》。马识途马老曾言:"新闻也应该载道",既是对既往的揭示,也是对今后一些非"载道"作品的断喝。

"载道"看似很难,其实大道至简,真理都是朴素的。新闻舆论工作者就是要做到习近平同志强调的"以人民为中心,心系人民",就是"必须按照规律办事",就是要"俯下身,沉下心,察实情,说实话,动真情",就是要实事求是,就是要报道真相,传播真知,追求真理。

第四章　报道改革开放的优秀新闻作品——40 年 40 文

本课题组织专家,梳理了改革开放 40 年中报道改革开放的优秀新闻作品,经专家评议,从中推选出 100 篇入围作品,进行网络公示,请社会各界人士对这些作品网络投票。最后由课题专家组结合网络投票情况和专家意见,推选出 40 篇优秀文章。推选结果于 2018 年 11 月在第十三届中国传媒年会上公布。

现推选出的前 40 篇重点文章的主要特征:一是突出代表性,兼顾了改革开放的各个阶段,四个十年入选文章数量分别为 17、5、9、9,基本体现了不同改革时期的特征;二是突出重要性,兼顾了改革重要阶段、重要事件的重要作品;三是突出作品质量,以作品说话,重点选择报道重大事件的代表作。

"报道改革开放 40 年 40 文"推选结果表

序号	作者	文章名称	刊发时间	刊发媒体
1	本报评论员	《实践是检验真理的唯一标准》	1978 年 5 月 11 日	《光明日报》
2	王晨	《深入宝库采明珠——记抗疟新药"青蒿素"的研制历程》	1978 年 6 月 18 日	《光明日报》
3	社论	《把全党工作的着重点转移到现代化建设上来》	1978 年 12 月 25 日	《人民日报》
4	范敬宜	《分清主流与支流——莫把"开头"当"过头"》	1979 年 5 月 16 日	原发《辽宁日报》,《人民日报》转载
5	本报讯	《汉字信息处理技术的研究和应用获重大突破——我国自行设计的计算机激光汉字编辑排版系统主体工程研制成功》	1979 年 8 月 11 日	《光明日报》

媒体融合

续表

序号	作者	文章名称	刊发时间	刊发媒体
6	吴象、许仲英	《农民为什么如此喜欢生产责任制——安徽农村见闻》	1979年11月14日	《人民日报》
7	孙连成	《长途贩运是投机倒把吗?》	1980年6月20日	《人民日报》
8	毕靖、徐光耀	《"团结起来,振兴中华!"》	1981年3月22日	《人民日报》
9	李尚志	《五届全国人大五次会议举行大会,通过中华人民共和国宪法》	1982年12月4日	新华社
10	金涛	《"傻子"和他的瓜子》	1982年12月20日	《光明日报》
11	谢军	《救活工厂有功　接受报酬无罪》	1982年12月23日	《光明日报》
12	林里	"深圳特区见闻"系列报道	1983年1月	《人民日报》
13	谢石言、彭自襄、陈芸	《农民在愉快地转化为工人——苏南农民之路及其在世界经济史上的意义》	1984年7月6日	新华社
14	朱敏之、黄思贤	《一个意义重大的构想——邓小平同志谈"一个国家,两种制度"》	1984年第42期	《瞭望》
15	邵泉	《"小平您好"——北大学生的心意》	1984年10月2日	新华社
16	罗开富	《三位红军姑娘在哪里——来自长征路上的报告系列报道》	1984年10月16日和11月14日、1985年10月19日	《经济日报》
17	本报评论员	《"关广梅现象"深度报道》	1987年6月至7月	《经济日报》
18	皇甫平	"皇甫平论改革开放"系列文章	1991年2—3月	《解放日报》
19	陈锡添	《东方风来满眼春——邓小平同志在深圳纪实》	1992年3月26日	《深圳特区报》
20	詹国枢	《市场赋——写在党的十四大召开前夕》	1992年9月29日	《经济日报》
21	集体	《领导干部的楷模——孔繁森》	1995年4月7日	《人民日报》
22	特约评论员	《正确认识当前股票市场》	1996年12月16日	《人民日报》
23	姚志能、罗晓岗、林卫	《历史选择攀西》	1997年1月20日	《四川日报》
24	解国记	《迟到20年的历史跨越》	1998年12月3日	新华每日电讯
25	崔士鑫	《村民自治头一年》	2000年3月22日	《人民日报》

234

第七编　报道改革开放新闻作品研究报告

续表

序号	作者	文章名称	刊发时间	刊发媒体
26	潘国俊、车玉明、邵杰	《多哈会议主席一槌敲开入世之门 WTO：请进，中国 20 多个世贸组织成员代表登台发言表示祝贺》	2001 年 11 月 11 日	新华社
27	樊如钧	《继承发扬党的优良革命传统 加快全面建设小康社会步伐》	2003 年 9 月 3 日	《人民日报》
28	武力	《干部政绩高与低，不能只看 GDP》	2003 年	《经济日报》
29	邹声文、田雨、杨维汉	《农业税条例被废止——2600 年"皇粮国税"自 2006 年第一天起退出历史》	2005 年 12 月 29 日	新华社
30	周甲禄、张先国、皮曙初	《在三峡大坝建成的这一时刻》	2006 年 5 月 20 日	新华社
31	任仲平	《灾难中挺立伟大的中国——写在中国人民抗击四川汶川大地震之际》	2008 年 6 月 2 日	《人民日报》
32	孙承斌、汪涌、高鹏	《204 个国家和地区的 1 万多名运动员欢聚北京奥运盛典展开"中国长卷"》	2008 年 8 月 9 日	新华社
33	通稿	《中共中央政治局会议审议改进工作作风、密切联系群众的有关规定》	2012 年 12 月 4 日	新华社
34	通稿	《习近平在广东考察时强调：做到改革不停顿　开放不止步》	2012 年 12 月 11 日	新华社
35	杜尚泽、丁伟、黄文帝	《弘扬人民友谊　共同建设"丝绸之路"经济带》	2013 年 9 月 8 日	《人民日报》
36	龚雯、许志峰	《五问中国经济——权威人士谈当前经济形势》	2015 年 5 月 25 日	《人民日报》
37	通稿	《中共中央、国务院决定河北雄安新区设立》	2017 年 4 月 1 日	新华社
38	周天晓、沈建波、邓国芳、梁国瑞等	《绿水青山就是金山银山——习近平总书记在浙江的探索与实践绿色篇》	2017 年 10 月 8 日	《浙江日报》
39	宣言	"宣言"系列评论文章	2018 年 1—8 月共 4 篇	新华社
40	张政、刘文嘉、高建进	《滴水穿石三十年——福建宁德脱贫纪事》	2018 年 5 月 31 日	《光明日报》

第八编

我国新闻采编队伍现状调查研究

中国新闻出版研究院（2016年）院级课题
编号：2016-Y-Y-ME-089

负责人：杨驰原
所在单位/部门：传媒杂志社
结题时间：2017年10月20日

前　言

　　当前，在媒体内外环境诸多因素的影响下，传统媒体人才加剧流失。这使得传统媒体人才匮乏问题更加突出，转型升级人力不足，融合发展缺乏后劲。为了深入了解传统媒体人才流失的状况，找出人才流失的规律、特点，梳理传媒集团人才培养选拔的经验做法，最终提出解决人才队伍建设突出问题的对策建议，本课题组采用多种方法对国内144家传统媒体单位（集团）的人才状态进行了深入调研。具体方式：一是召开专题调研座谈会，听取有关领导、传媒机构领导及人力资源主管人员的意见建议；二是设计制作了《我国新闻采编队伍现状调查问卷》，在传统媒体单位广为发放，课题组对回收的问卷进行整理、分析，并在网上搜集行业相关人员的意见建议；三是发放征求意见函，征集相关单位的意见建议。

　　调研目标按照媒体类别，选取了各省市广播电台、电视台18家，报业集团28家，期刊98家。调研内容主要集中在以下几方面：一是采编队伍的基本情况，包括人数规模、学历、职称、年龄结构、人均收入等；二是采取何种方式招聘编辑人才，侧重的能力素质和考核的内容是什么，以及在招聘过程中存在的问题；三是对留住采编人才采取的措施及激励方法，以及其中存在的问题；四是人才流失的主要原因及流向；五是单位领导对采编队伍建设的重视程度，对人才培养采取何种方式。调研结束后，我们对收集到的数据和资料进行了统计、整理和分析，在此基础上撰写了此报告。

本课题组
2017年5月10日

第八编 我国新闻采编队伍现状调查研究

第一章 我国新闻采编人员队伍建设基本情况

一直以来,传统媒体都是党和人民的喉舌,在我国占据着舆论的主导权。在大众媒介时代,传统媒体是党和国家发布重要新闻最主要的渠道,在很长一段时间内,都拥有着极高的新闻首发权,其地位不可取代。同时,传统媒体也是宣传主阵地、思想主控室。传统媒体发出的声音具有权威性,在思想上有着极强的引领性。

新媒体技术的发展,重构了新闻业的格局。各种各样的新媒体形态如雨后春笋般涌现,颠覆了传统媒体的从业生态。2016年2月19日,习近平总书记在党的新闻舆论座谈会上强调:"媒体竞争关键是人才竞争,媒体优势核心是人才优势。"采编队伍是媒体人才的主要组成部分,在很大程度上影响着媒体的发展,因此,了解和掌握当前我国传统媒体采编队伍的现状,有着重要的现实意义。此次调研活动的首要任务,就是梳理、分析传统媒体采编的现状、问题,最终提出相应的对策建议。

第一节 新闻采编队伍的总体状况

为了提高研究的针对性、全面性,此次调研分别在我国北部、中部、南部、东部和西部各选取了一个省份进行调研,具体是走访、调研了辽宁、北京、广西、上海、重庆五个省(自治区/直辖市)广播电台、电视台18家,报业集团28家,期刊单位98家,共计144家单位。在所调研的传统媒体中,采编人员数量共为21102人,占媒体机构总体人数比例的55.1%。可见,采编队伍在媒体机构中所占比重之大。

新闻采编队伍是新闻媒体中的重要组成部分,决定着新闻采编的质量,影响着新闻传播的效果。新闻采编队伍的总体情况主要包括新闻采编队伍的人口结构特征、收入及劳动关系、流动性等方面。就媒体队伍的整体性情况来看，采编队伍人员数量较多，因媒体的性质不同，其类别和知识结构也有所差异。如，报社和期刊的采编人员即为采写和编辑加工人员，而电台、电视台的采编人员包括采、编、播等人员，涉及不同的学科以及不同的专业。

第二节　新闻采编人员的结构状况

（一）人员年龄结构

本次调研获得的数据显示，新闻采编人员的整体年龄结构为：25岁以下采编人员的占总数的6.3%，25—35岁之间的采编人员占比51.39%，36—45岁之间的采编人员的比例为28.12%，45岁以上采编人员的比例为14.23%。根据不同媒体类型，年龄结构也呈现出不同特点。例如，在一些专业化程度高、事业体制管理严格的期刊社，45岁以上人员占比高达50%以上，60多岁还坚守岗位的人员也不在少数。而25岁以下的人员却少得可怜，占比只有3.7%。而广播电视台的年龄结构却呈现出年轻化的特点，采编人员平均年龄基本在35岁以下。但总体来看，传统媒体采编人员25岁以下的人数极少，反映出我国传统媒体人才队伍新生力量不足。

（二）人员学历和职称情况

传统媒体采编人员整体素质较高。此次调研的144家单位中，87.81%的采编人员均为大学本科以上学历，其中，有10%左右人员为博士生或研究生。传统媒体职称整体情况较好，约67.2%的采编人员都具有中级或中级以上职称，其中，副高以上职称占比为22.7%。近年来，由于体制机制的问题及用工形式的改变，如合同聘用、劳务派遣等，使得部分单位晋升通道减少，单位对职称重视程度也不够，导致员工在专业业务能力提高方面积极性不高。

第三节　新闻采编人员的编制和收入情况

（一）人员的劳动关系

传统媒体绝大部分性质为事业单位，其从业人员为事业编制。部分转企改制后自主招聘，其从业人员为合同聘用。此次传统媒体采编人员的调研结果显示：事业编制占比30%，企业编制占比10.5%，合同聘用制占比37.5%，劳务派遣占比21.3%，临时用工占比0.3%。这大致反映了我国传统媒体采编人员劳动关系的基本情况。随着用工形式的不断转变，有事业编制的人员越来越少，而合同聘用形式的人员却越来越多。由于工种的特殊性，劳务派遣人员大部分集中在广播电视台，近年来，劳务派遣这种形式逐渐在报刊业得到使用，且人数呈现出一种上升趋势。

（二）人员的收入情况

在此次调研中，采编人员的月收入水平总体偏低，且相互之间的收入差距并不大。月收入3000元以下或15000元以上的都没有，其他基本集中在3000—5000元和5001—10000元两档。收入档次与单位所在地社会经济的发展程度密切相关，如北京、上海、重庆等经济发达地区，编辑人员月收入基本集中在5001—10000元之间，个别效益好的单位可达10001—15000元，而东北和西部地区整体经济情况不佳，待遇也相对较低，集中在3000—5000元这一档。

第四节　新闻采编人员的招聘和流动情况

（一）人员招聘情况

整体上看，新闻媒体采编人员的招聘注重从岗位需求出发。在新闻采编队伍的招聘过程中，一般通过直接的社会招聘、事业单位考试招聘、上级主管主办单位统一招聘、事业单位考试与上级主管主办单位混合招聘以及内部转岗等几种方式。从调查中可以看出，主要的招聘方式是上级主管主办单位统一招聘，这主要与传统媒体的性质相关。传统媒体为招聘到合适的采编人员在招聘环节中设置各种条件限制，从调查的数据来看，在学历及专业方面一般要求专业对口、本科及以上学历。尽管大部分招聘对工作经验没有提出相应的要求，但在实际操作中，有相关工作经验的人员还是会被优先考虑。此外，在采编人员招聘过程中，除了对应聘者相关硬性条件的考核之外，还会对采编人员的能力进行考核。从调查中发现对采编人员的能力考核主要集中在专业知识背景、编辑文字能力、团队协作能力、政治素养及英语能力这几个方面。在这几种考核内容中主要以编辑专业知识及文字能力为主。调查中发现，由于新媒体对传统媒体造成的冲击，很多传统媒体近几年的招聘都在调整和收缩中，经过十几年的黄金发展期以后，人浮于事是许多媒体现在面临最大的压力。相比之下，广电单位采编人员招聘较多，纸媒在版面缩减以后，采编人员的需求数量越来越少。有些期刊单位甚至近3年都没有招聘一个人员。

（二）人员流动情况

近些年，随着媒体行业变革及格局的改变，传统媒体采编人员流动性加剧。在所调查的传统媒体单位中，2012—2016年间采编人员离职人数为2057人，且很少是单位辞退的，基本为主动辞职。其中，工作3年以下人员不稳定，离职人员较多，占总离职人数的37.1%。而一个严重的问题是，在近5年的所有离职人员中，工作3年以上的采编人员有1200多人，甚至有工作15年以上的采编人员也离职，这些人员基本为媒体的中坚或骨干力量，这种现象的出现，值得深刻反思。离职原因涉及多种，按主要原因排序为以下几种：有更好的工作机会、自主创业、目前薪资水平低、工作压力大、晋升机会小，等等。而对离职后的去向调查中发现，有29%的采编人员选择去新媒体单位工作，21%的采编人员选择自主创业，而有33%却直接转行离开媒体行业了。

第二章 我国新闻采编队伍建设存在的主要问题及其成因分析

在经济社会环境迅速变化、媒体竞争日趋激烈的形势下，传统媒体采编人才队伍建设方面存在的问题也是明显的。此次调研情况清晰地显示，当前我国采编队伍状况总体上并不乐观，面临着一系列现实问题，主要体现在以下几个方面。

第一节 薪酬待遇偏低，行业吸引力下降

随着互联网和移动智能终端广泛普及，社会获得资讯的渠道极大增多，传统媒体的发展遇到了新的挑战，失去了垄断时代的优越感，面对传播市场化的竞争，相当一部分没有特点也没有生存能力的媒体甚至将会被淘汰。在2012年以前，媒体行业的竞争力非常之大，一些优秀的毕业生甚至愿意放弃世界500强企业的邀约而进入报社、电视台等单位工作。但近几年，媒体对于一线院校新闻传播专业的一流人才吸引力明显降低，毕业生选择到传统媒体的越来越少，而去金融机构、去新媒体、去公关公司、去当公务员的却越来越多。比如，上海电视台表示，其对复旦大学新闻传播学院毕业生的吸引力就急剧下降。近两年，从复旦大学新闻专业招聘来的毕业生只有两三个，大多数毕业生更愿意选择去挑战性更强，或是薪水更高的一些单位工作，尤其上海是金融中心，可选择性较大。选择传统媒体的毕业生越来越少，并不是对某个单位而言，而是整个行业的吸引力下降了。

而作为传统媒体中的重要岗位，采编岗位的吸引力下降趋势更是明显，一些已经工作多年的采编人员甚至也出现了辞职转岗的现象，采编在人才储

> 媒体融合

备以及人才的梯级队伍建设中存在着老龄化的现象。采编人员后备力量无法及时跟进，队伍缺少足够的活力。无论是从采编队伍人才的直接流失率还是从人才引进来看，采编岗位的整体吸引力不足，呈现出下降的趋势。究其原因主要有以下几点：首先，是由采编工作岗位的性质决定的。采编工作较为特殊，工作强度大，主要以文字编辑为主，需要有较强的文字功底，专业性较强，要求高。从调查中可以看出，大部分新闻媒体在招聘采编人员时就从学历、工作经验、专业以及其他各项能力方面设置了条件，在各种指标的要求下，适合采编岗位的人群本身就少。其次，采编人员整体工资偏低。很长时间以来，传统媒体采编人员的收入一直维持在偏低的水平，很多经济欠发达地区的采编人员已经很久没有涨过工资，薪资水平等同于普通事业单位，基本集中在 3000—5000 元之间，根据当地的经济发展状况，各地略有不同，经济发展程度较高的地区工资也相对高一点，是一份吃不饱饿不死的职业。造成这种情况的原因，一是新媒体对传统媒体的冲击造成传统媒体主体经营收入大幅度下滑，二是传统媒体在黄金时期形成的粗放管理导致人浮于事。在目前的消费水平下，收入水平在很大程度上决定了行业的吸引力。

第二节　体制编制导致留不住高端人才

从调查数据中发现，有 60% 的新闻媒体单位认为由于体制机制僵化的问题影响了新闻采编队伍的建设，导致留不住高端人才。

当前，传统媒体机构用工情况复杂，采编人员身份不一。改革开放以来，我国传媒产业取得了快速进展，很多传统媒体的规模出现成倍的增长，而规模的发展必然要求员工的增加，因此传统媒体的从业人员快速增长。但由于媒体所能获取的事业编制数量难以跟上高速发展的实际需要，传统媒体就必须采取其他用工形式，导致各种用工形式出现，主要有事业单位的在编人员、以劳动合同方式招聘企业身份的人员、劳务派遣人员等，不同的用工形式员工的待遇不一。

后来经过管理体制改革，有些媒体已经放开人事编制的政策了，不同身份的员工在薪酬待遇上已经没有明显的分界线了，实施同工同酬，但没有身份的保障，员工没有归属感，尤其对很多高端人才而言，在心理上也是一个很大的挫折。同时，在晋升通道上不同身份也显示出了明显的差异，企业身份人员或劳务派遣人员很难走上领导岗位。也有一部分媒体编内人员和编外人员目前在薪酬待遇上都还有明显差距，晋升通道上的差别就更大，这造成编外人员心理上的落差感强，工作缺乏积极性。此外，编制还是有其内在的吸引力的，没有编制，诸如落户及其他很多相关政策都不能享受。

在调查中发现，随着离退休人员的增多，大部分传统媒体编制数量出现大量空缺，后聘的合同人员或是劳务派遣人员虽然已经是单位的骨干或中坚力量，但是由于各种条件或政策限制，这部分人员又无法转入在编，出现有编不能用的矛盾局面。例如，辽宁党刊集团面向社会招聘了将近50个人，其中不乏很多优秀人才，集团也自己从中聘了副主编辑等岗位，按照行政级别已经是副书记的岗位。但现在集团虽然有空编，这些优秀的人也愿意进到编制里来，但就是无法办到，因为按照现在事业单位人事管理的要求，"逢进必考"，由人力资源部门来组织考，考试无法保证集团在岗的人员能考进编制；而集团自己组织考试上级又不同意，所以这个矛盾问题很难解决。又如《劳动报》，原来报社承诺劳务派遣的这批人，如果工作表现好，一到两个合同之内是可以逐步转到编制当中来，但由于政策原因，现在转编被冻结了，无法实现承诺，优秀人才留不住。

第三节　绩效考核方式不合理，缺乏有效的激励机制

我国新闻媒体对采编人员的绩效考核方式不合理，缺乏有效的激励机制。在绩效考核方面，我国新闻采编人员的绩效考核方式单一，也不具备完善的、独立的考核标准，导致采编人员绩效考核制度不健全，对于新闻采编人员的工作情况无法进行有效的考核和评定。在激励机制方面，缺乏完善、有效地激励措施，无法有效地调动新闻采编人员的工作积极性和热情。

（一）薪酬方面

首先，整体薪资水平低，与市场化公司没有可比性。从体制的角度来讲，一些媒体机构虽然已经企业化经营，但是实行的还是事业化管理，工资每年

要审批,有工资总额度,分配缺乏灵活性,即使是高端、高水平的人才也不可能有非常高的薪酬。如调查中,上海广播电视台的一位知名主持人在台里的再三挽留下还是选择离职,原因为外界给出的年薪比在台内高出三倍。在目前的收入分配体制上,即使台里将其作为特殊人才也不可能给出一个特别高的薪酬待遇,与市场化的民企没有可比性,这是一个非常现实的问题。而且,一些传媒集团所属的公司虽然完全是执行市场化的薪酬机制,但是这样的市场化还是缺乏一定的灵活性和弹性。其次,考核机制不科学,收入与付出不成正比。虽然目前大多新闻单位制定了一系列绩效考核和管理办法,将采编人员的工作业绩与其收入挂钩,但是这些绩效考核方式和指标并没有切实地针对采编人员的特点和能力进行制定,对工作量的考核与评价方式较为单一。例如报业,目前,报业采编人员的收入来源主要是稿酬,而稿酬的计算主要是以工作量、稿量、版面数以及上网数量等来核定,而质量以点击率为参考依据。稿酬版面是有限的,采编人员写的稿子不一定都能上版,只要完成基本的工作量,等于生活就有了保障,好的和差的、写得多的和写得少的,以及采编人员的努力程度和贡献大小等,对其收入影响甚微,收入差距也不大,最多也就是两三千元的差别。也有一些电视台、电台的采编播人员采用KPI绩效测评,但是测评体系设置不科学,没有根据行业的发展及时进行调整与更新,导致测评结果有失公平、合理,无法实现有效激励。

(二)晋升通道方面

对采编人员个人而言,不仅注重自身薪酬待遇,更加重视自身职业发展,尤其是职业晋升。采编人员的晋升有管理岗位的晋升和职称晋升两种。首先,管理岗位的晋升。受机制、体制的约束,新闻机构的岗位晋升台阶是有的,但是上升的空间比较小,晋升的年限比较长,至少是3—5年,甚至十几年。一般为上面有中层干部离职或是退休,才有机会晋升,机会可以说是非常渺茫。而在这方面来说,外界诱惑大,很多人才遇到发展瓶颈了就会选择离开,造成人才流失。尤其对一些高端人才来说,内部晋升有困难,多数直接出去开公司当老总,或者是带了几个部下成立合伙人,这个是体制内不能给的。其次,职称的晋升。大部分单位职称从初级到中级、从中级到副高的晋升在收入上体现并不明显的,只有几百元的差距,这对采编人员尤其是对35岁以上的人来说,激励并不大,没有吸引力。尤其一些单位还缺少名额,有些采编人员即使在单位工作了五六年甚至十几年中级都给不了，导致对职称晋升没有积极性。而高级职称又有大量的聘任不上的人员，需要论资排辈，又需要照顾退休老同志。所以，无论哪种晋升通道，都是困难重重，这极大影响了采编人员的工作积极性，也影响了整体上的人才队伍建设。尤其对合同制人员和劳务派遣的人才来说，职称晋升跟事业编制是两条线，事业编制有一个结构的限制，在晋升上希望更是微乎其微。

第四节　人才招聘困难，人员流动性大

（一）人才招聘

传统媒体受到互联网新媒体的冲击，很多纸媒在2011—2014年左右都停止了招聘。但随着老的一批采编人员的退休，也显现出年龄结构的问题，不招聘最终也是比较大的问题，所以近两年招聘又开始了，只是招聘人数不多。电台、电视台的性质不一样，需要不断补充新鲜血液，尤其在播音主持方面需要年轻人才，所以在招聘上并没有受太大影响。但调研中我们发现，无论是报刊还是电视台，均存在招聘困难的情况。首先是前文提到的，行业吸引力下降，导致对优秀人才吸引力不足。其次是由于很多媒体单位没有自主用人权，不能按照自己的用人需求选聘人才，往往是"想要的人进不来，进来的人不想要"。主管部门统一招聘、引进的人员，时常不能胜任采编工作。这样一来，所进新人既占用了岗位资源，也影响了工作效率。再次，事业单位属性决定了薪酬待遇无法满足高素质人才的要求，对人才的吸引力大打折扣。最后，难以招到复合型人才。新媒体环境下，传统媒体新媒体人才存在很大缺口。随着新媒体时代的到来，新思想、新业态不断涌现，如"两微一端"发展迅速，甚至成为许多传统媒体的主要业务发展方向和品牌着力点。新媒体的采编人员除了要掌握采写等基本功外，还要学会新媒体平台上的上传、发布、图片处理等一系列计算机方面的技术，难以直接招聘到懂技术、懂业务的复合型人才。

（二）人员流动

近年来，新闻采编人员的跳槽、自主创业等成为普遍现象。造成人员流

动性较大的原因主要有内部因素和外部因素两个方面。内部因素主要表现在传统媒体发展内生力量不足，吸引力下降。外部因素主要体现在外界更加广阔的平台、丰厚的薪酬待遇及发展前景。内、外部因素的共同作用，导致了新闻采编队伍出现较大的流动性，主要体现在以下几个方面。

一是新闻采编队伍中高层的流动。以往，在传统媒体工作等于拥有了"金饭碗"，基本没有人主动提出辞职。从 2011 年起，离职率持续上升，如《解放日报》，近来采编人员离职情况比较明显，2015 年离职 7 人，2016 年离职 12 人，都是工作 5—15 年的中坚或骨干力量。《新闻晨报》从 2014 年起，采编人员也大量流失，2014 年离职 27 人，2015 年离职 26 人，2016 年离职 33 人，大规模离职使得报社难以承受，影响极大。值得注意的是，这些离职人员很大一部分是单位领导、中层干部等，他们直接把在体制内积累多年的资源带走，自主创业，对媒体机构造成了重大的损失。

二是单位内部岗位间的流动。新媒体和自媒体以及各种新闻客户端的迅速发展，使得传统媒体整体下滑趋势明显，同时也导致采编人员的压力增大。为了迎合媒体融合转型的需要，大多传统媒体也开设了微博、微信、客户端等，很大一部分采编人员内部调整到新媒体部门工作。也有一大部分采编人员直接转型，做行政、后勤管理或是其他一些岗位。

三是新进人员的正常流动。工作 3 年以下的新入职人员，心智不够成熟，也不够稳定，工作一两年后就会有一些想法，想去外面的世界看看。但对媒体而言，招聘人员付出成本较高，尤其采编人员专业性较强，对新进人员进行大量的专业技能、思想教育等一系列培训后，刚刚能接手工作又直接离职，对媒体的人财物都是损失。

第五节　年轻人政治导向意识相对薄弱

新闻采编工作是一项政治性较强的工作，新闻采编人员不是单纯的"写稿匠"，而应该以一个政治家的眼光和态度去认识事物，并从中撷取能够解决社会矛盾、促进社会进步的"珍宝"。因此，政治素养是新闻采编人员最重要的素养之一，在采访、写作过程中不出现政治偏差，更好地当党和人民的喉舌。

新媒体及网络技术的发展，为新闻媒体提供了多种形式的报道手段以及及时报道速度，使得我国新闻业呈现出繁荣发展的趋势的同时，也带来了更多的报道风险。新闻报道应该贴近现实、贴近生活，不仅反映出现实社会中的一些现象，也能为群众提供解决实际问题的方式和方法，新闻成为国家和群众之间的沟通桥梁，这要求新闻采编人员只有具备较强的新闻意识和政治敏感性，才能确保新闻报道的真实可靠。年轻的新闻采编人员具有灵活的新闻理念和朝气蓬勃的精神面貌，但是他们在政治素质、导向意识这一块有缺陷，对问题的分析判断不够深入，站位不够高，缺少相关的理论知识和政治敏感性，也缺乏正确的价值判断，写出来的文章容易出现政治偏差，达不到刊登要求，需要老同志审读把关，也需要加大力度进行培训。

▶ 媒体融合

第三章 加强新闻采编队伍建设的建议

此次调研显示，近年来，我国媒体对新闻采编队伍的建设进行了一系列的探索和调整，也取得了一些积极的成效，但存在的问题也非常突出，在留住人才、引进人才、人才培养等方面的状况都令人担忧。如何解决这些问题，让我国新闻采编队伍状况得到改善，从而促进传媒业的繁荣发展，是调研中各媒体的迫切希望，也是行业管理者的责任所在。梳理、分析此次调研的情况，结合业界同行的研究和一些成功案例，课题组提出以下几点建议。

第一节 加强顶层设计，提高行业吸引力

近几年来，从国家层面非常重视媒体的发展及媒体人才队伍的建设。2014年8月18日上午，习近平总书记主持召开的中央全面深化改革领导小组第四次会议讲话强调，推动传统媒体和新兴媒体融合发展，着力打造一批形态多样、手段先进、具有竞争力的新型主流媒体，建成几家拥有强大实力和传播力、公信力、影响力的新型媒体集团，形成立体多样、融合发展的现代传播体系。这对媒体重拾信心、重整出发指明了方向，为行业带来了新的希望。

2016年2月19日，习近平总书记在党的新闻舆论工作座谈会上强调，媒体竞争关键是人才竞争，媒体优势核心是人才优势。要加快培养造就一支政治坚定、业务精湛、作风优良、党和人民放心的新闻舆论工作队伍。人才是重中之重，是媒体转型升级的动力，融合发展的后劲。新闻采编队伍建设中存在的诸多问题，很大程度上反映了传统媒体改革发展在目前阶段所面临的困难和局限。要解决这些问题，必须加强顶层设计，增强行业的信心和吸引力。

我国《文化体制改革中经营性文化事业单位转制为企业的规定》和《文

化体制改革中支持文化企业产业发展的规定》自 2009 年 1 月 1 日实施以来，给传统媒体带来新的发展机遇的同时，也带来了极大挑战。在改企后产生了一系列遗留问题，给传统媒体的发展尤其人才队伍建构方面造成很多困扰，处于一种尴尬的局面。建议相关行政管理部门尽快研究制定发展规划，出台相关政策，做出进一步明确，以顶层设计消除政策壁垒，消除制约采编人才队伍建设的制度障碍。在此基础上，出台相关配套政策，建立健全考核评价和职业晋升体制，充分调动采编队伍的新闻抱负和新闻理想，发挥敬业精神。

2017 年 5 月 9 日，经中央全面深化改革领导小组第三十二次会议审议，中央宣传部、中央编办、财政部、人力资源和社会保障部联合印发《关于深化中央主要新闻单位采编播管岗位人事管理制度改革的试行意见》。《意见》指出，深化改革要坚持统筹推进、坚持问题导向、坚持试点先行，着力推进各方面重点工作。要统筹配置现有编制资源，按规定合理使用编制，将编制资源向采编播管岗位集中，优先保障核心业务岗位用编需求。要选择具有代表性的中央主要新闻单位开展人员编制总量管理试点工作，探索形成新的资源配置方式和管理模式；对试点工作涉及的具体问题，由相关部门制定试点办法，逐步完善配套政策。要建立规范的用工制度，推动新闻单位与采编播管人员建立相对稳定的人事劳动关系，不采用劳务派遣方式使用采编播管人员；完善考核评价和退出机制，对所有人员同等要求、统一管理。要形成推动媒体融合的用人机制，探索建立相对统一、公平合理的用人制度，充分调动新闻从业人员的融合发展积极性。此《意见》的出台为目前央媒等新闻单位存在的一些用人问题提供了解决方案，同时媒体人员流失问题或将得到缓解，人事管理制度改革将成为转型背景下媒体改革的一个突破口。

第二节 完善体制机制，加强对采编人才的培养

（一）加快人事制度改革

要解决人才问题，最关键的就是要破解体制机制问题，千方百计留住优秀人才，同时吸引更多人才进来。2017 年全国两会期间，全国政协委员、中国广播电影电视社会组织联合会副会长王求表达了他的看法："在人事制度

改革上，可以引进第三方准确评估。国家在实事求是的原则下，区分主业，剥离其他，给足编制，保证传统媒体内部的稳定。"综合考虑我国的现状，可以采取循序渐进的方式改革，从根本上解决该问题，为传统媒体的下一步健康发展提供良好的基础。

（二）完善新闻采编队伍培训机制

新闻采编人员的整体素质直接影响整个新闻业质量，应该加大对新闻采编人员的政治素质、专业知识、业务能力、岗位职责以及道德品质等方面的培训。采编人员长期处于一线，工作强度大，难以保证都能及时进行业务素质等培训，可以在业务培训方面出台一些相应的措施，建立长效机制，划拨培训经费，从体制上进行保障，保证一线采编团队的健康成长。

（三）出台相关的财政扶持政策

传统媒体有一部分公益属性，在经济下行和行业不断萎缩的情况下，要同时抓好社会效益和经济效益面临的困难比较大，导致许多媒体单位要求采编人员还要承担经营业务工作。建议国家出台相关的支持政策或财政扶持政策，保障采编媒体正常运营，充分调动采编人员的工作积极性。

第三节　完善绩效考核制度和激励机制

（一）完善绩效考核制度

绩效考评是一种先进的现代管理方式，是激励和约束员工行为、实现组织战略目标的重要工具。当下，采编绩效考评方法在各大媒体普遍运用，但实施效果并不令人满意。只有制定科学合理的媒体采编人员绩效考评制度，才能充分发挥绩效考评体系的正面作用，促进生产力发展。首先，设置一套科学完整的、适合采编人员工作性质的KPI考核体系，最终将综合考评结果与收入紧密联系。其次，严格设定采编人员的进入门槛，使媒体采编绩效考评体系充分发挥其激励功能、导向功能、调控功能。

（二）建立完善可行的分配制度

遵从多劳多得的分配原则，打破平均主义，将采编人员的薪酬体系与工作表现紧密结合在一起，兼顾效率和公平，坚持薪酬补贴与工作量、贡献相统一。拉开收入差距，有效调动采编人员的工作积极性，挖掘工作潜力。

（三）实行评优奖励政策

采编人员的绩效工资不能简单地以工作量、稿件量、版面数来确定，还应以稿件质量、稿件的影响力以及一些个人贡献等因素进行综合考虑，实施内部评优，对于一年内创作更多优秀作品的采编人员予以表彰和奖励，以增强职业认同感和工作自信心，在业务上能更加严格地要求自己，激发上进心。

第四节　拓展引进人才渠道，拓宽人才发展空间

（一）拓展人才引进渠道

首先是在人才引进的方式上进行拓展。人才的引进不能能只局限于面试、转岗、派遣等手段，可以采用更多灵活的方式找到更适合的人。如CCTV发现之旅频道，通过电视比赛节目"发现星主播"选拔优秀人才，在全国范围内举办大型主持人选拔活动。经过层层筛选最终从众多优秀选手中选拔出前10名最优秀主持人，签约CCTV发现之旅频道。也可以在各高校进行品牌宣传，选拔实习生，经过一段时间的实习、实践后再从中遴选，最后引进优秀适合的人才。其次是在人才引进的专业类别上进行拓展。随着新媒体的发展，采编人员所需要的技能不只是文字功底，而是美术、计算机、摄像摄影、设计等各类人才，所以媒体采编人员招聘也不能局限于新闻媒体专业。如辽宁广播电视台，在新闻采编人员的招聘上，面对全国五大著名的高校（北大、清华、复旦、南开和人大）进行招聘，首先充分认可这些学校的素质教育，只设置学校不限制专业，因为新闻行业需要杂家，也需要经济、法律及其他相关的专业人才，最后招聘了十多人到新闻中心做一线的记者。事实证明，这些人现在的表现都非常优秀。

（二）拓宽人才发展空间

职业上升通道很大程度上决定了人才的去留，媒体应该强化对采编人员职业生涯规划设计。因我国传统媒体的性质使然，采编人员的上升通道都比较狭窄，应在各自许可范围内积极做出调整，拓展人才的发展空间。如上海广播电视台一直倡导"双通道"的发展空间：一是职级发展通道，主管、主任、

处级，再到上面的领导班子；二是设置一个专业通道，从刚刚入职进来当助理、到资深，再到高级资，最后到首席。从2011年开始施行到现在，有五六年的时间了，在试行的这一段时间内有了一些不少的收获，尤其年轻人，未必走到当官的通道上去，却可以通过专业的通道得到提升，提到首席或高级职称这么一个位置，拓宽了一个晋升通道，也给采编人员的职业发展带来了希望，提高了员工的工作积极性和归属感。又如，《中国组织人事报》在探索建立能进能出、能上能下的用人机制，实行规则公平、机会公平的发展通道。针对采编人员中存在多种编制和身份共存的实际，着力打造以能力素质为衡量标准的公平竞争平台，打通无身份差别的发展进步渠道。设立首席编辑记者岗位，通过增强业务人员的荣誉感和提高物质待遇，或增强业务岗位吸引力。

第五节 加强采编人员的思想道德教育

新闻媒体人担负着宣传党和国家大政方针的重任，体现的是以正确的思想、健康的舆论引导人们社会行为的重要职能。媒体采编人员必须具有高度的政治素质和创造才能。毫无疑问，做好这一特殊群体的思想政治工作不仅十分必要，而且意义重大。应从提升采编人员的道德水平入手，积极完善激励机制，努力激发媒体人内在活力；牢固树立服务意识，强化媒体人对社会的责任。

（一）加强对马克思主义新闻观和习近平总书记系列讲话的学习

马克思主义新闻观和习近平总书记系列讲话是采编人员在从事新闻工作时应坚持的核心准则。采编人员应准确、鲜明、生动地反映人民群众的呼声，积极做好新闻宣传、热点引导和舆论监督，完成新闻事业的使命和责任。由于新闻工作的特殊性，采编人员要不断完善自己的人生观、价值观，将马克思主义新闻观和习近平总书记系列讲话的学习纳入日常学习之中。

（二）提高政治理论水平，提高业务能力

一个人理论水平的高低，理想信念教育至关重要。新闻采编人员应把理想信念教育作为思想政治工作的核心内容，新闻工作要忠于理想、坚定信念，把握正确的舆论导向。采编人员的业务能力水平在一定程度上对加强其思想政治教育有促进作用，较高的业务能力对新闻采编人员形成敏锐的新闻意识、较高的业务素养有决定性作用。

（三）加强自身教育，提高自律能力

近年来，新闻炒作、有偿新闻、虚假报道事件频发，尤其在新闻媒体快速发展的当下，使得媒体形象在大众面前大打折扣，媒体公信力极速下降。所以，加强新闻一线新闻工作者采编人员的自身教育、提高自律能力至关重要。要提高新闻采编人员的个人道德修养，坚持职业操守。

（四）建立健全监督约束机制

制度的缺失、对采编人员的约束不够，难免使其道德观念出现弱化的现象。相关行政部门应加强对新闻工作者的监管力度，制定相应规章制度、规范性文件，规范新闻采编人员的行为进行规范。

（五）加强社会有监督

强化社会各界对新闻采编工作者的监督力度，这对新闻采编人员的职业道德教育将起到积极的作用。新闻采编人员的自律和新闻行业的道德自律，始终是加强新闻职业道德最重要的一环，但是只有自律没有他律，也不能从根本上防止违纪事件发生。只有处于全社会的监督之下，新闻工作才能在社会主义精神文明建设中发挥应有的作用。

第九编

融媒时代"中央厨房"的运作模式与发展趋势报告

中国新闻出版研究院（2017年）院级课题
编号：2017-Y-Y-ME-033

负责人：杨驰原
所在单位/部门：传媒杂志社
结题时间：2017年11月30日

前　言

盘点我国的媒体融合进程，经历了2014年的"顶层设计"、2015年的"媒介融合元年"和2016年的蓬勃发展，至今试水三年，气象万千。以"政策创新"主导的中国特色的媒介融合模式，为全球化背景下传媒业解困与重构提供了鲜活的中国经验。本课题通过对中央厨房的运作模式与发展趋势进行研究，系统总结"中央厨房"的最新发展动态，对"中央厨房"的整体情况进行科学评判，旨在为传媒业界、学界及管理部门提供最新的理论指导与实践参考，最终促进媒体融合发展。

2017年3月，传媒杂志社向中国新闻出版研究院申请了"融媒时代'中央厨房'的运作模式与发展趋势报告"课题，获批立项。传媒杂志社抽调骨干，又与中国地市人杂志社合作，中国地市人杂志社主编高秉喜参与了该课题的撰写。

本课题由课题组组长杨驰原与左志新共同研究确定了提纲，由传媒杂志社杨驰原、左志新、沈金萍、杭丽坤到人民日报社"中央厨房"、中国青年报社"融媒小厨"、光明日报社"融媒体中心"、浙江日报报业集团"媒立方"等新闻单位调研，并于2017年9月13日在杭州凡闻科技有限公司召开了媒体"中央厨房"研讨会，撰写了初稿；左志新、高秉喜负责改写了二稿，最后由杨驰原统稿。

本课题对我国媒体"中央厨房"的现状和发展进行全面、系统的梳理、总结。有针对性地提出媒体"中央厨房"存在的问题，用典型案例为转型期的媒体提供融合范本，用建议对策为融合瓶颈提供解决方案。研判传统媒体融合发展的趋势，为我国传统媒体融合创新实践指明了方向。特此说明。

本课题组
2017年11月30日

第一章　融媒体时代"中央厨房"的建设背景与概述

媒体"中央厨房"建设是媒体融合发展的产物，是传统媒体进行自我革命的战略举措，是实现全媒体融合传播的重要手段。课题组从媒体"中央厨房"概念的提出、国家媒体融合战略的确立，以及深化媒体融合发展的解读，全面分析了"中央厨房"建设的现实意义和未来发展目标，为传统媒体与新兴媒体融合发展找到契合点，为传统媒体转型发展指明了方向。

第一节　国家层面的政策支持

（一）国家政策的支持

党的十八大以来，以习近平同志为核心的党中央高度重视新闻舆论宣传工作，对深化媒体融合发展作出了一系列战略决策和部署。

2014年8月18日，习近平总书记在中央全面深化改革领导小组第四次会议上发表重要讲话，强调要推动传统媒体和新兴媒体融合发展，要遵循新闻传播规律和新兴媒体发展规律，强化互联网思维，坚持传统媒体和新兴媒体优势互补、一体发展，坚持先进技术为支撑、内容建设为根本，推动传统媒体和新兴媒体在内容、渠道、平台、经营、管理等方面的深度融合，着力打造一批形态多样、手段先进、具有竞争力的新型主流媒体，建成几家拥有强大实力和传播力、公信力、影响力的新型媒体集团，形成立体多样、融合发展的现代传播体系。会议还审议通过了《关于推动传统媒体和新兴媒体融合发展的指导意见》。在国家层面专门出台媒体融合指导文件，过去从未有过。

2016年2月19日，习近平总书记在党的新闻舆论工作座谈会上明确指出，传统媒体与新兴媒体融合要尽快从相"加"阶段迈向相"融"阶段，从"你是你、

> 媒体融合

我是我"变成"你中有我、我中有你",进而变成"你就是我、我就是你",着力打造一批新型主流媒体和传播载体,以内容优势赢得发展优势,不断增强传播力、引导力、影响力、公信力。

2017年1月11日,中宣部原部长刘奇葆在《人民日报》发表题为《推进媒体深度融合 打造新型主流媒体》的署名文章,文章明确指出:"中央厨房"就是融媒体中心。推进媒体深度融合,"中央厨房"是标配、是龙头工程,一定要建好用好。

从中央提出媒体融合发展战略,到如今步入深化融合发展阶段,全国媒体迈出了坚实的步伐。传统媒体的新媒体平台如雨后春笋般茁壮成长,报网融合、台网融合、网网融合使媒体融合形态更加多样化。互联网技术的运用与推广,全媒体传播形态的形成与发展,为传统媒体提升"传播力、引导力、影响力、公信力"创造了现实条件,尤其是"中央厨房"概念的提出和实施,为媒体融合发展指明了方向。

正是在中央这一系列明确信息引领下,全国主流媒体积极探索"中央厨房"建设,信息一次采集、多种生成、多元传播,全面提升媒体传播力、引导力、影响力、公信力,为媒体融合提供了现实样板。

(二)政府资金的支持

媒体"中央厨房"在建设过程中,必须拥有相应的人力、物力、财力。没有投入的"中央厨房"只是一句空谈。从运营成本来看,高昂的全媒体硬件、软件成本和新岗位、新人才的需求,都造成了技术成本、人力成本的上升。寻求行业和政府项目资金支持,利用市场机制,探索政府财政资金扶持、集团配套资金、社会融资、上市公司证券化等多种途径。用好自己的钱,撬动社会的钱,对接资本市场,整合各行各业资源,推动"中央厨房"建设。

课题组在调研中发现,中央、省、市各级媒体在打造"中央厨房"时,都不同程度地获得了各级政府的项目资金支持。自2014年以来,为贯彻落实中央关于文化改革发展的战略部署,加快推进文化产业成为国民经济支柱性产业,财政部每年对国家文化产业发展提供专项资金50多亿元,扶持方向明确提到"推动媒体融合发展"。从2015年开始,重庆市每年拨付重庆日报报业集团近5000万元,积极推进集团和各报系两级技术支撑平台建设,加强全媒体设备配置和技能培训,夯实了媒体融合发展的技术基础;2016年,广东省相继组建了 3 支百亿元量级的广东省新媒体产业基金、广东南方媒体融合发展投资基金和全媒体文化产业基金，为传统媒体转型发展注入强大动能；2016 年，廊坊市为了推动廊坊日报社的媒体融合发展，一次性拨付专项资金 3000 万元。还有更多的省市政府，对当地主流媒体打造"中央厨房"提供了人力、财力支持。

第二节 "中央厨房"的特点及意义

（一）"中央厨房"的概念

"中央厨房"概念源于餐饮行业，是指统一采购、统一配送和标准化生产制作食材的集成厨房模式，其优点是以集中采购、集约生产的方式来降低成本提升效益。

媒体"中央厨房"，是指将记者采集的素材纳入全媒体数据库，进行二次加工和编辑，使之成为新闻半成品，再由各平台根据其传播特性进行再次深加工，最后的终端产品通过不同渠道多次发送的内容生产机制和数字化传播模式，实现重大报道"一体策划、一次采集、多种生成、多元传播、全天滚动"。在采集阶段，整个集团可以资源共享、协同作业，使新闻素材等资源的价值得到最大化利用。在编辑阶段，应根据不同媒体的特点和需求生成多种不同的产品。需要指出的是，"中央厨房"并不是要由一个编辑部来包揽集团内所有"新闻成品"的生产，"中央厨房"分发的可能是"半成品"，不同的媒体可以根据自身需求进行再加工。"中央厨房"的职能主要是加强整合协调，并为资源共享和协同作业提供一个有效平台，在运行过程中，应避免千篇一律和同质化，保持不同媒体的个性和特色。

（二）"中央厨房"的特点

"中央厨房"最大的优点就是一次采集、多种生成、多元发布，这可以减少采编人员的重复性劳动，丰富同一素材的共享和利用，提高媒体内容的制作水平，增强媒体内容采集和传播的时效性，加强传播信息的内容控制，满足用户信息需求的多样化，利用用户反馈的实时性、互动性提高内容调整的及时性。"中央厨房"可以归纳为以下几种特点。

媒体融合

1. 共享线索和选题

通过建立共享的信息采集模式，以节省采访成本和人力成本，提高工作效率。例如，《人民日报》将记者和编辑通过报题软件、微信群、电话、邮件等手段连接在一起，在群内共享新闻线索；《广州日报》将采编人员集中办公，通过改变物理空间加强沟通效率。

2. 基于数据库的素材二次加工

"中央厨房"模式最重要的优势就是基于数据库的素材二次加工。《人民日报》将记者采集到的文字、图片、音频和视频等素材汇总进入成品稿库，报业内部各成员媒体根据需要对这些素材进行二次加工，生产出不同形态的终端新闻产品；广州日报报业集团在全媒体编辑部下新设基础编辑岗位，由基础编辑负责采编对接、稿件改写等工作，并将合格稿件放到成品库供新媒体终端编辑选用。

3. 报道内容多媒体化

相对于传统媒体使用传播符号的相对单一性，新媒体可以将文字、声音、图片、图表、动态图像、动画乃至视频等媒体符号综合在一个传播单元中。因此，传统媒体与新媒体的融合发展，也意味着在具备文字、图形、图像、动画、声音和视频等各种媒体表现手段基础上进行不同媒介形态之间的融合。在实践中，各大传媒集团都把开发图像和视频等视觉信息作为内容生产的"爆破点"。例如，《人民日报》"中央厨房"的可视化团队，对新闻进行多角度、立体化的开发，制作可视化的内容产品，如图片、图表、视频、H5页面等。

4. 针对不同媒体形态确立发稿原则

大部分媒体的"中央厨房"都能集合新媒体"快"和传统媒体"全""深"的特点，改变传统的纸媒优先发稿，再上传到网站发表的发稿原则；《人民日报》对同一新闻事件的报道，安排了三个波次的产品生产和推送，第一波求快、第二波求全、第三波求深度。

（三）建设"中央厨房"的意义

在新媒体对传统媒体的全面冲击下，各地传媒集团都在努力求新求变，于是就有了"中央厨房"模式全面探索。作为全媒体融合传播平台的"中央厨房"建设，在媒体融合时代具有重要意义。

1. 提高资源利用率，大大节约运行成本

"中央厨房"的关键词在于"一次采集、多次生成、多元传播"。信息资源通过"中央厨房"集中烹调，媒体可以有效地整合人力、信息、渠道等方面的资源，实现一套人马、多个出口的运营模式，最大限度地节约人力成本，并且提高新闻素材的利用率。

2. 兼顾时效与深度，实现与大众的双向交流

"中央厨房"的内容生产流程使传统的新闻采编"食材"得以最快地被送到餐厅。而对于新闻媒体来说，内容永远是根本，"中央厨房"在解决时效问题基础上，将来自同一"中央厨房"的"半成品食材"再次加工成深度稿件，发布在报纸、门户网站等传统媒体的"餐厅"里，兼顾了报的质量，实现了时效与深度两手抓的传播目标。在媒介融合的大背景下，不能忽视的还有已逐渐成为主流的参与、互动的受众意识。

3. 统一价值观，奠定媒体影响力

根据"中央厨房"模式的主要理论依据"波纹理论"，当一个新闻事件发生，通过不同媒体平台像水波一样一层一层传播出去，各平台发挥各自的媒体优势，形成一个完整的传播体系。"中央厨房"一家媒体的价值观通过不同平台辐射出去，最终凝聚成该媒体的核心力量。

> 媒体融合

第二章 "中央厨房"的发展现状与运作模式

通过对"中央厨房"发展现状和运作模式的研究,详细了解"中央厨房"建设的真实情况,以及运行模式的有效性、可行性,为全国媒体"中央厨房"建设提供参考。

第一节 "中央厨房"发展现状

"中央厨房"从 2008 年烟台日报社"全媒体中心"的领试,到 2014 年人民日报社"中央厨房"的建立,全国媒体"中央厨房"经历了艰难的探索。"中央厨房"建设除受媒体自身经济实力、政府支持力度等因素制约外,还受到媒体产品、人才、技术和制度等多个"短板"的影响。

正是基于产品、人才、技术和制度等众多因素的影响,中央、省、市媒体"中央厨房"建设推进速度不一样,呈现形态不一样,规模大小不一样,反映出来的效果也不一样。中央级媒体,有着天然的经济、技术、人才、制度优势,对"中央厨房"平台建设所需要的一切都能满足供应,自然从搭建平台到领试应用,都能如鱼得水。比如,人民日报社有着完备的"顶层设计",系统化的媒体融合系统,开放协作的内容生态体系,使"中央厨房"所发挥的作用产生巨大的社会效应。人民日报社不搞简单的"采编发"一体化稿库,而建立全流程打通、完整的媒体融合体系,也不只是推广"千人一面"的内容,而是激发所有渠道的积极性,通过信息再加工和深加工创造内容价值;技术方面,不是僵化的内部 IT 系统,而是数据化、移动化、智能化的融合云。"中央厨房"所有技术产品的所有功能都实现移动化。数据化、移动化、智能化,归根到底是为了让技术变得更简单、更方便、更廉价，人民日报社的媒体融合也不局限于内部媒体融合发展，而是一个大开放、大协作的全新内容生态。

全国各地目前对媒体"中央厨房"的称呼并不统一，模式也不统一，但总体来说就是实施"一次采集、多种生成、多元传播"的全媒体生产流程。各媒体"中央厨房"运用最多的也是全国"两会"和地方"两会"，或者各种重大主题宣传报道时采用，有人习惯称为"节庆厨房"。但面对信息大爆炸时代，传统媒体必须参与到媒体融合的竞争行列中，必须有自己的产品优势和技术优势，必须有良好的平台和传播渠道，这客观上要求搭建起"中央厨房"，完成媒体融合的转型。

课题组从调研中发现，由于资金技术和人才优势，18家中央媒体中几乎都建有功能完善的"中央厨房"或"全媒体中心"，比如，人民日报社有"中央厨房"、新华社有融媒体中心、光明日报社有融媒体中心、中国青年报社有"融媒小厨"等。60多家省级主流媒体〔报业集团（报社）、广播电视台〕80%都建有"中央厨房"，但实际常态化投入运营的"中央厨房"可能不到60%，比如，浙江日报报业集团"媒立方"、大众报业集团"中央厨房"、重庆日报报业集团"中央厨房"、湖北广电集团"长江云"、天津"津云平台"等。而全国400多家地市报，由于受到资金、技术和人才等方面的条件限制，搭建功能完善的"中央厨房"在30%左右，50%的地市级报社则多用"全媒体中心"取代了真正意义上的"中央厨房"。还有20%的地市报社基本没有进行"中央厨房"建设，比如，珠海报业集团"融媒体中心"、温州日报报业集团"融媒体中心"、苏州日报报业集团"中央厨房"等。

当然，随着媒体融合战略的深入推进和互联网思维的影响，更多的媒体开始注重"中央厨房"建设，以提升自身媒体的"四力"。不同形式的"中央厨房"建设将会越来越多，融合传播的效果也会越来越好。

第二节 "中央厨房"运作模式

"中央厨房"模式是我国媒体行业在学习和借鉴国外媒体集团成功经验的基础上，结合我国传媒特点和受众需要进行的一次大胆创新和自我革命。

媒体融合

国外的媒体集团旗下通常拥有电视、广播、纸媒等多种传播媒介，他们把所有资源放置在一个大编辑部平台上来进行运作，实行统一策划、统一指挥、统一采编和全媒体发布。这个"大编辑部"就是一个大型数据管理共享交换平台，将传统媒体运营管理中的水平结构和垂直结构整合起来，在数据资源共享的基础上，发挥不同媒体的各自特色。从 2014 年至今，我国媒体行业根据自身的不同特点，以行政手段的方式将以往彼此相对独立的报社、电台、电视台及网站等媒体单位整合成广电集团、传媒集团或报业集团。在新媒体对传统媒体的全面冲击下，各地传媒集团都在努力求新求变，于是就有了"中央厨房"模式的分别探索。

（一）以强大技术支撑打造的平台型"中央厨房"模式

这一模式以人民日报社的"中央厨房"为代表。2016 年 8 月，《人民日报》与腾讯合作，共同发布了中国媒体融合云，旨在为各媒体的全媒体平台提供基础支撑服务。人民日报社全媒体新闻大厅位于报社新媒体大厦的 10 层，建筑面积 3200 平方米，包含了核心指挥区、技术支持区以及面向合作伙伴的自由工位区等。全媒体新闻大厅是"中央厨房"的物理呈现与主要载体，是整个人民日报社的"超级编辑部"——新闻采编与运营管理的指挥中枢和中控平台。它连接了人民日报社内部的 10 多种载体、数百个终端及其面对的用户；其次，又通过"媒体超市"等设计，通过版权合作、技术合作等方式连接各类媒体和单位，还可以通过媒体融合云的方式，与合作伙伴分享产品、服务和资源。这样的"中央厨房"就是一个大资源平台。不过，《人民日报》在平台模式支撑下还推出了以"工作室"为单位的内容生产主体组织，方式灵活，效率较高，所关注的内容范畴也各具特色。这一模式的推广，有助于帮助传统媒体集群扭转单兵作战的不利局面，建立集团军式的内容规模优势，从而逐步消除传统媒体与聚合类新闻客户端之间的内容资源差距，在公平竞争的情况下，传统媒体集群才有机会凭借较高的内容质量和可信度实现后发先至，在移动互联网中重塑舆论影响力。

（二）以重大主题报道为指挥中心打造的指挥型"中央厨房"模式

这种模式是大多数传媒集团进行初步探索的共性选择，能够充分体现出"中央厨房"模式的共享优势和开放特点。这样的"中央厨房"在重大主题宣传中，发挥着总指挥的作用。比如，2014年8月南京青奥会期间，新华报业传媒集团发起组织的"七大媒体联盟看青奥"行动，建立了青奥新闻资源共享平台，与国内七个媒体现资源共享、互动；2015年，人民日报社在两会报道中，首次试用"中央厨房"模式，共制作118个全媒体内容产品，全网首发时政快讯35条，HTML5互动产品18个，最高48小时内访问数超过2000万次、阅读量超过120万次；2016年，"宜昌两会"期间，三峡日传媒集团"中央厨房"统筹旗下三峡日报微博、三峡商报微博在现场进行微直播，点击量均突破2000万人次。两报微信也根据自身特点顺势而为，开展了首直播。此外，三峡日报传媒集团"中央厨房"还在"长江生态保护""中央环保督察""长江钢琴节""长江三峡国际旅游节"等重大宣传中，充分展示了统筹协调、科学指挥的强大功能。

（三）以合并部门成立指挥中心打造的聚合型"中央厨房"模式

这种模式把集团内各个子报（或分公司）和新媒体部门的记者、美工人员、技术人员聚合起来，成立全媒体中心，进行统一管理、统一指挥、统一调度。这种模式又大致可以分成两种具体做法，即以广州日报报业集团为代表的物理集中法和以南方报业集团为代表的网络集中法。

1. 物理集中法

以前广州日报报业集团新闻中心拥有报纸新闻（尤其是时政新闻）的发布权，全媒体新闻中心拥有微博、微信及App客户端的新闻发布权，大洋网拥有网站的新闻发布权。如今，报业集团将三者合一，成立中央编辑部，把所有采编人员集中起来办公，并提出"滚动采集、滚动发布，统一指挥、统一把关，多元呈现、多媒传播"的工作思路进行资源整合。

2. 网络集中法

南方报业集团的改革思路与广州日报报业集团类似，只不过各方的采编人员仍然在原来的地点办公，通过网络的方式打破部门间的壁垒，在统一网络平台中实现统一指挥和统一调度。

▶ 媒体融合

　　这两种集中方式都是通过人力资源的整合,实现新闻策划、采访、制作、播发各环节的资源整合,减少或避免以往集团内各分公司(不同媒介、不同子报)对同一新闻专题重复采访、重复制作、重复审核、重复播发的资源浪费,提高新闻生产效率;同时,有效避免各分公司(不同媒体、不同子报)对于同一新闻专题的报道方式、报道角度的雷同现象,有助于各分公司(不同媒体、不同子报)打造自己特有的新闻报道风格,也有利于满足受众的多元化需求。

　　(四)以整合同类部门为试点打造的试验型"中央厨房"模式

　　这种模式以新华报业传媒集团为代表,带有改革试点特征。该集团在2015年成立了集团媒体融合发展试验区,将集团内各子报的所有摄影记者和摄像记者整合到图片摄影中心,将所有体育记者整合到体育产业中心,将新媒体部门整合成数字采编中心。相当于由集团媒体融合发展试验中心统筹调度图片摄影中心、体育产业中心和数字采编中心三个部门,打破以往各子报各自为政的状态,提高调度的及时性和协同性,增进同类业务人员的交流和合作。

　　当然,媒体"中央厨房"建设由于各媒体自身特点不同,所处环境不一样,人力物力财力不一样,甚至自身资源优势不同,其模式也会有所不同。但其总体运行理念是一样的,追求的目标是一致的。

第三章 "中央厨房"发展存在的问题及应对策略

中央厨房建设，既是借用词，也是舶来词。一是借用餐饮"中央厨房"模式，二是源于国外媒体实践。因为"中央厨房"的理论基础来自美国。由于诸多原因的存在，我国媒体在推进"中央厨房"建设过程中难免会有这样或那样的问题。包括内容同质化问题、常态化推进问题、流程完善问题、成本高的问题、体制机制问题。本章将就内容同质化问题、中央厨房的常态化推进问题进行梳理分析，以期规避"中央厨房"建设运行中存在的问题，使"中央厨房"发挥更大作用。

第一节 "中央厨房"发展中存在的问题

（一）信息冗余，内容同质化

各地对"中央厨房"的运作方式不尽相同，但总体来说就是实施"一次采集、多种生成、多元发布"的全媒体生产流程。如果各地、各媒体都不顾客观条件是否具备一哄而上，那么相当多的"中央厨房"就是大同小异。如果只是将"中央厨房"打造成"聚稿"的平台，即经过全媒体培训的记者将采写的文字稿件、拍下的照片、做出的视音频发到"中央厨房"上，然后由媒体机构下属的各类形态的媒体各取所需放在他们的平台上传播，这就很难避免同质化。

因为新闻素材、来源渠道是一样的，只是表达方式不一样。而且，表达方式也有可能一样。经过一般性的全媒体培训的记者不可能在多种传播手段中都达到专业水平，因而表达方式也就难以避免同质化。我们在纸媒机构办的网络版、新闻客户端上看到的许多新闻，与见报的稿件的表达方式并没有

媒体融合

多少差异。原原本本将纸媒记者写的稿通过"中央厨房"发到新媒体上,没有根据互联网的特点突出网络语境,用户不买账,就不能达到传播的效果。

(二)内部体制机制不完善

"中央厨房"是为了解决媒体融合过程中,传统媒体报道和新媒体报道两张皮的问题,也就是传统的内容生产如何才能同时满足新媒体时代多样化的受众需求。

就操作性而言,新机制的另一个优势是减轻旧体制的沟通成本。扁平化的组织架构相对于层级化的模式减少了中间的信息传递程序,更加适应新媒体时代即时、快速的传播要求。如果能够打破传统的机构设置,实现大指挥中枢和大记者群的配置,记者的灵活性和内部工作效率都会大大提高,是一种比较理想的模式。

但在现实层面,这种机制要求编辑从服务性流程变为指导性流程,很多能力和规范都需要一个学习的过程,这就产生了时间成本,也是造成目前前景不明朗的重要原因。另外,在旧的组织架构仍然存在的情况下,"中央厨房"实际上叠加了一个新的沟通过程,增加工作负担。所以大多数情况下"中央厨房"在诸如两会、高考这种大型新闻事件中效果更佳。尤其值得注意的是,目前的很多讨论都没有重视新闻本身的维度。新闻作为"对新近发生的事实的报道",具有极强的不确定性,大多数不能通过策划实现。"中央厨房"的统一性流程可能与新闻的突发性产生冲突。并且新闻生产是一种思维活动,记者需要更大的空间和灵活性。这种模式化处理对新闻生产的影响有待进一步观察。

(三)运行成本高的问题

媒体"中央厨房"节省了人力成本,这一点是毋庸置疑的。但是"中央厨房"使记者和编辑之间的扁平化沟通模式被改变,沟通成本明显增加,甚至有的媒体还要进行人员机构的调整以配合"中央厨房"的实施,无疑在降低人力成本的同时又出现了其他难题。

"中央厨房"运营需要高昂的全媒硬件、软件成本和新岗位、新人才需求成本、技术平台运作成本等。包括大屏建设、技术储备、工程师程序员储备等,都需要增加成本。

很多传媒集团的不同平台分属于不同的子媒体,即使亲如兄弟,由于存在共同的利益诉求：受众和广告客户，也存在竞争关系。从大环境上考虑，我国广播、电视、报纸、杂志、网络、电信、移动分别归属于不同的部门管理，跨平台融合更加困难。"中央厨房"不可避免地会产生其他成本支出，也会造成新生产模式的磨合风险。

（四）常态化推进问题

"中央厨房"要实现常态化，其前提条件就是重构采编流程，使所有采编人员能够往厨房里提供食材，"中央厨房"才能保证正常化运转。但是反观我国目前的媒体实践，多是在没有彻底重构采编流程的基础上建立"中央厨房"的，这就必然导致"中央厨房"成为无源之水无本之木，难以日常化运转。很多媒体的"中央厨房"建立之后，每年也就只能"开张"不到十次，沦为彻头彻尾的花拳绣腿。

"中国厨房"的效果在于推进的常态化。如果没有常态化运行，就会造成大量投入的浪费。就目前运行来看，"中央厨房"建而不用、建而少用，不能常态化运行的现象十分普遍。

第二节 "中央厨房"存在问题的应对策略

（一）中央厨房如何规避内容同质化

餐饮行业中的"中央厨房"企业管理模式，在提供标准化、规模化的食品加工和配送中，要求产品在质量、口味、包装上统一。在素材同一的情况下，要做出色香味都不同的新闻大餐，仍然是过于理想化了。毕竟，一个胡萝卜不能做十几种菜肴。在媒体"中央厨房"建设过程中，内容同质化已经成为不容忽视的问题。

1.必须打造平台差异化定位

"中央厨房"不得对信源资料粗犷经营，不得大一统分发。"中央厨房"在对重大主题宣传进行统一编辑、统筹调度、打包分发外，对其他新闻产品则必须通过细化编辑工作，根据媒体集团旗下子媒体的个性特点，分级打造个性化内容产品，实现个性化分发。要真正实现一次采集、分类编辑、个性化分发，让子报、子刊、子台有自由呼吸的空间。

▶ 媒体融合

2.实现平台与用户互动

媒体集团子媒体在接收"中央厨房"平台内容产品时，仍需根据所在媒体的特点，对内容进行深加工，打造差异化内容成品。而不能对中央厨房内容照抄照搬。同时，要通过所选择内容成品，与用户产生互动，形成差异化的内容成品，避免内容同质化。

3.打造个性化工作室

像人民日报社一样，打造更多个性化工作室，对信源资料进行分类解剖，让媒体集团子媒体在共享平台的同时，也能共享符合媒体特色的个性化内容产品。实际上，这是对内容的个性订制，精准发送。媒体集团可在共享"中央厨房"时，打造更多小工作室，让内容推陈出新。

（二）"中央厨房"如何解决常态化运行

"中央厨房"的建立，如何常态化运行是一道难题。当前所谓的"节庆厨房"，说的就是"中央厨房"不能常态化运行的现状。花了大量人力、物力、财力，是否应常态化运行？怎样才能让其常态化运行，引起了各媒体和专家们的争论和研究。《人民日报》取消了实施长达数十年的以报纸为中心的下午编前会制度，而以上午采前会代替，以流程再造的形式推动"中央厨房"的常态化运行。三峡日报传媒集团"中央厨房"科学高效常态化运行模式更值得推介。

以三峡日报传媒集团为例：三峡日报传媒集团"中央厨房"的常态化推进、高效运作，重点在于组织作后盾、制度作保障、技术作支撑、人才作铺垫，从而解决"中央厨房"建而不用，或建而少用，或者干脆成为上级领导检查工作的应景之作的问题。

三峡日报传媒集团从2015年到2017年间先后十多次召开"中央厨房"建设推进会，并成立了集团"引导力中心、影响力中心、传播力中心"，为"中央厨房"建设作铺垫。2016年经过技术、人力、财力储备，成立了集团"全媒体新闻采访中心"。与此同时，集团推出了《三峡日报传媒集团中央厨房值班调度管理暂行办法》，从而建立起总编辑负总责、各媒体总编具体负责，半月轮班值班制度，严格"中央厨房""8小时坐班制+8小时外移动值班制"，真正发挥全媒一体、融合传播的集群化效应，使"中央厨房"常态化推进有了人力保障。随后，三峡日报传媒集团又相继出台了《三峡日报传媒集团新闻生产与发布管理暂行办法》《三峡日报传媒集团新媒体发布审核机制管理办法》《三峡日报传媒集团分岗设定新媒体生产基本工作量考核管理办法》，以及《三峡日报传媒集团全媒体优稿考评价暂行办法》等，从制度上确保"中央厨房"的常态化推进，科学高效运转，产生实效。

当然，这只是个案。但我们认为，"中央厨房"常态化推进，首先必须有制度保证，其次必须有人力、物力、财力、技术作支撑。只有做到了这些，才不致让"中央厨房"常态化运行成为一句空话。

> 媒体融合

第四章 对"中央厨房"发展的建议

目前,我国媒体"中央厨房"建设仍处在发展阶段,很大程度上依然存在做样板、搞大屏形式的问题,甚至有建而不用、建而少用,或应景之用的问题。为了让"中央厨房"发挥更大作用,产生更实际的融合传播效果,我们提出以下几点建议。

第一节 采编流程再造

目前,中央、省、市级媒体"中央厨房"建设已经明确,采编流程再造也做了,但流程设计不科学、不彻底的问题依然突出。比如,音频视频出稿慢,平台线索遗漏,多元发布受限,特色采编不特等。被调查的媒体所反映的主要是,媒体界限难以真正彻底打破,统筹协调不能畅通无阻。虽然把"中央厨房"作为标配,但其功能未能有效发挥最大功效。所以,媒体要更加科学合理流程再造。我们可以参考人民日报社"中央厨房"的模式,首先是彻底打破部门间的壁垒,打通各沟通环节,建立完备的稿件送审、综合编辑、个性分发流程系统。既要让流程简单化,又要让流程科学有效,从而真正发挥"中央厨房"科学高效指挥协调功能。

第二节 完善体制机制

"中央厨房"要起到龙头作用,必须有体制机制的全方位配套改革,树立起"中央"的权威,否则只能是形式上的"中央"。传统媒体的每个子媒体都设有总监、总编室、采访部、编辑部、评论部，还有记者站等，他们条块分割、各司其职，由于与兄弟子媒体沟通和配合不足，重复劳动和内部消耗比较大，大大降低了效率和速度。建立全媒体"中央厨房"要打破传统的制作和播出节奏，做到快捷、实时。

要想"中央厨房"的"食材"新鲜且能及时到"厨师"手上烹饪，必须对传统组织架构进行改造，减少过去层级关系，实行扁平化管理，迈向大部制管理，即成立全媒体指挥中心。经验教训告诉我们，这个职位必须由媒体集团领导担任，否则就会出现同级指挥不动、互相消耗的情况。

有专家提出，"中央厨房"是"一把手"工程。指挥中心下属全媒体采集部、全媒体编辑部、全媒体发布中心和全媒体推广中心。这样，改变过去记者"单兵作战"的现象，以指挥中心为核心，全权负责当天的工作。资讯总监负责资讯的汇总、筛选和研判；编辑总监指挥稿件的编辑、审核和发布；全媒体总监及时上传稿件，搜集网络热点等；推广中心负责调研客户需求，实施一站式全媒体解决方案。这样，形成统一指挥、实时策划、快速采访和编辑、及时发布和广告整体运营的高效运行机制。

第三节 强化技术支撑

目前，中央和大多数省级媒体由于人才技术优势明显，又有实力雄厚的技术队伍，能够确保"中央厨房"的安全运营。但西部省份的省、市级媒体，由于财力和技术支撑不足，对"中央厨房"建设心有余而力不足，技术优势欠缺。虽然建有平台，但其运行受限，实际效能没有得到有效发挥或者无法发挥。特别是平台建设，以及VR技术、无人机技术和其他视频、音频资料的采集与运用，必须有大量投入，这对欠发达地区的媒体来说是一种挑战。要想实现"中央厨房"作用最大化，必须打造强大的技术团队，有效引领现代融合传播技术。各媒体必须建立独立的技术团队，不仅要确保"中央厨房"的安全运营，还要有能力进行软件开发。确实没有能力的，可以聘请技术团队，协助开发运营程序软件。

第四节　加强人才队伍建设

现在各媒体集团主要是采、拍、摄一体化,懂技术会经营人才稀缺。几乎所有被调查媒体都对全能型全媒体人才或新型经营人才,表现出渴望。有的媒体搭建"中央厨房"平台后,明显感到技术人才、新媒体推送人才短缺。所以,人才培训和储备显得尤为重要,必须加强。但我们也欣喜地看到,更多的媒体开始"走出去"或"请进来",加快人才队伍培养。比如,湖北三峡日报传媒集团从2014年起,为推进"中央厨房"建设开展了"视频创意技能培训""平台美工培训""微信创作培训""全媒体经营人才培训""经理人培训"等一系列培训。与此同时,集团还与华中科技大学合作,分批派送采编、管理人员前往大学进行学习深造,为"中央厨房"常态化推进提供了人才支撑。

第五节　实行统一管理

在"中央厨房"的运作中,由于各子媒体都有自己的创收任务,免不了存在着"面融心不融"的情况,好稿件私下扣着而不让记者发到统一的平台上,处处为自己的子媒体考虑。只有打通内部经营、统一管理,让"小家"融入"大家",才能从内容融合、渠道融合到经营融合,发挥"中央厨房"的龙头作用,发挥整体品牌对外的竞争力。

近年来,传统媒体在与新媒体的竞争中,广告下滑严重,影响到传统媒体的实力。所以融合后的广告部门需要研究客户的投放需要,利用电视频道、广播、网站、手机终端、微博微信等媒体,提出一站式全媒体服务方案,既发挥了传统媒体的权威优势,又拓展了新媒体收入来源,更体现出矩阵媒体的传播作用,形成内容策划、经营介入、全面部署、个性分流的局面,为广告创收打开新局面。

第六节　加强财政资金支持

"中央厨房"建设,既然是中央深化媒体融合的战略决策,那么,对于必须建立"中央厨房"的媒体,各级政府财政就必须从人财物上进行大力支撑。有条件的地方,应该拨付专项财政资金,实行专款专用,确保中央厨房的常态化推进、科学高效运营。

平台创建只是一个形式,科学运转才是一种成效。人民日报社"中央厨房"建设为全国媒体提供了一个样板、一个标杆,全国各级媒体集团可学可用。但每个媒体集团所处环境不一样,自身特点不一样,必须按照自身优势量身打造具有自身特色的"中央厨房",科学再造适合自己全媒体传播格局的采编流程,统筹协调指挥信息资源和人财物。要让"中央厨房"建设为提升"四力"加油助威。当然,更要通过提升"四力"来推动报业经营和事业发展,从而打造一批真正的新型主流媒体旗舰。

> 媒体融合

第五章 "中央厨房"的实践案例

"中央厨房"建设作为深化媒体融合、实现跨越发展的标配和龙头工程,受到了全国各级媒体的高度重视,也赢得了各级政府的大力支持。从中央、省、市媒体都进行了大胆而有益的探索,也涌现了一批优秀的"中央厨房"案例。我们这里重点选取中央、省、市具有代表性的媒体"中央厨房"进行解读。

第一节 中央媒体"中央厨房"案例

(一)人民日报社"中央厨房"

2014年初,为贯彻落实中央加快传统媒体和新兴媒体融合发展的要求,人民日报媒体技术股份有限公司正式成立,伴随着媒体技术公司的成立,人民日报社全媒体平台(中央厨房)建设正式拉开序幕。2015年3月2日全国两会召开前夕,"中央厨房烹制新闻美味"的红色图标,出现在《人民日报》的要闻四版,标志着人民日报社全媒体平台项目首次亮相。试运行一年后,于2016年2月19日正式上线。人民日报社"中央厨房"已经形成较为成熟的模式和架构,以内容的生产传播为主线,打造媒体融合发展的业务平台、技术平台和空间平台。这三个平台以人民日报社全媒体体系为起点,以全球传播为目标,旨在给国内媒体行业搭建一个公共平台,从而聚拢各方资源,形成融合发展、全球传播的行业合力。

人民日报社"中央厨房"打破了过去媒体的板块分割的运作模式,专门设立总编调度中心,建立采编联动平台,统筹采访、编辑和技术力量,实现"一次采集、多元生成、多渠道传播"的工作格局。"中央厨房"是新闻生产的中枢神经,主要发挥着集中指挥、高效协调、采编调度、信息沟通等基本功能,而总编调度中心和采编联动平台共同构成了人民日报社"中央厨房"的融合指挥部。为提升内容质量和产品多样性,让媒体人的创意产生更大的内容价值,人民日报社"中央厨房"创新机制,另建了一条崭新业务线——融媒体工作室,鼓励报、网、端、微采编人员按兴趣组合、项目制施工,资源嫁接,跨界生产,充分释放全媒体内容生产能力,这也是"中央厨房"从重大事件报道迈入常态化运行的全新尝试。"融媒体工作室"采取"'四跨'+'五支持'"机制:"四跨"即允许记者编辑跨部门、跨媒体、跨地区和跨行业专业组织成小规模的战斗突击队;"五支持"是"中央厨房"作为孵化器,负责提供资金、技术、推广、运营、经营等五方面支持。

从 2015 年全国两会首次试运行开始,"中央厨房"已经推出一系列独家深度稿件、图片、图表、视频、H5 产品等,创新新闻报道方式,取得良好传播效果,也吸引了业界的广泛关注。目前,人民日报社"中央厨房"可提供 18 个语种的新闻产品,向全球 500 家主流媒体和新闻网站供稿。中央厨房在人民日报社的融合发展史上具有里程碑意义,其运行开启了人民日报社融合发展的新征程。

(二)新华社全媒体报道平台

2015 年 7 月 7 日,新华社新媒体中心构建的"中央厨房"式新型全媒体采编发平台成立,"中央厨房"通过一个"轮轴"指挥台,利用一种素材资源,同步加工生成通稿、微博、微信、客户端、集成报道等多种形态产品,进行多渠道分发推送,适配到多种新媒体终端。新华社"中央厨房"全媒体报道平台是新华社探索实现全媒体采编发流程再造、一体化运行和产品非正式发的"实验田""示范园"和"孵化器"。

2017 年扩容升级后,新华社全媒体报道平台初步建成了资源整合、融合加工、舆情监测、业务管理、影响力评估、远程指挥等六大功能。在日常运转机制中,由早策划会重点解决近期重点融媒体产品的策划、加工和生产。扩容升级后的新华社全媒体报道平台由指挥中心、策划中心与协调中心分别负责重点融媒体产品的资源配置、创意策划与组织协调各部门的作用,形成多工种在线作业,打破部门边界,形成协同生产,充分发挥联动综合效益。

(三)中央电视台融媒体编辑部

中央电视台在重大时政报道中建立"融媒体编辑部",台网一体协国联动，搭建全球记者即时发稿平台，实现文稿、图片、视频等素材集中收集、统一生产、统一分发。建立"央视新闻通稿共享平台"，通过微视频、V观、网络直播等多种方式，开展全方位、全媒体、全球化报道，实现报道中电视与新媒体多屏互动、同频共振，探索台网"一体化策划、一体化运行、一体化呈现"的节目融合模式，实现"大屏带小屏、小屏回大屏、多屏联受众"。在2017年全国两会报道中，央视新闻移动网创新直播方式、传播业态，全新展示两会现场。期间，央视新闻移动网矩阵号共推出243场移动直播，其中，央视新闻移动网直播110场，直播时长总计7363分钟，累计触达人数逾4.6亿人，在线观看人数逾2.25亿人，开拓了主流媒体融合发展的新境界。目前，中央电视台已初步建成多终端、多语种、全覆盖的"一云多屏"新媒体传播体系。

（四）光明日报社融媒体中心

作为传统主流媒体，《光明日报》面对新的社会环境，积极应对新挑战，推出"融媒体"版，并成立了光明日报融媒体中心，将传统媒体与新兴媒体整合管理、整合运转，形成合体。

在体制机制的改造上，光明日报社组建系列融媒体项目工作室，打破以部门和版面为核心的工作机制；坚持一体策划、策划先行，建立常态化融媒体策划机制；鼓励编辑记者自由组合"内部创业"，推动全社编辑记者主动参与媒体融合发展；坚持智库化办新媒体，充分借用外脑促进智力资源的深度融合。

（五）中国青年报社"融媒小厨"

在2017年全国两会召开之际，具有中国青年报社特色的"中央厨房"——"融媒小厨"正式投入使用。这是中国青年报社全媒体内容制作、分发传播、整合运营的机制平台，是全媒体网报融合的流程再造，是全媒体精准的渠道连接，是全媒体移动优先的精品制作，是全媒体品牌拓展的服务创新。

中国青年报社早在2014年就开始探索融媒体转型，"融媒小厨"在网报融合办公物理空间的落地，将方便以后进行更深度的全媒体融合转型。目前，中国青年报社已经开办了50多个微信公众号，以中国青年报社官方微信公众号为龙头，包括"中国高校传播联盟""青年观察家""来点科学""海运仓内参""共青团新闻联播""守候微光"等二级公号，组成了面向不同类型青年群体的微信矩阵。加上官方微博账号、中国青年报 App 等移动端渠道，中国青年报社直接移动用户 1200 万人以上。其中，官方微信公号粉丝和影响力在中央媒体中居前列。其他渠道移动用户也呈几何级数增加。

第二节　省级媒体"中央厨房"案例

（一）浙江日报报业集团"媒立方"

浙江日报报业集团以"中央厨房"为核心，建立"一次采集、多种产品、多媒体传播"的工作格局，将原浙江在线新闻中心、浙江新闻客户端编辑团队与《浙江日报》采编部门合并，以"大编辑中心＋垂直采编部门"模式，打造一支具备全媒体采编技能的合成军，形成"一中心八部门"的组织架构。全媒体编辑中心包括纸媒体的夜班编辑部和把网站及 App 融合一体的数字编辑部。8 个全媒体新闻部负责报网端微视多端新闻产品采集、编辑、分发。

按照"中央厨房"的功能定位，进一步建立完善工作机制，细化一系列配套措施，确保改造后的采编流程和策采编发网络紧密结合、无缝衔接。设立全媒体指挥监测中心，统筹调度采编资源，通过每日早会、午会、晚会三会统一指挥配置报、网、端、微采编资源，实现全媒体、全流程、全天候新闻采编发布和传播效果监测。全媒体指挥监测中心实行 24 小时实时反应，接受各类爆料及热点推送，并通过大数据分析，提供实时舆情分析及反馈。采编早会分析研判当日新闻线索，布置采访选题；采编午会汇总采访进展情况，确保重点选题；采编晚会研判稿件质量，确定版面安排。这样的工作机制，有效保证了指挥运行忙而不乱、高效有序。

浙江日报报业集团率先研发建成融媒体智能化传播服务平台"媒立方"，为媒体深度融合提供了关键支撑。该平台采用云计算、大数据等最新技术，集舆情研判、统一采集、多种生成、多元分发、效果评估于一体，统筹采访、编辑、审核、传播、评估，不仅为新闻报道、舆论引导提供有力支持，而且为实现跨媒体、跨业务提供了统一平台。"媒立方"从真正意义上建立起融合纸媒、网站、App、两微等多种媒体形态的内容生产和传播平台，进而促进团队融合、业务融合、数据融合。

> 媒体融合

（二）湖北广电集团"长江云"

湖北广电集团把全台所有广播电视频道的新闻部门和新媒体新闻中心整合成融媒体新闻中心，配套建成700多平米的全媒体指挥中心，随时在融媒体平台发布现场连线需求，全台及省内各县市记者及时响应，信源互通有无，采编力量共享，各媒体按各自需求生产出不同产品，实现"总体策划、一次采集、多种生成、多元传播"。湖北广电集团打造了以"长江云"为自主平台的移动客户端群（包括重点产品"长江云"客户端、广播App"路客"、电视App"笑啦"等），并通过微博、微信等社交媒体平台布局发布端口。"长江云"平台是湖北广电根据中央和湖北省委关于推进媒体融合发展的要求，从2014年9月开始，以湖北广电长江新媒体集团为建设责任主体，联合国内顶尖互联网团队，利用云计算、大数据技术开始建设的。2016年2月，湖北省委决定，以湖北广播电视台长江云新媒体平台为基础，建设覆盖全省、互联互通的长江云移动政务新媒体平台。4月10日，湖北省委省政府印发《长江云移动政务新媒体平台建设方案》，各地党政主要领导挂帅推进，出台了120多套建设方案，组织了200多场2万多人次的技术培训，省财政专款支持，市州资金配套，采取各种措施推广应用，督办验收，形成了千帆竞发的全省融合发展新局面，由此，"长江云"从媒体云升级为"新闻+政务+服务"的综合云，从云服务升级为包括"源、云、管、端"的全流程服务，从面向全台的新媒体平台升级为面向全省的移动政务新媒体平台。

长江云平台是一个"采编融合、内容汇聚、多渠道传播、多终端一体化"的区域新媒体运营管理平台，可同时向多个区域媒体提供"PC站+手机网站+手机客户端+微博+微信"的新媒体产品研发和技术支撑，具备承载1万多个新媒体产品的能力。同时，通过与湖北省网信办合作，平台加入了内容集控、舆情预警、管理协调等功能，对权威信息可以"一键推送"，对有害信息能够"一键撤稿"。"长江云"还确定了"媒体云+政务云+行业云+产业云"的发展路径，积极为老百姓提供全方位的政务和民生服务。

（三）广州日报报业集团"中央厨房"

近两年来，广州日报报业集团加快落实"移动优先"发展战略，按照"四个一"标准建设媒体融合中央编辑部，打造空间一流、技术领先、功能齐全、开放共享的广州城市超级"中央厨房"。

依托"中央厨房"的强大内容生产能力，广州日报报业集团构建起了"报+网+端+号"一体化生产的融媒体方阵，全媒体用户数超过7000万，媒体融合综合传播力居地方纸媒第一位，稳步向具有强大传播力、公信力、影响力的新型媒体集团迈进。

功能齐备、水平先进的融媒体技术支撑体系，是"中央厨房"发挥功能的必备要件和基本保障。结合新的"中央厨房"建设工程，集团按照"一个技术支撑体系、一个全媒体内容管理系统、一个传播效果监测反馈系统"基本标准，高起点规划建设全国领先的"中央厨房融媒体技术平台项目"，确保"中央厨房"真正起到大脑和神经中枢作用，发挥好集中指挥、采编调度、高效协调、信息沟通基本功能，形成"一次采集、多种产品、多媒体传播"的工作格局，为新媒体产品提供强有力的内容资源支持。

（四）大象融媒体集团"中央厨房"——"新闻岛"

2014年10月16日，大象融媒体集团成立，这是全国第一个把一个电视民生频道、一个经济频率、一张东方今报、一个杂志和两个网站，还有其他OTT、IPTV等一系列新媒体整合在一起的集团，实行了经营权和所有权相分离。随着集团中央厨房——投资1.6亿元的"新闻岛"投入使用，探索出全国关注的"河南模式"。

大象融媒"新闻岛"是基于融媒云和大数据的技术运用，以"新闻指挥台"为核心的放射型全开放式格局，旗下各媒体在此实现"一次采集、多元生成、多端传播"。"新闻岛"不仅是一个跨媒体融合生产的编辑部，同时是一个24小时全天候新闻发布中心，根据数据监测实现再生产与再发布，培育发展了猛犸新闻等移动端业务，探索了媒体融合发展集团化运营的路径。

"新闻岛"的技术平台是以云架构为核心搭建，主要分为三大模块：第一块是内容的采集，第二块是指挥和制作，第三块是分发播出。内容采集的节目源、信号源非常丰富，从卫星到网络，包括各种App、微信上的爆料，舆情分析系统可以同时监控国内两万多个网站，所有的素材汇到新闻指挥系统线索池里。线索池里所有的素材都是共享的，编辑记者挑选自己认为有用的素材提报线索，经过自己渠道的主管审核后，就可以进入第二环节，即生产环节。技术平台为生产环节提供了相应的生产工具，针对电视台、电台的是非线性编辑，针对微信、微博、客户端是一套新媒体生产工具。在收到新闻指挥系统下发的任务以后，相关的线索和素材会同步推送到生产工具上。生成报道经过三级审核后，通过新闻指挥中心的调度，会同步到分发系统。目前广电集团各个播出渠道，都已经在分发系统进行注册对接，实现一站分发。

（五）重庆日报报业集团"中央厨房"

重庆日报报业集团自2001年10月18日挂牌成立以来，现已成为拥有16报4刊18网，一百多个"两微一端"传播平台和30多家经营性公司的全媒体、综合性新闻传媒集团。近年来，重报集团加快推动媒体融合发展，率先在全国党报集团建成两级"中央厨房"，改变了过去以报纸为主的采编管理体系，打通了各报系内部纸媒、PC端、移动客户端媒体集群的信息渠道，重构了互联网条件下采、编、发一体化流程，走在了全国报业集团前面。

目前，重报集团已初步形成了党报集群、新媒体集群、都市类媒体集群、行业媒体集群和多元产业集群"4+1"发展格局。其中，党报集群以《重庆日报》为核心，包括重报数字阅报屏、"理论头条V"微信公众号等。同时，《重庆日报》还将搭建好区县新媒体联盟，并在微信内容和形式上继续创新，开展更多的线上线下活动。同时，在微博发起更多的话题新闻，抢占网络阵地，唱响主旋律，发出主流媒体的声音。

一方面，以《重庆日报》《重庆晚报》《重庆晨报》《重庆商报》四大主流报媒为核心，搭建起了全媒体数字化转型技术支撑平台。通过这个平台，记者不仅仅可以传送文字或者图片，还能发布视频新闻，并且可以实现同一条新闻在数字报、微信、微博、网站等多渠道的同时发布，实现由传统报业记者向全能记者转型。另一方面，加快建设集团新闻内容生产及运营监管平台，对集团所属媒体包括报纸、网站、客户端、微博、微信等新闻信息，从采集、加工到发布进行全流程监督、管理及舆情数据挖掘、分析整理。目前已完成认证中心系统、新闻调度指挥系统和监控中心，以及传播中心各媒体传播效果分析系统的建设，正在加快推进智能决策中心热点报道推送系统、用户资源中心系统、版权维护中心系统等其他板块功能的开发。

两级技术平台建成投用后，将形成全集团的主要媒体全媒体新闻生产内容的监管、记者资源统一调度、重大新闻采访统一指挥、新闻发布效果监测、舆情趋势分析、版权维权保护及新闻信息数据库、经营数字化管理等众多职能为一体的集团"中央厨房"，实现全媒体信息采集、全媒体产品生成、全媒体渠道传播、全媒体平台发布的采、编、发机制及方式、手段的创新。

第三节 地市级媒体"中央厨房"案例

（一）珠海报业集团"融媒指挥中心"

2017年7月初，珠海报业集团整合旗下各媒体资源，依托全媒体采编系统和"中央厨房"，迈出了推进传统媒体与新兴媒体深度融合的重要一步。通过流程再造、架构重组，构建起"两报一网一端两矩阵"立体传播体系，覆盖人群达到300万。

追溯珠海报业集团的媒体融合进程，经历了2014年的"顶层设计"、2015年的"媒介融合元年"和2016年的蓬勃发展，试水三年之后，终于在2017年迎来一个质的飞跃。2017年春节后，珠海特区报社便成立了以社长、总编辑孙锡炯为总指挥的融媒体改革领导小组。根据媒体融合发展需要，在本次改革中，珠海报业集团将旗下的"两报一网一端两矩阵"，即《珠海特区报》、《珠江晚报》、珠海新闻网、珠海特报App、珠海报业微矩阵、战略合作政务微矩阵媒体全部打通，通过机构重组，重新配置采编力量，再造采编发流程。

6月底，报社完成架构调整，正式成立了集团层面的珠海特区报社编委会，下辖7个中心：融媒体总编室、新闻采访中心、西部新闻中心、新媒体中心、可视化产品中心、纸媒编辑中心、考核编务中心。

本次珠海报业融媒改革的关键是，通过流程再造构建一个适宜融媒体生产的采编发架构和流程，成立"融媒指挥中心"，实行全新的"珠报融媒值班制度"，通过白班领导值班制度、白班带班主任制度、夜班领导值班制度、夜班带班主任制度，把运行了30多年的报纸夜班生产流程，转变为采编发24小时全天候指挥和生产系统。由于值班领导指挥前移，第一时间把早班意见和重点策划传达给记者，效率大大提升。同时，记者抢新闻的意识增强。一旦发现线索，他们首先想到的是在全媒体采编平台报稿，通知融媒指挥中心，然后第一时间赶到现场，发回第一手的消息、图片、视频。稿件数量、质量明显提升。据统计，融媒体运行第一周，融媒体总编室白天处理稿件数量日均

> 媒体融合

60 余篇。

为了打通集团现有的业务平台，实现所有媒体资源的高度整合，珠海报业集团还自主研发新媒体采编系统、全媒体考核系统，目前正在引进舆情监控系统，并利用大数据搭建用户服务平台。促进手机客户端及微信公众号平台的政务号入驻，为"互联网+政务"提供抓手，拓展社交平台的功能开发，为深化城市服务、社区服务、政务服务、市民服务提供技术支撑。

（二）西安广播电视台"中央厨房"

2017 年 7 月 18 日，西安广播电视台"中央厨房"正式上线，这是西北首家融合媒体指挥中心和生产发布平台，在全国城市广播电视台中也属前列。

西安广播电视台"中央厨房"是西安市深化文化体制改革、加快推进新老媒体融合的重大项目。省委常委、西安市委书记王永康多次作出指示要加强媒体融合工作，西安市委宣传部高度重视，从资金保障、方案起草、实施都给予了西安广播电视台大力支持和具体指导。

西安广播电视台"中央厨房"融媒体指挥发布平台历时三年建成，实现了播出节目文件化传送，全台节目无带化播出，传统节目系统与新媒体素材、节目等的互相调用、读取，开发出移动文稿、视频回传等功能。破除了传统新闻网与互联网的界限，形成了统一决策的指挥中心和多屏分发的传播平台；并陆续推出了移动媒体《每日聚焦》、"榴花直播"App，"长安号"微信公众号、央视移动客户端丝路频道等十大融媒体发布平台。目前已拥有了包括广播电视、网络和移动新媒体在内的强大新闻矩阵。同时，每档新闻直播节目都可在西安网、无限西安手机 App"直播"板块同步收看。

（三）苏州日报报业集团"中央厨房"

苏州日报报业集团作为东部地方报业的领头羊，早在 2014 年 9 月就成立了"全媒体中心"，搭建起"中央厨房"平台。苏州日报报业集团"中央厨房"拥有 38 名编辑，这一强大的信息稿件"烹饪团队"，既能为旗下子报打造"小灶头"，又能为集团主流媒体打造"大厨房"。"中央厨房"信息"统一采购、分类加工、集中分发"，使苏州日报报业集团真正在内容生产和传播上打上了"全员、全天候、全新理念"的印迹。

苏州日报报业集团作为东部沿海经济实力雄厚的地市报，其充分利用其经济技术优势，完成了全媒体统一采购、分类加工、集中分发，全员、全天候、全新理念开始深入人心。从信息传播时间来看,该集团过去传统媒体运用的"昨夜今晨"最快发布,已经变成了当今全媒体的"今日今时""此刻当下""正在刚刚"。站在全媒体角度,苏州日报报业集团"中央厨房"采取"人盯人""适当奖励"的信息采集分发手段,使旗下微信、微博、手机客户端等做到了信息传播的多元、适时推送。在采编流程再造和媒体转型升级过程中,苏报旗下媒体相加相融,取长补短,相得益彰。这一系列改革,让苏州日报报业集团"四力"得到全面提升。

(四)三峡日报传媒集团"中央厨房"

早在2015年,作为中部地方报业中坚的湖北三峡日报传媒集团党委书记、董事长、社长罗春烺同志亲自挂帅,领导成立了集团"引导力中心、生产力中心、影响力中心、传播力中心",为媒体融合发展铺路。2016年,经过技术、财力和理论的积累,三峡日报传媒集团"全媒体新闻采访中心"诞生,并着手打造拥有地方特色的"中央厨房"。全媒体新闻采访中心,分别从集团旗下三峡日报、三峡商报、新媒体公司、星云数据公司抽调人员,组成"中央厨房采编"班底,同时从平台设计、流程再造和机制建立等多个方面进行深度探索。

为确保中央厨房发挥科学高效指挥体系作用,三峡日报传媒集团分别从组织建设、制度保障、技术支撑、人才铺垫、全媒呈现等多个方面夯实基础。集团制订了《三峡日报传媒集团中央厨房值班调度管理暂行办法》,从而建立起总编辑负总责、各媒体总编具体负责,半月轮班值班制度,严格执行"中央厨房""8小时坐班制+8小时外移动值班制",真正发挥全媒一体、融合传播的集群化效应。为确保新闻采编体制通畅,集团还出台了《三峡日报传媒集团新闻生产与发布管理暂行办法》《三峡日报传媒集团新媒体发布审核机制管理办法》《三峡日报传媒集团分岗设定新媒体生产基本工作量考核管理办法》,以及《三峡日报传媒集团全媒体优稿考评价暂行办法》等。

2015年开始,三峡日报传媒集团组建起宜昌星云科技公司和宜昌星云数据公司,为中央厨房建设打造技术团队。技术团队完成构建服务器虚拟化集群,通过漂移排除故障;开发了存储集中及数据保护系统,以及稳定的安全保护技术,确保"中央厨房"运行安全。此外,三峡日报传媒集团为让"中央厨房"持续发力、充满活力,先后进行了多次人才培训,为"中央厨房"高效运行

> 媒体融合

和常态化推进打造了一批指挥人才、采编人才和技术人才。

2015年，湖北省推进城市绿色发展现场会在宜昌召开，三峡日报传媒集团"中央厨房"充分展示指挥协调功能，整合资源、科学指挥、形成合力，统筹旗下三峡日报微博、三峡商报微博开展微直播，24小时阅读量突破340万，创造了地方全媒体政务报道传播新模式。2016年，宜昌两会期间，三峡日报传媒集团"中央厨房"再次发力，统筹旗下媒体现场微直播，使旗下三峡日报社、三峡商报社微博点击量均突破2000万。此外，三峡日报传媒集团"中央厨房"还在长江生态保护、中央环保督察、长江钢琴节、长江三峡国际旅游节等重大宣传中发挥了重要作用，为提升"四力"增光添彩。

（五）廊坊日报社"中央厨房"

作为北方媒体代表的河北廊坊日报社，充分学习借鉴人民日报社"中央厨房"建设模式，同时打造舆情平台、大数据平台、经营创收平台、智慧社区平台"四大平台"，与"中央厨房"数据共通、内容共用。廊坊日报社的"中央厨房"建设，将旗下8类23个媒体统筹起来，充分发挥其新闻资源的集散功能、全媒体全天候发布功能和调度指挥功能。

廊坊日报社在中央厨房建设中注重搭建"舆情平台、大数据平台、经营创收平台、智慧社区平台"，由此统领旗下8类23个媒体。信息采集和人员调配则通过QQ群、微信群统一调度，信息全媒体全天候发布。"中央厨房"建成后，该报信息发布呈现梯次推送，微博推送保持在30分钟内，微信、客户端确保在2个小时内推送，纸媒则确保在4个小时内推送。由于这种深度融化、全媒体全天候梯次推送，其传播力和影响力得到全面提升。其官方微信、微博推送的环保小说《霾来了》点击率突破1亿次。媒体"四力"的提升也为其带来可观的经济效益，据统计，2016年该报仅新媒体收入就增长了1000万元。

第十编

我国手机媒体发展现状与趋势

中国新闻出版研究院课题

负责人：杨驰原
所在单位/部门：本课题组
结题时间：2016年12月

前　言

　　2000年5月17日，在世界上第一条短信发出8年后，中国移动正式开通了短信(SMS)服务，发出了中国第一条短信。当年，中国的短信发送量是10多亿条。至此，手机告别了简单的通讯工具属性，成为一个新的媒体。对手机媒体的发展，本刊一直十分关注：2005年，在中国短信业务开通五周年之际，本刊即在当年第5期制作了一个专题，专门研究和探讨手机短信及手机作为媒体的发展现状与未来趋势；2010年，在手机成为媒体10周年之际，本刊策划推出了《手机：超媒体时代来临》专题，提出手机并非有关专家一再主张的"第五媒体"，而是超媒体。现在，手机媒体已经成长为普及率最高、使用率最高、影响力最大的新媒体，但业界、学界对手机媒体的研究相对落后，为此，在2016年初，本刊向主办单位中国新闻出版研究院申报了"我国手机媒体发展现状与趋势研究"课题，该课题被列为中央级公益性科研院所基本科研业务费专项资金资助项目。为做好该课题，我们组织了中国人民大学、中国传媒大学、全国手机媒体专业委员会等专家座谈，组织了问卷调查，组成了以中国人民大学匡文波教授为首席专家的课题组，使该课题成果具有深入性、系统性和权威性。现将该课题的研究成果编发于此。

本课题组
2017年1月

麦克卢汉在其《理解媒介：论人的延伸》一书中提出，"媒介是人的延伸"。任何一种媒介，都是对人的感官的拓展或延伸。手机媒体正是一种对人的视觉、听觉、触觉等感官的综合性延伸。手机媒体自诞生以来，经过十几年的发展，其普及程度越来越高，参与传播活动的领域越来越广泛，形式越来越多样。手机媒体正在改变社会信息的传播方式和人们的日常文化生活方式，随着媒介社交的兴起，手机媒体已经成为人们日常工作、学习、生活中必不可少的一部分。

第一章　手机媒体的定义、特点和研究现状

第一节　手机媒体的定义

手机也被称为移动电话或无线电话，是一种通讯工具。早期的手机只有语音通信功能。手机自从有了文本编辑和短信收发功能后，就被赋予了媒体的属性，成为手机媒体。

目前，关于手机媒体的概念界定，国内外学界、业界尚未达成共识。

中国互联网信息中心2008年发布的《中国手机媒体研究报告》(2008)中，将手机媒体定义为：通过手机终端，进行各种（文字、音频、视频等形式的）媒体内容的传播。

中国人民大学匡文波教授曾在《手机媒体概论》一书中提出，所谓手机媒体，是借助手机进行信息传播的工具。随着通信技术、计算机技术的发展与普及，手机就是具有通信功能的迷你型电脑，且手机媒体是网络媒体的延伸。

童晓渝、蔡洁等在《第五媒体原理》一书中提出，手机媒体是对个人信息空间的延伸，以及与其他媒体资源的整合。

李丹丹将手机媒体的定义分为狭义和广义。狭义上来看，手机媒体就是

媒体融合

一种大众传播媒介；广义上来看，手机媒体是个人移动信息终端以及与之相关的传者、传播机构或组织的总称。

李亚玲认为手机媒体是一种以手机为载具，以通信网络和互联网为传输介质，进行公开的公共信息传播的公器。

以上对手机媒体的定义各有优点，但随着手机技术的创新与网络、通信技术的发展，这些定义也逐渐呈现出一定的局限性和滞后性。笔者认为，手机媒体是借助于手机进行各类传播活动的工具，是一种利用移动通信网、无线互联网进行智能化的信息生产、传播的终端媒介。手机媒体将智能化的媒介硬件与各类多媒体应用软件融为一体，将大众传播、群体传播、组织传播、人际传播等多种传播形式聚于一身。手机媒体是一种融合的媒体形态，具有强大的媒体延展性和开放性。

第二节 手机媒体的特点

（一）移动性

手机的小巧便携给予了手机媒体的移动性基因。移动性是手机媒体区别于其他媒体的重要特性，人们可以借助手机媒体随时随地获取和传播信息。手机媒体的移动性为其成为填补人们日常碎片时间的重要手段提供了可能，人们可以在候机、坐车的过程中享受手机媒体带来的丰富多彩的信息与服务。手机媒体的移动性不仅实现了信息的共时性接收，更实现了信息的共时性采编。手机媒体，尤其各类具有图片、音视频采集、编辑等数字化多媒体功能的手机媒体，大大缩短了传统媒体与新媒体信息从采编到播发的时间。自媒体的快速发展，极大一部分原因也得益于手机媒体的移动性。移动性，让手机媒体成为带有体温的媒体，为其传播的即时性、实时互动性以及广泛的普及提供了前提和保障。

（二）即时性

手机媒体的传播，是一种基于移动通信网和无线互联网的数字化信息传播，传播速度快、范围广、时效性强。随着传播技术的不断成熟与完善，手机媒体的传播成本已非常低廉。和广播、电视一样，手机媒体也是一对多的同步大众化传播，不同的是，手机媒体汲取了网络传播的优势，信息传播过程更简单、快捷，一键转发功能使手机媒体的传播活动能够突破空间界限，大大压缩传播活动的周期，在信息的传者和收者之间，形成强烈的共时性。

（三）互动性

手机媒体能够利用移动通信网和无线互联网进行数据信息的上行、下行实时传输，因而具有强大的互动性。手机媒体的互动性，在其发展初期，表现为通过手机短信等方式与信息发布者进行互动交流，随着 3G/4G 的到来和 WLAN 的广泛普及，手机媒体的互动功能大大增强。一方面，手机媒体用户可以通过访问网络获取个性化的信息服务；另一方面，借助于 WAP 页面、手机 App 提供的打赏、评论、点赞、转发等功能，实现信息传播多主体之间的实时互动。以微博、微信为代表的社交媒体，大大增强了手机媒体互动的速度、深度和广度。

（四）普及性

手机媒体具有广泛的普及性。截至 2016 年 6 月，中国手机网民规模达 6.56 亿，随着移动通信网络环境的不断完善以及智能手机的进一步普及，移动互联网应用向用户各类生活需求深入渗透，促进手机上网使用率增长。手机媒体的普及程度已经大大超越了以往所有形态的媒体，近年来其用户规模继续保持快速增长的势头。手机媒体已成为人们日常生活中不可或缺的一部分。

（五）多媒体化

通信与网络传输技术的不断创新、完善，传输带宽已不再是制约手机媒体数据传输与发展的因素，其为手机服务的多媒体化提供了重要的技术保障。手机媒体借助于文字、图片、声音、动画、视频等表现手段，提供了涵盖手机报、手机广播、手机电视、手机杂志等多种形态的多媒体、立体化服务。用户通过手机，不但能阅读个性化的电子报纸、书籍，根据个人喜好收听收看广播电视，还能享受个性化的音乐与视频点播互动服务。随着社交软件与直播软件的出现，实时语音、视频通话、实时视频直播已经成为一种潮流、时尚。

（六）私密性

手机媒体服务于广大个体用户，是一种极其普及，但又非常个性化的传播媒介，具有很强的私密性。用户除非主动与他人分享，否则将独占手机媒体提供的各种个性化信息服务。用户对于信息的获取和信息的发布，都具有强烈的自主性，可避免外部社会因素过多的阻止与骚扰。大数据时代，手机媒体的用户行为数据常常被企业采集，并以"千人千面"等方式向目标用户推送广告、数据，而作为一种私有媒介，手机媒体的用户参与信息传播活动，呈现出更强的私密性。手机媒体的私密性对用户的个人隐私权是一种极大的保护。然而，私密性也为手机传播虚假信息的乱象埋下伏笔，为相关监管工作预设了一定的难度。

（七）兼容性

手机媒体具有强大的兼容性，不单能兼容文字、图片、声音、动画、视频等多种媒介形态，更能兼容学习、游戏、娱乐、电商等各种应用服务。随着大数据、云计算、物联网等新技术的出现，"互联网+"已经开始颠覆各大传统行业，兼容了互联网各种优势的智能化手机媒体已成为新形势下各大行业的发力点。各种教育类、视频类、游戏类、电商类、医疗类、社交类应用服务 App 已初具规模。苹果在 2008 年推出了 App Store 应用商店，当年年末 App 应用数量达到 5000 个，2015 年底达 175 万个，到 2016 年 7 月，App 应用数量约为 200 万个。手机媒体的巨大兼容性已延伸到大部分行业与服务。有人称，只要有一个需求，就一定能找到至少一个与之匹配的 App。手机媒体的智能化让其兼容性大大提升，品种多样的 App 应用助其更好地服务于用户的个性化需求。

第三节　我国手机媒体的研究现状

近年来，我国对手机媒体进行研究的成果颇丰。当前国内一些著作大都从手机媒体的传播特征、发展沿革、媒体形态、商业模式、营销策略与监管体制等方面，对手机媒体进行了各个层面的剖析。

匡文波的《手机媒体概论》是国内最早针对手机媒体展开研究的学术专著，该书对移动信息传播的理论与技术进行了全面的研究，探讨了手机媒体的特点、发展、类型、宏观管理、微观经营、用户特征等。匡文波的《颠覆传媒——手机：新时代的电脑和器官》和《手机媒体——新媒体中的新革命》，主要从手机媒体的定义、手机媒体的传播特性等方面为手机媒体的研究领域进行了概念框定。同时，著作从手机短信、手机报、手机出版、手机电视、移动博客、手机广告、移动增值服务、手机媒体引发的问题与管理等方面，对手机媒体进行了全面、翔实的分析解读。

童晓渝、蔡洁等所著的《第五媒体原理》一书，通过分析手机对人类通信方式的影响，对第五媒体进行概念界定，通过建构基本的信息传播理论框架来对第五媒体进行结构性的规律探讨。此外，该书还就第五媒体对经济、文化、社会带来的影响进行了详细阐述，提出了相关的营销模式和理论，对传播活动中的营销实践有一定的启发。

李丹丹的《手机新媒体概论》一书介绍了手机新媒体的发展过程，并从传播学和管理学角度，对手机媒体的发展过程进行了梳理。

田青毅、张小琴的《手机：个人移动多媒体》一书，将手机界定为一种个性化、便捷化、网络化、多媒体化的个人移动多媒体，并从其技术标准、国内外产业发展、内容生产管理、市场策略等方面，框定了研究的范畴。

黄河的《手机媒体商业模式研究》一书，主要围绕手机媒体五大类业务及其商业模式进行阐述，并基于业界典型案例，对"做平台""做内容""做营销""做服务"几大模式深入阐述。

朱海松的《第一媒体——手机媒体化的商业革命》一书，主要论述了手机媒体化过程中的商业价值。该部著作基于中国移动的相关业务，从无线广告和无线营销这两个具体的应用领域，阐述手机媒体的营销理念。研究对中国移动相关业务的阐述非常具体、翔实，但整体视角相对狭窄，缺乏学术气质。

刘滢的《手机：个性化的大众媒体》一书，将手机媒体分为手机短信、手机报、手机电视、手机互联网、手机广告五大类别，并从概念、内容、运营等方面分别做了相关分析和阐述。

秦艳华、路英勇的《全媒体时代的手机媒介研究》一书以手机短信为主，剖析了手机媒体的传播模式、传播主体和价值生成。本书还阐述了手机媒体引发公民新闻的"蝴蝶效应""共鸣效应"和"溢散效应"，以及手机媒体的草根品格。

王虎的《中国手机电视产业发展问题研究》一书，将手机电视作为一种重要的媒体形态，从产业的角度进行了深入解析。

学术论文研究方面，截至 2016 年 11 月 20 日，关于手机媒体研究的相

> 媒体融合

关学术期刊文献总量为 3534 篇，其中中文核心期刊 620 篇，CSSCI 来源期刊 159 篇。2006 年开始，针对手机媒体的研究文献数量每年都在 100 篇以上，2010 年至 2014 年每年发表学术文献量平均高于 300 篇，2015 年增加到一年 471 篇。这些研究成果对手机媒体的研究主要涉及以下几个方面：手机媒体发展现状与趋势研究、手机媒体的传播特性研究、手机媒体的商业模式、手机广告研究、手机媒体受众分析、手机媒体的问题研究、手机媒体对传统行业的影响和启发、手机媒体与危机传播、手机媒体内容发展研究、手机媒体对传统媒体发展的影响、手机媒体的信息安全问题以及手机媒体在高校学生教育与课堂应用中的思考等。

总体来看，针对手机媒体相关领域的主题研究基本都有涉及，也不乏有力的观点，但研究成果整体呈现出一种时代滞后性。学术成果数量较多，但品质有待进一步提高。总结、盘点手机电视业务实践情况的学术成果较多，针对手机媒体对传统媒体影响的研究成果较多，但针对当前手机电视发展现状，尤其是大数据、移动互联网广泛应用给手机电视带来的新变化，手机媒体近年来呈现出的新特点、新趋势的研究成果较少，与当前的社会实践活动有一定的脱节，研究内容显得较为同质化。目前的学术成果中，从传播策略方面对手机媒体作为一种传播工具的研究较少，如手机媒体传播的内容研究、受众研究、传播模式研究、效果研究等。

第二章　手机媒体的发展阶段及其引发的传播变革

手机作为一种通讯工作，其一开始只具备基本语音通话功能。手机的短信功能，是手机与媒体正式联姻的开端。随后，手机的功能从短信到彩信、手机报，文件形式从文本到图片、声音、动画、视频，手机整合了传统的报纸、广播、电视媒体形态，其媒体功能越来越强大。随着移动通信技术、互联网技术以及无线互联网的快速发展，手机从2G（第二代移动通信技术）时代，经过2.5G，步入了3G（第三代移动通信技术）、4G（第四代移动通信技术）时代，并迈向5G（第五代移动通信技术）。2.5G时代WAP（无线应用服务协议）是移动通信技术与互联网技术结合的第一阶段性产物，手机开始能够通过WAP浏览器浏览专门的WAP网站的图片和文字。随着3G的到来，新一代的移动通信系统融合了国际互联网的多媒体通信技术，在原有图文服务功能的基础上，支持手机通过无线网络进行多媒体网页浏览、实时可视通话、音视频观看、电子商务、网络游戏等多种信息服务。3G网络的开通，使手机上网开始正式进入人们的生活。4G集3G与WLAN于一体，能够传输高质量的音视频与图像、多媒体文件，通信速度更快，性能更稳定。目前5G在各国已从概念进入到技术研究阶段。

随着移动通信技术的发展，手机经历了从功能手机到智能手机的两个阶段。在不同的阶段，手机媒体作为一种传播媒介，对人类传播活动带来的影响也不尽相同。

第一节　功能手机及其主要媒介形态

功能手机是相对于智能手机而言的，智能手机出现之前，手机只具备基

媒体融合

本的语音通话和短信两大基础功能，附带游戏、铃声等少量简单功能。短信开启了手机与媒体的首次联姻。功能手机阶段，人们对于手机媒体的研究主要集中在手机短信、彩信上。笔者在此也主要以手机短信、手机彩信作为代表进行阐述。

手机短信并不是手机媒体的全部，而是一种初级存在形式，且可算是我国的一种特色。手机短信在我国成为一种传播手段，一方面是由于我国早期通信资费标准体系中，语音通话相对较为昂贵，而短信资费较为低廉；另一方面是由于短信功能的简单、易用，容易在用户中得到大量普及。2003年徐阵明、严三九等人通过对"非典"谣言传播的调查，发现手机短信是一种非常值得关注的信息传播通道。手机短信从作为一种人与人之间通信的方式，逐渐成为一种新的人际传播模式，成为一种新的大众化信息传播的媒介手段。

手机短信能够随时、随地进行传播，突破了传播的时空界限，大大弥补了传统媒体的不足。"广州非典事件"在短期内迅速发酵，从区域性公众舆论迅速扩散到全国，传统媒体的缺位导致信息未得到充分及时的公开是一方面，而手机短信则在其中扮演了非常重要的角色。手机短信之所以快速彰显其媒体特质，主要因其用户多、覆盖面广、传播方式便捷。

手机短信引发了传统传播秩序的巨大变化。在传统报纸、广播、电视、互联网的基础上，手机被称为"第五媒体"，成为一种新的传播媒介，并引发了传播模式的巨大变化。手机短信逐渐成为人际传播、组织传播的工具，然而，短信作为一种手机媒体初级形态，有较大的局限性。一方面，短信的表现形式单一，只能传播简单的文字，且一条短信最多智能传递70个汉字，信息承载量非常有限；另一方面，初期手机短信的信息传播一般在人际、组织成员之间进行，不具备大众传播的功能，因而也缺乏权威性，且对传播者准入门槛的设置标准极低，导致短信传播活动泛滥，缺乏监管。时至今日，短信已经逐渐被国家官方机构应用于预警信息、公众服务信息发布，具备了一定的大众传播功能，但依旧难以逃脱其媒介形态固有的限制。各色广告骚扰信息、诈骗短信依旧层出不穷，垃圾信息内容花样百出。

随着多媒体技术的发展，在手机短信的基本文字编辑、收发功能基础上，手机媒体逐渐衍生出手机彩信、手机报等多种形态。手机彩信是在短信的基础上延伸了传播内容的形式，从文字拓展到图片、声音、动画等。手机彩信基本延续了手机短信的信息传播模式，只是传播的内容、表现形式更加丰富多彩。早期的手机彩信依旧只是人际传播、组织传播的工具，直到基于彩信功能的手机报出现。至此，手机彩信开始具有了大众传播的功能。手机报是基于移动通信网进行传输并在手机上进行阅读的、由报社与移动运营商合作并做了特殊编辑后的新闻，内容主要以图片、文字的形式呈现。手机彩信最大文件传送容量为100KB，因而可以传送更多的内容。手机报，是主流报纸媒体的一种传播活动延伸。

中国第一家手机报是2004年7月《中国妇女报》推出的《中国妇女报·彩信版》。2004年9月，新华社云南分社与云南移动通信公司合作，开始提供"新华快讯"手机报。2004年10月，中国日报与中国移动合作，推出了中国国家级报纸《中国日报》手机报。2006年11月，新华社与中国移动联合推出了新华手机报。2007年2月，人民网与中国移动合作，推出了《人民日报》手机版。随后各省省级日报也纷纷与当地移动通信公司合作开展手机报业务。早期手机报的内容主要是传统报纸刊登新闻的摘要、精编。手机报开启了彩信的有偿服务，《中国日报》手机报资费标准为1元/条，新华社手机报资费标准为5元/月，《人民日报》手机报则以包月的方式，分地区资费标准3元/月至8元/月不等。而第一家手机报《中国妇女报》手机报，资费标准为20元/月。由此，手机报引领手机作为一种媒介，正式加入了大众传播媒介的行列。

第二节　功能手机引发的传播变革

1948年拉斯韦尔明确提出了传播过程及其五个基本构成要素，即：谁（Who），说了什么（Says What），通过什么渠道（In Which Channel），对谁说（To Whom），取得了什么效果（With What Effect）。这就是著名的5W传播模式。简言之，五要素包括传播者、受传者、传播内容、传播媒介、传播效果。传统的报纸、广播、电视通常是媒体单位向广大受众一对多发布信息，传播者的角色通常更加官方，媒介也作为党和政府的喉舌，大都服务于政府及相关部门。传播效果极大地取决于接收信息的受传者的数量规模。信息的传播者与受传者之间比较少进行互动，从整体上来讲，受传者在传播活动中

>> **媒体融合**

处于一种比较被动的地位。

手机作为一种媒体形式的出现，引发了新一轮传播活动的革新。功能手机阶段，手机短信、彩信、手机报的信息传播活动中，传播者、传播内容、传播媒介、受传者，乃至传播效果的评估方式都发生了巨大的变化。

（一）传播者

手机短信传播主体的身份不再是传统的主流媒体，传播者大多是个人、群体或组织。作为人与人之间信息沟通手段的延伸和补充，手机短信的传播一般呈现出一对一、一对多的特点，通过信息的单发和群发，将传播内容直接传递给个体受众。这个阶段传播者具有更强的主动性，整个传播活动依附于原有的人际关系，因而更容易得到信息接受者的信任。传播者与受传者能够实时互动，他们往往是一种更加对等的关系，这大大区别于传统媒体的媒体主导与受众被动接受的传播模式，手机短信的信息传播者和受传者平等地参与到传播活动中，并可实时互动。传播者的角色也会随传播活动发生变化，形成角色灵活互换。

手机报不同于手机短信，手机报是一种大众传播活动，其传播者还以主流媒体，尤其是主流报纸媒体为主，权威性优于手机短信、彩信传播，但互动性相对较差，主要还是沿袭了传统报纸的传播模式：报社发布信息，用户接受信息，除了传播途径是彩信的方式，传播者与受传者——用户双方之间互动极少。

（二）传播内容

手机短信的传播者大都不是官方媒体，因而传播的内容更加个性化，更加符合传播者和受传者的传播活动需求。传播内容不再是面向大众的、普适性的信息，而是贴近小众人群的个性化、群体化的信息。一对一的人际传播，内容更倾向于实现对人的情感需求的满足和娱乐功能。一对多的群体传播，内容更倾向于共有性的信息传递、话题探讨等。由于传播主体多为个体或非官方组织，手机短信的传播内容真实性难以保证，缺乏权威性。"非典"舆论短期内急剧升温，正是将突发事件的群体性需求与个体之间情感需求，由群众自发地通过短信进行人际传播、群体传播，实现传播内容的最大化扩散。"非典"传播尤其是相关谣言带来的不良社会后果，正是由于传播内容的真实性无法考证。因此，手机短信并不是非常理想的大众新闻传播媒体。

功能手机阶段的手机报，其传播的内容主要来自主流的、官方的媒体，权威性高，内容主要是对主流媒体稿件的摘录、精编，基本没有针对手机用户单独采编的新闻信息。

（三）传播媒介

短信、彩信、手机报是功能手机阶段手机媒体传播活动的主要媒介形式。短信、彩信作为手机的基本功能和标准配置，为每个人成为传播者或受传者提供了便捷的工具。人们可以编辑短信，随时随地发送给所希望的信息接收者。不同于报纸、广播、电视，用户只要拥有一部手机，就可以随时随地进行信息传播活动。当然，初期的手机只能支持普通短信的编辑发送，受短信编辑字数限制，短信这一媒介的信息承载量非常有限。这一局限性在后续出现的手机彩信、手机报中得到一定程度的缓解。在移动通信网络服务范围内，短信能够实时收发，因而手机短信、彩信传播时效性更强，且能够实现传播者与受传者之间信息的实时互动。

手机报较之传统媒体，其传播时效性更强，但与手机短信、彩信的灵活性相比，其个性化程度较差，主要通过移动运营商以群发的方式推送给订阅的用户。虽然都是借助于手机这一传播媒介，但手机报的传播者很难通过手机，针对传播内容与受传者发生互动。随着手机报商业模式的变化，手机报逐渐从用户付费订阅的商业模式转向依靠广告收费为主的商业模式，并试图通过手机报里的广告等营销手段与用户产生互动，但这类互动程度与互动水平很低。

（四）受传者

手机短信传播活动中，受传者的地位大大提升，与传播者处于对等的地位。受传者也可能随时随地成为信息的传播者。传播者与受传者的身份界限越来越模糊。受传者不再只是信息的被动接受者，也可以通过短信随时与传播者进行互动、交流。这一时期的受传者还常通过手机短信的转发功能，迅速加入信息的二次传播活动，成为新的传播者。由于手机短信的传播门槛很低，受传者在新的传播模式下具有更强的自主性。手机彩信受传者与短信受传者一样具有信息传播自由度，但彩信较之短信资费较高、文件较大、收发的成功率较低（依赖于网络信息覆盖质量和手机联网性能），因而，其使用普及程度、信息转发使用频率相对较低。

▶ 媒体融合

    手机报自诞生之日起，就是一种由传统新闻单位与移动运营商联合开展的付费业务，传统新闻单位被赋予了传播者角色，广大业务订购用户为受传者，其角色地位相对固定，手机报的用户再次转发的几率很低，因而手机报在一定程度上沿袭了报纸的传播模式，只是在收发介质和表现形式上，借助于手机这一媒体。

（五）传播效果

    通过手机短信进行的传播活动主要发生在熟悉的人之间，基于原有的人际关系，传播的内容往往具有更高的可信度，这种通过短信一对一或者一对多的传播方式，通常能够收获比大众传播更好的传播效果。同时，由于短信能够实时互动，对传播效果具有更好的增强作用。"非典"期间各类谣言快速扩散以及带来的社会恐慌，恰恰证实了手机短信这种非官方媒介巨大的传播效果和社会影响力。然而，随着各类虚假短信、骚扰短信传播活动的日益猖獗，短信传播内容的可信度与权威性越来越低，传播效果也越来越差。

    手机报的传播者是官方媒体，因而在功能手机阶段，相比手机短信，手机报的内容更加权威，可信度更高，传播效果也更好。

    手机报之后，开始出现了各种手机出版物。千夫长的《城外》是中国第一部手机连载小说，共4200字，被分割成60章，每章70字，由电信运营商以18万元买断版权后，分批发送给订购用户。整个模式与手机报类似，只是传播的内容是小说，不同于手机报内容来自传统的主流大众媒体。

    功能手机阶段，以手机短信、彩信、手机报、手机出版为代表的手机媒体，作为一种新的传播媒介，逐渐进入各类传播活动领域，并形成了初步的媒体影响力。因而，手机媒体也被称为独立于报纸、广播、电视、互联网的"第五媒体"。

第三节 智能手机及主要媒介形态

    随着信息技术的快速发展和手机的更新换代，手机媒体逐渐从功能手机阶段过渡到智能手机阶段。智能手机是手机与互联网联姻的产物。

    世界上首部智能手机是IBM Simon。1994年，运营商BellSouth Cellular 在

美国正式推出这款设备。Simon 提供日历、世界时钟和预约编排等实用工具，并能收发电子邮件，还可以运行存储在内存卡或其内部空间当中的第三方应用。虽然 IBM Simon 从技术上讲是首款商业发售的智能手机，但首款使用"智能手机"这个词汇的是爱立信 R380。R380 是首款运行塞班操作系统的手机。这款手机 2000 年上市，预装了一系列管理工具，包括日历、待办事项、世界时钟、语音笔记和联系人管理器，还内置了用于数据传输的红外接口，可通过内部的调制解调器使用 WAP 浏览器访问互联网或是收发邮件。早期的智能手机功能相对简单，但经过近 20 年的发展，智能手机的自动化程度已经大大提升。

从手机 WAP 上网开始，手机与互联网正式联姻，手机进入智能阶段。2002 年创办的空中网是最早为手机用户提供多元化无线娱乐服务的网络服务研发商与运营商，其以彩信、WAP 上网、手机游戏等 2.5G、3G 为主要开发平台，与中国移动、中国联通、中国电信结成合作伙伴关系，通过他们，为中国超 3 亿手机用户提供各类电信增值服务。初期的智能手机，一般都通过登陆空中网来浏览各类网络信息。后来，几乎所有的网站都开始开发并先后推出手机 WAP 版网站，提供手机与互联网的连接服务。这一阶段，手机能够通过接入 WAP 网站，浏览新闻、搜索信息、收发邮件以及开展电子商务。但由于当时网速慢、手机性能相对较差、资费高昂、网站商业模式不清晰、服务内容和水平远远不及电脑连接互联网等原因，WAP 并没有真正带动手机无线上网的大规模应用。

随着 3G、4G 的普遍应用和手机性能的不断提升，以及无线互联网的快速发展与普及，手机的智能化水平不断有了新的突破。对智能手机的定义，也不再限于 WAP 上网手机，而有了新的界定。

目前，智能手机能接入互联网，具有独立的、较为开放的操作系统，有独立的 CPU 和内存，运行速度更快、性能更好，能够安装各类应用程序，因而具有良好的延展性，基于智能化操作系统，可以通过安装第三方应用（App，application 的缩写），延展出很多新的功能和应用。

对比功能手机，智能手机更加人性化，可以根据人的需要进行软件功能的升级，以为人们提供更符合需求、更加人性化的服务。智能手机一般都具有很好的兼容性，能够兼容人们日常学习、工作、生活中的各种个性化应用。

当前各类手机应用，已涵盖到各种应用领域，先后涌现出一大批基于智能手机的应用服务，包括手机阅读、手机游戏、手机音乐、手机电视、手机视频、手机社交、手机电商等种类多元的产品。手机媒体的传播模式已从人际传播、群体传播扩散到组织传播、大众传播。近年来，社交媒体的出现更加强化了手机的社会化媒体功能。随着移动支付功能的兴起和完善，手机媒体已经开始渗透到人们日常传播活动和社会生活的方方面面。

第四节 智能手机引发的传播变革

智能手机强大的媒体功能已颠覆了传统的传播模式和媒体传播秩序。当前手机App应用涵盖新闻类、娱乐类、支付类、游戏类、教育类、美食类、旅游类、健康类、音乐类、电商类等多种类别，并兼容了报纸、出版、广播、电视、互联网视频直播、点播等多种传播形态，形成手机广播、手机电视、手机阅读、手机音乐、手机视频、手机游戏、手机社交等立体化的媒体服务形态。在手机媒体传播活动的整个过程中，传播者、传播内容、传播媒介、受传者乃至整个传播效果都发生了巨大的变化。

（一）传播者

手机媒体的传播者可以是个人、群体，也可以是传统媒体、各类企业、社会组织等。近年来，随着微博、微信等社交媒体的快速普及，各种个人、组织的官方微博、微信公众号成为一个新的信息传播平台。传播主体也从功能手机时代的个人、群体，扩展到传统媒体、政府官方机构、企业与社会组织，以及各类自媒体。传播者囊括官方的、民间的各种组织、团体和个人。传播活动也逐渐深入到社会各个领域。总体来说，功能手机时代，手机媒体主要的传播活动以人际传播、群体传播为主，兼有一定的组织传播、大众传播（如手机报）。智能手机时代，手机媒体全面扩大了人际传播、群体传播、组织传播、大众传播的传播范围、内容和层次。

智能手机阶段，手机媒体大大改善了传统媒体信息与受传者之间的主被动关系，受传者的被动地位得到大大改善。从"内容为王"到"渠道为王"，传播者所争夺的终极目标，从内容到服务，最后落脚在受传者——用户这一群体之上。伴随着传播者范围的扩大，传播者的权威性、公信力也不尽相同。个体传播者在大众传播活动中的公信力相对较弱，而在人际传播中，依靠其社交网络中的强关系与弱关系，往往具有较强的可信度。官方组织、媒体类传播者在大众传播活动中的公信力相对较强。政府、企业、社会组织也都纷纷通过开通官方微博、微信等信息发布平台，积极争取传播者的主动性与话语权，整个社会都呈现出一种媒体化倾向。

（二）传播内容

随着传播活动的主体——传播者的变化，传播的内容也发生了巨大的变化。传统媒体环境下，大众传播与人际传播几乎"井水不犯河水"，传播内容主要来自传统的媒体机构，而智能手机逐渐模糊了大众传播与人际传播的界限，将个人、群体、媒体、社会组织和机构生产、传播的内容都纳入到现代传播内容体系中。智能手机作为网络媒体的一种移动端延伸，其拍摄、编辑、上传、发布功能更加全面、便捷，为各类传播主体自发开展内容生产提供了可能。

除传统媒体机构生产的专业性内容外，各种企业、机构、组织、个人等非专业化传播者编制的传播内容也大量加入，加之互联网 UGC 服务向手机媒体的延伸，手机媒体的传播内容更加广泛，形式更加丰富，同时也带来传播内容的参差不齐。传播的内容有新闻资讯、政府公共服务信息，也有各种企业营销、推广、产品销售的信息，有大量社交媒体大 V、自媒体的独家观点，更有大量个体用户自发发布的微博、微信等内容。传播内容涵盖传统广播、报纸、电视以及互联网提供的内容服务，类别覆盖新闻、娱乐、影视、资讯、游戏、电商、动漫、体育、教育、音乐等各大领域。

（三）传播媒介

智能手机阶段传播活动的媒介仍然是手机。不同的是，功能手机阶段，手机媒体主要利用手机自带的短信、彩信等基本功能进行信息传播，而智能手机阶段，手机媒体可自由访问各类手机 WAP 网站，安装各类手机应用 App 进行信息互动，传播活动更加多样、自主、便捷。媒体机构在原有传播媒介的基础上，通过开发、推广自有客户端和在微博、微信等社交平台上建立公众号，进行新闻传播和信息服务。传统企业、政府机构、社会组织通过社交平台的公众号进行信息权威发布。

> 媒体融合

随着手机的智能化发展，手机媒体已不仅仅是一种媒体形式，作为传播媒介，时代赋予了手机媒体更多的功能和使命。各类互联网企业通过开发手机 App 应用，向用户提供多种多样的信息与应用服务。互联网企业借助于 App 接入大量用户，在为用户提供信息或服务的同时，实现产品的商业价值。作为互联网的延伸，智能手机继承了互联网优质的实时互动性基因。无论是 App，还是公众号、手机 WAP，都具有强大的互动功能，包括对传播内容的实时评论、转发、点赞、打赏等。传播媒介的功能也从简单的信息传递扩展到工作、娱乐、休闲、生活服务各个领域。

手机媒体的传播活动无处不在。不仅如此，手机媒体已经突破了信息传播的媒介属性，逐步彰显出明显的政治、经济和文化属性。手机购物、手机电商、手机智能家居服务……手机媒体在信息传递的过程中，从提供信息服务，走向提供政治、民生服务、社会经济服务和文化消费服务。

（四）受传者

智能手机阶段，传播活动的受传者角色更加多样，在整个传播活动中的地位进一步提升。传播者与受传者身份之间的界限被打破。智能手机时代，传播活动的门槛进一步降低。借助于手机媒体和各类 App 服务平台，所有的传播者都是受传者，所有的受传者都可以成为主动的传播者。随着智能手机的功能多样、使用便捷，受传者也呈现出更加个性化、自主性的发展趋势。

一方面，作为传播活动的受传者，在海量的信息传播活动中，借助于手机媒体，受传者具有更强的自主选择性，可以根据自身喜好选择和订阅个性化的信息和服务。受传者的个性化需求大大提升，在传播活动中的主动性日益凸显。"今日头条"以"你关心的，才是头条"为服务宗旨，在积极聚合各大门户全平台新闻资讯的同时，用大数据对受众行为进行分析，精准地向受众提供个性化内容服务，聚合了多达三亿的用户规模，成就了其良好的发展势头和行业的领先地位。

另一方面，以微信、微博为代表的社交媒介，逐渐打破了受传者的单一角色定位。微博、微信不仅支持受传者浏览信息，更支持其自主编辑、发布信息、转发信息，因而，受传者不再是单一的信息接受者，而是信息的发布者，其角色发生了明显的变化。传播者与受传者之间的界限越来越模糊。所有的传播者都是受传者，所有的受传者也可以成为传播者。传播者角色不再是媒体的专利，受传者角色也不再是被动的接受者。

因而业界也普遍认为，当前的"受传者"，用"用户"来表述显得更加科学、合理。用户，是一种综合性的传播活动主体角色。当前手机媒体时代，"得用户者得天下"已成为移动互联网行业的商业圣经。

（五）传播效果

手机媒体的移动性、便捷性、互动性大大提升了其传播活动的效果。手机媒体全面整合了报纸、广播、电视、互联网的优势，其传播效果已经远远超越传统媒体。随着 3G/4G 与移动互联网的广泛普及，手机媒体已经开始全面参与信息传播活动的各个阶段。2015 年"天津爆炸"突发事件的传播，手机媒体的传播速度远远超前于传统媒体，其传播效果不言而喻。在"天津爆炸"事件传播活动中，据查，最早关于此事件的消息来自一位博主的微博，随后多位网友用微博、微信的方式发布了天津爆炸的消息，并附有拍摄到的部分现场照片和视频。随后，消息被众多的用户（信息接受者）通过手机社交平台进行转发，快速促成了信息的二次传播，这些用户主动加入到传播活动，大大提升了传播速度，并迅速扩大到全国范围。主流媒体到达现场之前，消息已经得到广泛的传播。手机媒体用户自发参与传播活动，使手机媒体对这一事件的传播效果远远超过传统媒体。

同是借助于手机媒体，不同的传播主体、传播内容、传播形式，其产生的传播效果也会相差悬殊。以手机新闻类 App 客户端为例，传统主流媒体的 App 应用更有权威性，但今日头条、腾讯新闻等互联网新闻类 App 产品已经占领了更大的用户规模。究其根源，这类基于移动互联网的手机 App 有更加快捷、智能的方式，不仅可以为用户提供个性化的信息服务，更能提供灵活的互动功能，帮助用户系统性地了解相关信息，进行信息内化，甚至自发地评论、转发收到的信息，形成二次传播的效果。

随着当前信息化社会的快速发展，传播活动及效果不再仅限于新闻、资讯的用户达到率和接受程度，而是拓展到各种信息、资讯的应用与社会服务领域。手机支付、手机游戏、电商与金融服务等，为传播活动扩展了新的服务领域，也引发了新的传播效果体现形式和传播效果评估机制。一方面，传播效果直接表现为用户对传播信息的接受、互动程度和对传播活动效果的评价。另一方面，传播效果可体现在用户接受信息后产生的个性化的社会活动

> **媒体融合**

行为上，如信息转发、相关产品和服务的购买与消费等。传播的效果可通过大数据技术和手段，进行更为科学、合理的评估。

如果说移动互联网正在颠覆整个社会的传统行业，那么基于通信网和移动互联网的手机媒体，已引发了传播领域有史以来最为广泛、深刻的变革，一轮手机媒体的全行业应用渗透与颠覆正在上演。

第三章 手机媒体发展现状

当前，智能手机快速更新换代，手机性能更优化，功能更丰富，服务更智能，使用更便捷。随着3G/4G移动通信网络的不断完善和移动互联网络覆盖范围的日益扩张，手机已经远远超越台式机、笔记本、平板电脑和网络电视，占据上网设备的主导地位。手机媒体整体呈现出一种蓬勃、繁荣的发展景象。

第一节 用户规模扩张迅速

2016年7月，CNNIC（中国互联网络信息中心）发布的第38次《中国互联网络发展状况统计报告》显示：截至2016年6月，我国手机网民规模达6.56亿，较2015年底增加了3656万人。网民使用手机上网使用率为92.5%，比2015年底的90.1%提升2.4%，手机在上网设备中占据主导地位。仅通过手机上网的网民达到1.73亿，占整体网民规模的24.5%，网民上网设备进一步向移动端集中。具体增长情况如图。

媒体融合

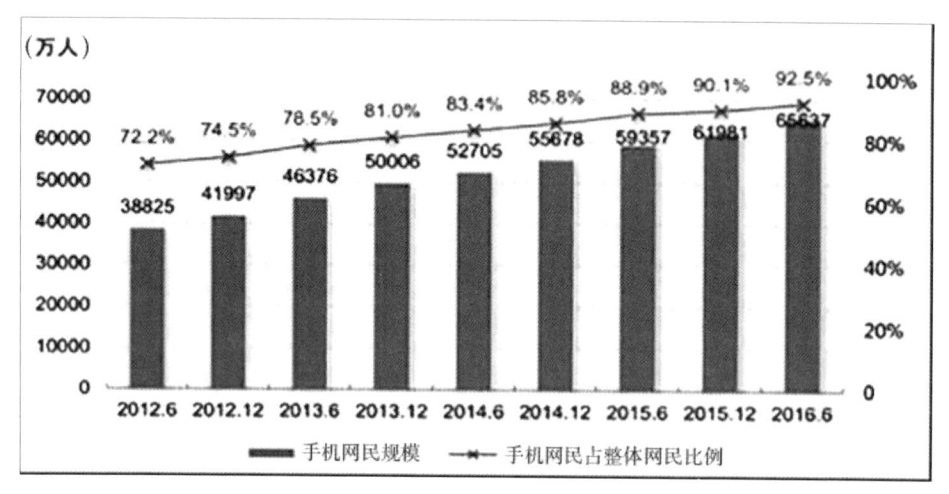

中国手机网民规模及其占网民比例

随着3G/4G移动通讯网络和无线互联网对网络信号覆盖的不断完善，以及智能手机的进一步普及，用户通过手机媒体能够随时随地便捷上网、享受各种便捷的应用与服务。移动互联网的各类应用通过手机媒体，快速渗透到人们日常工作、学习、生活、娱乐的各个应用领域，大大促进了用户规模的快速提升。尤其近年来出现的以微信为代表的社交媒体，其便捷的信息、语音、视频实时通信功能由于成本低廉，迅速抢占了大量用户。微博、微信这类手机社交产品，借助于人际传播的强关系和弱关系，迅速形成群体性的用户扩张，掀起了一股全球化手机社交热潮。腾讯控股有限公司第三季度财报公布，截至2016年9月30日，微信和Wechat合并月活跃账户数达到8.46亿，同比再次大增30%。微信的普及程度，在一定程度上代表了手机媒体的用户规模发展现状。

CNNIC发布的第38次《中国互联网络发展状况统计报告》中显示，截至2016年6月，我国手机网民中通过3G/4G上网的比例为91.7%，较2015年底增长了2.9个百分点。通信运营商的"提速降费""数据流量次月可累积"，为手机媒体用户的进一步增长提供了稳定、可靠的保障，也为基于手机媒体上网开展服务应用的多样化媒介功能提供了基础保障。城市公共WIFI、家庭、商业等特定场所WIFI网络建设，为手机媒体的上网应用服务提供了有力的支撑。因此，手机媒体的用户规模还将呈现出继续上涨的趋势。随着用户规模的上升，手机媒体的社会影响力也迅速凸显。

第二节　应用服务种类丰富

当前手机媒体的各种应用种类多达数百万种，仅苹果商店提供的基于 iOS 系统提供服务的应用总量已达 200 万种。应用服务涵盖手机即时通信、手机新闻、手机搜索、手机音乐、手机视频、手机支付、手机购物、手机游戏、手机银行、手机阅读、手机旅游、手机外卖、手机金融、手机运动、手机健康、手机在线教育等类别。

CNNIC 发布的第 38 次《中国互联网络发展状况统计报告》显示，截至 2016 年 6 月，手机即时通信用户 6.03 亿，较 2015 年底增长 4627 万，占手机网民的 91.9%，是第一大互联网应用。手机搜索用户数达 5.24 亿，使用率为 79.8%，用户规模较 2015 年底增加 4625 万，增长率为 9.7%，仅次于即时通信功能，是第二大互联网应用。手机新闻用户规模为 5.18 亿，较 2015 年底规模增加 3635 万，增长率为 7.5%。微信、QQ 等社交应用的使用率分别为 78.7%、67.4%，微博的使用率为 34%。手机网络购物用户规模达到 4.01 亿，增长率为 18.0%，手机网络购物的使用比例由 54.8% 提升至 61.0%。手机网上外卖用户规模达到 1.46 亿，增长率为 40.5%，手机网上外卖的使用比例由 16.8% 提升至 22.3%。手机预订机票、酒店、火车票或旅游度假产品的网民规模达到 2.32 亿，较 2015 年底增长 2236 万人，增长率为 10.7%，我国网民使用手机在线旅行预订的比例由 33.9% 提升至 35.4%。手机支付用户规模增长迅速，达到 4.24 亿，半年增长率为 18.7%，网民手机网上支付的使用比例由 57.7% 提升至 64.7%。手机网络游戏用户规模为 3.02 亿，较去年底增长 2311 万，占手机网民的 46.1%。手机网络视频用户规模为 4.40 亿，与 2015 年底相比增长了 3514 万，增长率为 8.7%。手机网络视频使用率为 67.1%，相比 2015 年底增长 1.7 个百分点。手机网络音乐用户规模达到 4.43 亿，较去年底增加 2707 万，占手机网民的 67.6%。手机在线教育用户规模为 6987 万，与 2015 年底相比增长了 1684 万，增长率为 31.8%，手机在线教育网民使用率为 10.6%，相比 2015 年底增长 2 个百分点。各类应用的使用情况具体数据见表 1。

表1 2015.12—2016.6中国各类手机互联网应用的使用率

应用	2016.6 用户规模(万)	网民使用率	2015.12 用户规模(万)	网民使用率	半年增长率
手机即时通信	60346	91.9%	55719	89.9%	8.3%
手机网络新闻	51800	78.9%	48165	77.7%	7.5%
手机搜索	52409	79.8%	47784	77.1%	9.7%
手机网络音乐	44346	67.6%	41640	67.2%	6.5%
手机网络视频	44022	67.1%	40508	65.4%	8.7%
手机网上支付	42445	64.7%	35771	57.7%	18.7%
手机网络购物	40070	61.0%	33967	54.8%	18.0%
手机网络游戏	30239	46.1%	27928	45.1%	8.3%
手机网上银行	30459	46.4%	27675	44.6%	10.1%
手机网络文学	28118	42.8%	25908	41.8%	8.5%
手机旅行预订	23226	35.4%	20990	33.9%	10.7%
手机邮件	17343	26.4%	16671	26.9%	4.0%
手机网上外卖	14627	22.3%	10413	16.8%	40.5%
手机论坛/bbs	8462	12.9%	8604	13.9%	-1.7%
手机网上炒股或炒基金	4815	7.3%	4293	6.9%	12.1%
手机在线教育课程	6987	10.6%	5303	8.6%	31.8%

手机媒体的应用服务从基本的信息提供，逐渐渗透到人们日常娱乐、学习、生活、工作、社交活动等各个方面。手机支付让人们的消费活动更加便捷。手机电视、手机视频、手机阅读、手机游戏等业务，大大丰富了人们的文化、娱乐生活。股票、基金及银行类App方便移动金融人士随时随地快捷使用。医疗类App让药品购买、挂号预约服务变得更加便民……互联网行业人士普遍认为，"只要你有一个需求，就一定能找到与之对应的一款App"。

第三节　市场竞争日益剧烈

随着 App 应用种类和数量的井喷，手机媒体的市场竞争日益剧烈。以手机视频类 App 应用为例，目前，已逐渐形成以互联网视频网站、传统广播电视台、运营商流媒体类视频服务企业三大主要阵营，相互之间竞争十分激烈。

以乐视、优酷、爱奇艺为代表的互联网视频网站投入大量财力，用于版权购买和自制内容建设，虽积累了较大的用户规模，但依旧处于"烧钱"的亏损阶段，商业模式亟待转型。以芒果 TV、CNTV、百视通为代表的传统广播电视台纷纷推出了手机 App 应用，但大多只是将原有内容版权资源简单平移到移动端，商业模式主要是付费点播和广告。由于中国用户对于付费服务的整体接受程度较低，这类 App 应用依旧面临变现困难，加之高额的带宽成本，整体仍在艰难维系。以天翼视讯、咪咕视频为代表的运营商流媒体类视频直播、点播服务也成为一种热门的移动终端内容服务。天翼视讯推出"爱看4G"，目标直指 18—35 岁视频爱好者，提供海量高清院线大片、热播剧、热门综艺以及直播频道的服务。咪咕视频推出的直播专区、互动社区，内容涵盖数百个电视直播频道，以及海量的体育、综艺、影视、娱乐等点播资源类别。

相比广电类视频 App，移动运营商类的 App 应用具有更好的用户基础，但由于移动互联网的冲击，运营商的整体用户信息流量大幅下降，视频收入和利润都呈现逐年下滑的趋势。加之移动运营商在视频业务运营过程中对渠道的过度倚重，对版权方的回报过低，大大打击了版权方的积极性，伴随账期过长、坏账过多、结算过慢，整个视频业务逐渐陷入一种恶性循环。

除了同一阵营产品之间的竞争，不同阵营之间也有着强烈的产品同质化现象，因而整个视频点播市场价格体系混乱，而近年来随着互联网视频 App 的快速扩张，视频节目的成本越来越高，市场竞争更加激烈。为了争夺用户和市场，产品之间产生各种不良、无序竞争，盗版现象层出不穷，这极不利于整个产业生态环境的健康发展。

视频类 App 的激烈竞争状态只是手机媒体 App 数百万个应用之间竞争的一个缩影，新闻类 App 市场竞争也尤为激烈。腾讯新闻与"今日头条"的行业第一的争夺从未间断过，腾讯充分利用其社交产品积累的用户资源优势，大力推动腾讯新闻 App 的发展，"今日头条"则依靠大数据分析和精准推送，稳居新闻类 App 之首。一点资讯、天天快报 App 快速发展，紧随其后。搜狐、网易、凤凰、新浪等新闻门户网站的 App 市场占有率相对一般，传统主流报纸、广播电视媒体提供的 App 服务已经被边缘化，逐渐成为几大主要新闻 App 的内容提供方。一项来自猎豹全球智库的数据显示，截至 2016 年 9 月 26 日，中国新闻 App 市场竞争情况如表2。

表2 2016年9月中国新闻App TOP20排行

排名	应用名称	活跃渗透率	人均打开次数
1	今日头条	15.12628%	49.1
2	腾讯新闻	10.10712%	74.8
3	天天快报	4.60862%	23.1
4	一点资讯	3.47381%	28.7
5	搜狐新闻	1.82030%	10.7
6	网易新闻	1.48685%	16.5
7	凤凰新闻	0.71700%	21.0
8	新浪新闻	0.64292%	10.1
9	Flipboard	0.53408%	3.9
10	ZAKER	0.26565%	63.6
11	军事头条	0.14911%	22.9
12	微博头条	0.07669%	10.2
13	UC头条	0.07244%	7.1
14	百度新闻	0.05900%	26.1
15	号外	0.05698%	14.3
16	澎湃新闻	0.05428%	6.0
17	畅读	0.04256%	6.7
18	橘子娱乐	0.04019%	26.0
19	参考消息	0.02312%	11.4
20	知乎日报	0.01984%	17.0

数字来源：Libra http://www.jiemian.com/article/910019.html

曾有一项调查显示，全国平均每部手机上安装了 34 款应用，其中只有 20 款每天会打开。这一调查结果不一定完全精准，但已能够充分体现各类手机 App 市场竞争的激烈程度。有限安装与使用数量下，同类 App 产品会持续竞争，同类别的 App 中排名第一第二的可能被安装，排名第三的市场占有率已经完全不能与第一、第二相提并论。与此同时，不同类别的 App 在争夺用户过程中的竞争亦不可避免。用户通常因为不同的需求，安装不同类别的 App，这就进一步加剧了 App 市场的竞争。

近年来资本市场的资金大量涌入互联网企业，拿到投资的部分 App 用烧钱的方式迅速占领市场，而没有被资本市场眷顾的 App 举步维艰，甚至面临整个业务破产、下线的风险。

第四节　网络终端双重升级

当前，移动通信网络已发展到第四代，2G、3G、4G 网络互相补充，基本实现了大部分区域的无缝切换。随着移动运营商对偏远地区覆盖工程建设的继续开展和城市的深度覆盖，原有通信信号盲区较多的情况大大改善，网络信号覆盖质量大大提升，整体传输速度更快，传输质量更加稳定。第四代移动通信网是集 3G 与 WLAN 于一体，较之前的通信技术具有无可比拟的优越性。其传输速度更快，支持用户以高达 100Mbps 的速度进行数据下载，基本能够满足用户图文、声音、视频等所有无线应用服务的需求。虽然在很多区域，用户实际下载速度还达不到运营商广告宣传的数据下载速率，但整个网络是在快速优化发展中。同时，三大运营商在资费方面的竞争也促成整个资费标准的逐年下降。以半年包 1G 国内流量资费标准为例，中国联通 4G 流量半年包 1G 国内流量，6 个月有效期，资费标准为 100 元，并可享受八折优惠。中国电信 4G 流量半年包 1G 国内流量，6 个月有效期，资费标准为 120 元。中国移动则推出 4G 流量半年包 900M 国内流量，6 个月有效期，资费标准为 120 元，3G 国内流量，6 个月有效期，资费标准为 180 元。三大运营商在此基础上还不断推出各类打折优惠的市场活动。中国移动、中国电信、中国联通的月包 1G 流量，资费标准均为 50 元。当前的资费标准较之以前，已有大幅下降。

随着 Wi-Fi 无线互联网信息的快速普及，当前很多省市已经全面覆盖了 Wi-Fi 信号，城市里各类商场、超市、饭店、学校、酒店也都铺设了 Wi-Fi 信号，

▶ **媒体融合**

而 Wi-Fi 信号在很多区域免费提供，或者以较便宜的资费标准提供服务（如大量高校，1G 流量资费标准为 1 元人民币）。大量安装了宽带的家庭也都通过无线路由器实现了家庭 Wi-Fi 的覆盖。无需额外支付或只支付极低的流量费用，逐渐让 Wi-Fi 成为移动人群上网的首选，在没有 Wi-Fi 覆盖的区域，人们大多倾向于直接使用移动数据上网。总体来讲，网络的不断升级优化，让手机媒体的上网活动门槛越来越低，使用越来越便捷。

与此同时，随着芯片、电池与存储技术的发展，手机的终端性能也大幅提升。进入 4G 时代，手机媒体已经不单单是通讯工具，手机媒体已能够完成报纸、广播、电视、电脑、游戏机、MP4 等一系列硬件设备所能够为用户提供的服务功能。手机媒体的处理器性能更好，处理速度更快，更加智能化，具有更好的开放性和兼容性，语音、图形、图像乃至视频的编辑、传输都能够轻松处理。智能手机自进入大众消费领域以来，2009 年是用户购买的相对集中期，智能手机从 2009 年开始逐渐走向普及。2010 年一组来自互联网消费调研中心的数据显示，智能手机用户对智能手机最不满意的方面，先后分别为：电池续航能力不足、运行速度慢、价格偏高、屏幕小、兼容性不好、操作不够便捷、手机内置功能少等。

经过不到十年的发展，尤其是以苹果、三星为代表的智能手机迅速占据智能手机市场。苹果公司的乔布斯在最初触屏手机创意的基础上，取百家之长，加入了苹果独有的体验，重新定义了触屏手机，迅速成为行业领头羊，成为众多手机厂商学习的榜样。国产手机中，华为、小米、OPPO、vivo 在市场上也进步十分明显。尤其以华为为代表的国产手机迅速崛起，市场调研机构 Counterpoint Research 公布的 2016 年 5 月份国内智能手机销量数据显示，5 月份苹果公司 iPhone 在中国市场占有率为 10.8%，同比下降 1.2%，位居第五，三星则已被挤出前五名。目前中国前四大智能手机制造商分别是本土品牌华为、vivo、OPPO 及小米，总份额为 53%，其中华为市场占有率已扩大至 17.3%，再次位居第一。占有率的迅速崛起，是性能提升与性价比高最直接的市场反映。总体来讲，手机终端的性能整体呈现快速升级优化之势。大部分智能手机存在的不足已经得到了较好的解决。当前智能手机操作更加便捷、运行速度更快、系统更加开放、屏幕更大、界面更友好、兼容性更好，用户可以根据自己的喜好，随意安装各类应用服务 App。

网络和手机媒体终端硬件的升级,让实时交互形式更丰富、速度更便捷。而大数据、云计算、云存储技术的快速发展,也为手机媒体的智能化、个性化服务提供了更好的技术保障。借助于用户数据采集和数据分析、挖掘,手机媒体的服务对象更具指向性,服务效率更高。手机淘宝的搜索服务面向不同用户"千人千面",其电商服务更加个性化,广告推介更加精准地面向目标用户,正是依赖于大数据、云计算等技术的不断创新与发展。

手机媒体是信息传播的载体,是一种传播媒介,更是一种全方位服务于用户工作、学习、生活、娱乐的工具。手机媒体已经串起了一个行业跨度最大、覆盖领域更广的新型产业链条,在这个链条中,硬件、网络、用户、应用服务、市场更在空前快速地蓬勃发展。

第四章　手机媒体发展中存在的问题

手机媒体的各种 App 应用服务已逐渐渗透到人们的衣食住行各个层面，为人们的日常学习、工作和生活带来许多便捷。然而，繁荣与美好的背后，手机媒体也引发了各种问题，并开始成为严重影响手机媒体生态环境乃至整个社会健康发展的重要因素。

第一节　虚假、不良信息猖獗

手机媒体传播活动的门槛较低，每个手机持有者都可以作为传播者，随时随地发布信息，信息内容的好坏、优劣，取决于传播者的知识、素养与道德水平。当前，政府对于手机生态环境的管控机制和管控措施存在较为严重的滞后性。通过手机媒体传播的各种谣言和色情、迷信、恶俗信息泛滥，各种"网络孤独""网络焦虑"等心理问题和社会负面信息的传播活动日益严重，严重影响手机媒体信息接收者的身心健康，腐蚀人们的精神世界，对这类不良信息的传播活动缺乏有力有效的约束。

此外，各种非法、欺诈性商业活动缺乏监管，网络炒作手法新颖、层出不穷。政府的管控往往是事后堵漏模式，管控方法被动，效率低下，效果不尽人意。虽然相关部门为维护国家安全、社会稳定和群众利益，对网络传播活动中的敏感词进行过滤管控，但各种虚假、不良信息传播活动依旧十分猖獗。利用手机媒体开展诈骗活动、传播谣言、危害人们身心健康和影响社会团结稳定的案例不胜枚举，形式可谓多种多样、层出不穷。从电视栏目"中奖"信息、到银行汇款提示，从色情、暴力文字短信的传播，到利用社交 App 进行图片、视频的传播……一轮又一轮的虚假、不良信息严重影响人们的正常生活。

第二节　垃圾、噪音信息泛滥

商品经济的发展促进了城市与社会的繁荣，企业利用手机媒体这种新型传播媒介开展市场活动，推广商品与服务本无可厚非，但形形色色的垃圾广告短信泛滥成灾，无孔不入，严重侵犯了个人的私人生活空间。笔者身处北京，每天手机都能收到十条以上垃圾短信，通常是开发票服务的短信，各类电商平台、商户的市场活动信息。用户手机一旦联网，将收到多达数十条各手机应用 App 强制推送的产品、服务信息。手机媒体的用户，时时刻刻都处于一种被骚扰的状态，除非关闭手机或关闭手机的通信和网络功能。

随着微博、微信等手机社交应用 App 的快速普及，用户通过人际间或强或弱的信任感，不断关注各种社交平台的公众号，关注同事朋友、名人大 V 的微博、微信，加入各种强关系圈子、弱关系圈子、讨论组，进行情感交流、知识学习甚至工作沟通。随着时间的不断累积，信息量越来越大，话题范围越来越广，有用的信息也越来越少，大量信息对用户来说，逐渐沦为"噪音"一样的存在。近年来随着微商的发展，以微信为代表的社交媒体平台上，朋友圈发布的信息中，大量充斥着产品推销、海外代购等各类广告信息，鱼龙混杂，真假难辨。即便广告内容真实，对众多用户来说，也常常成为垃圾、骚扰信息。据艾瑞咨询公司 2015 年 1 月 27 日发布的《微信朋友圈用户广告感知调查报告》显示，有 66.2% 的受访用户每天都能接收到至少 1 条朋友圈亲友的广告推送，每天接收到的广告超过 4 条的有 25%。"我要调查网"发布的 2016 年《微信朋友圈用户广告感知调查报告》显示，四成以上的用户已经在朋友圈看到微信官方直接推送的广告，比例高达 42.5%。四成以上的用户表示绝对不能接受，比例高达 46.6%。亲友在朋友圈推送的广告是朋友圈用户最常接触的广告形式，比例占 58.51%。除了少数用户对广告取一种接受或者无所谓的态度外，大量用户对朋友圈充斥的广告十分反感。在微信用户最讨厌的广告中，40.01% 的用户表示"最讨厌广告出现频率高"，30.64% 的用户表示"讨厌出现的广告内容与自己无关"，16.30% 的用户表示"讨厌出现的广告内容低俗"，10.42% 的用户表示"讨厌无法投诉虚假广告"，2.13% 的用户表示"讨厌广告展现方式不吸引人"。总体来讲，这类骚扰信息不仅给用户带来流量方面的经济损失，而且也对广大用户的日常生活产生了或多或少的干扰。

媒体融合

第三节　信息安全遭受威胁

目前，智能手机的操作系统以安卓和苹果的 iOS 系统为主，安卓系统是一种开源的系统，其市场占有率接近 80%，任何终端厂商都能够对这一系统进行修改，因而不同技术水平的厂商，其生产的手机操作系统安全级别不同。一些黑客利用手机芯片系统程序的缺陷、漏洞，开发病毒代码对用户手机、企业的服务器系统进行攻击，通过恶意代码盗取用户信息、篡改系统文件，对用户的信息安全构成严重威胁。部分黑客通过后门程序窃取用户的账户密码，严重危害用户的财产安全。除恶意攻击之外，App 安装及应用过程中，通常会强制获取用户信息、地理位置，读取摄像头、存储卡的文件等，这也给用户信息安全带来了巨大的隐患。不同的 App 服务平台，其用户信息安全的保护意识和抵制外部恶意攻击的能力不尽相同，用户的信息安全难以得到有效保障。某全球知名的求职社交网站就曾于 2012 年被黑客窃取 600 万用户密码。今年山东临沂刚刚考上南京邮电大学的 18 岁女大学生徐玉玉，在入学前夕被诈骗电话骗走学费 9900 元，伤心欲绝导致心脏骤停。时隔不久，一位清华大学的教授被骗走刚刚出售房子的全额房款 1760 万元。相比徐玉玉的涉世未深，清华大学教授理应更有社会经验，但骗子精准地掌握了他的房产交易网签合同编号、各类交易细节，让他很难想到自己的这些隐私数据如此快、如此全面地遭到泄露。

此外，少数企业为了获得更大的商业利益，甚至不惜非法买卖用户个人数据信息，严重危害用户的信息安全。在 18 岁女生徐玉玉被骗光学费昏倒猝死事件之后，南方都市报记者通过调查发现，个人信息数据泄露现象颇为严重，在互联网上个人信息被非法交易也呈现空前火爆的态势。大学生成为主要受害群体之一。除了助学金信息，姓名、电话、地址、银行卡号、医疗信息等都存在公开贩卖的现象，根据信息质量高低要价在每条 0.1 元至 5 元不等。更有 1 万条数据报价 2800 元，数据包含学生信息、电话、家长信息、家庭地址等，还声称"数据源于指定学校的数据库，而不是从网站上抓取的数据，保证质量没问题"。大数据时代，用户面临的个人信息安全威胁的严重程度由此可见一斑。这些信息泄露并非完全源于手机媒体，但在移动互联的大环境下，手机媒体难以独善其身，且手机媒体已成为各类诈骗行为的重要工具手段。

手机媒体可能引发的信息安全问题不仅包括用户信息安全，更包含着企业、行业，乃至国家的信息安全。近年来，各种利用手机监听、窃取商业信息，甚至危害国家安全的事件时有发生，这都是手机媒体亟待解决的紧迫问题。

第四节　个人隐私受侵犯严重

手机媒体打破了公共领域和私人领域的界限。手机媒体引发的对个人隐私侵犯的问题，通常表现为几个方面。

（一）手机偷拍

当前绝大部分手机都具备录音、拍照、录像及上网功能，这些功能在方便用户使用的同时，也为他人的隐私权的保护埋下了隐患。手机偷拍是一种非常典型的侵犯他人隐私的社会现象，名人、明星遭偷拍的现象十分普遍，无论有意无意，无论是否有商业目的，其行为已严重影响到他人的隐私权。一些用户甚至在未经许可的情况下，通过手机上网功能随意公开传播他人的照片、视频，这会直接侵犯他人的肖像权、名誉权等。

（二）信息泄露

任何形式下未经许可将他人手机号、个人家庭成员资料、行踪等信息泄露的行为都会侵犯他人隐私。这种情况不仅会发生在道德与隐私保护意识淡薄的个人身上，也常常发生在用户隐私保护意识淡薄的企业、社会组织那里。由于意识的淡薄，无意或有意泄露用户信息尤其是隐私信息，必然导向对用户隐私权的侵犯。同样，当信息安全遭遇威胁时，个人的隐私也首当其冲，成为受害对象。

（三）病毒侵袭

手机病毒严重威胁着用户的信息安全。部分黑客利用钓鱼网站、木马、恶意 App 等手段窃取用户信息。有些手机病毒以破坏手机正常使用为目的，侵占手机内存，篡改系统设置，较少涉及侵犯隐私，而有些手机病毒则以窃取用户私人数据、信息为目的。有些黑客甚至使用一种"撞库"的技术，利用已获取的用户名、密码信息，尝试登陆新的其他网站，窃取用户数据，这些都严重侵犯了个人隐私。

（四）人肉搜索

人肉搜索通常是借助于网络论坛发出相关资料，号召网民查找出各种相关详细信息。手机媒体与互联网结合后，利用手机媒体开展人肉搜索更加便捷，然而从法律上讲，人肉搜索在一定程度上是违法的行为。《最高人民法院关于审理利用信息网络侵害人身权益民事纠纷案件适用法律若干问题的规定》第十二条规定，网络用户或者网络服务提供者利用网络公开自然人基因信息、病历资料、健康检查资料、犯罪记录、家庭住址、私人活动等个人隐私和其他个人信息，造成他人受到损害，被侵权人请求其承担侵权责任的，人民法院应予支持。

当前各类侵犯个人隐私的现象屡见不鲜，而又没有有效的治理措施和办法出台，这种现状亟待改善。

第五节　盲目扩张同质严重

当前手机媒体的 App 应用种类繁多、同质化严重，整体呈现出一种盲目扩张的态势。

一方面，手机媒体领域的知识产权保护机制尚不完善，很多 App 应用缺乏独创性的规划与产品研发，简单地复制、模仿、抄袭同类产品的设计、服务和商业模式，产品之间恶性竞争日益严重。如手机直播类 App，YY 算是比较早期的直播 App 产品了，随后斗鱼、映客、熊猫 TV、花椒、虎牙、美拍、战旗、秒拍、龙珠、陌陌、章鱼等蜂拥上阵，这还只是手机直播 App 市场上相对较为主流的 App，更多的新生直播 App 也在不断涌现并抢占市场。打开苹果手机的 App Store，以"直播"为关键词进行搜索，就会看见诸如制服直播、热舞直播、91 直播、烈火、水晶直播、甜心直播、辣椒嫩模直播、丁丁直播等不计其数的直播 App。大多是泛娱乐直播，这些服务门槛极低，主要模式是依靠主播视频聊天，吸引用户观看并通过平台充值，实现向主播献花、送礼物等互动。绝大部分直播 App 都是以这种模式提供服务，不同的是有些平台获得的投资多，有的获得的投资少，有的吸引了明星参与，噱头更劲，有些逐渐转变成在引导用户观看直播的同时，进行在线购物，为企业电商引流。

另一方面，相对于面向电脑端提供的互联网服务，很多手机端 App 只是对互联网版本的内容、产品、服务与商业模式进行简单的平移，缺乏针对手机端应用的创新思维，具有较强的可替代性。除了移动便携，手机媒体与电脑上网相比，由于屏幕尺寸、单屏幕显示信息容量、反应速度、联网速度等，常常不如电脑对信息呈现得全面、细致，难以彰显手机媒体的特色和优势。

此外，内容方面的同质化更加严重。手机媒体提供的内容，尤其视频类 App 提供的内容服务，基本是互联网、电视台等传统内容的简单平移。手机媒体的内容生产领域创新力不足。目前，针对手机视频 App 独播的内容基本没有，大多数视频内容主要来源于各级电视台和视频网站。无论是电视台提供的手机 App 视频服务，还是互联网提供的视频 App，又或者移动运营商提供的诸如咪咕视讯等视频 App 服务，内容大都来自电视台、互联网站和传统的内容制作方、发行方。一部作品，多渠道投放非常普遍。多渠道投放必然导致内容的严重同质化。加之目前手机视频 App 产品没有很好的商业模式，能吸引个性化、异质化的能力就更差。

目前各种 App 应用虽然品种繁多，但商业模式清晰、市场运转良好的 App 占比非常小，很多 App 的发展还处于市场发展与推广初期的"烧钱"阶段，资本注入互联网行业为各类 App 应用带来了一定活力，但商业模式的模糊不清，靠免费吸引眼球，注定其缺乏长远的、前瞻性的市场规划，只能陷入盲目无序的竞争，后续发展难以为继。

第六节　有力监管实施困难

手机媒体监管困难。一方面，由于手机用户数海量，信息量更是数以亿计，对于这样一个体量的手机媒体用户行为进行监管，难度之大可想而知；另一方面，由于手机媒体的用户和传播行为具有一定的隐秘性，增加了监管的难度。手机实名制在 2010 年 9 月 1 日开始推行，但多年来仍然有大批手机并没有做到真正实名。2016 年 5 月，工信部发布《关于贯彻落实〈反恐怖主义法〉等法律规定　进一步做好电话用户真实身份信息登记工作的通知》，要求各基础电信企业确保在今年 12 月 31 日前全部电话用户实名率达到 95%

> 媒体融合

以上，2017年6月30日前全部电话用户100%完成实名登记。而2016年11月，工信部又印发《关于进一步防范和打击通讯信息诈骗工作的实施意见》，对实名制落实作出最后的时间限定，要求各基础电信企业对已经在网使用的行业卡实名登记情况重新核查，对未登记或登记信息错误的用户进行补登记，2016年底前实名率达到100%，比5月提出的实名制工作完成期限提前了6个月。这个时间上的提前量充分显示了监管层对实施实名登记的决心。但手机的实名制，只是监管工作的第一步，后续即将面临的各种问题和难度可想而知。

在无线互联网覆盖率越来越高的今天，用户可以利用无线网，通过社交类App应用简单进行实时通话、信息传播，完全可以绕开通信运营商的实名制开户过程，这进一步增加了监管的难度。部分从事非法信息传播活动的企业要求用户通过实名认证后，以会员的方式享受各类信息服务，这也增加了监管的难度。很多涉黄App应用，都在用户登陆后，推送黄色图片、视频，监管部门防不胜防。与此同时，我国对于手机媒体的监管自身还存在许多缺陷，如管理责任不够明晰、管理政策法规不够健全、管理力量整体薄弱、产权保护缺失等。

以上种种问题都制约了手机媒体的市场化健康发展，十分不利于手机媒体产业化良性发展的整个生态环境建设。

第五章　手机媒体未来发展趋势

手机媒体不再只是一种传播工具，它将成为人们与世界进行连接的最重要的媒介载体。未来，人们通过手机媒体与世界进行的连接，不仅仅是信息的传递，更是人类衣食住行等活动向社会的最大化延伸。借助于各类新技术，手机媒体将彻底颠覆人们传统的工作、学习、生活模式，推动人类生活向更加智能化的社会生活水平迈进。

第一节　融合最新技术

在人类历史发展的进程中，技术的每一次大发展，必然带来传播活动的颠覆性革命，新技术率先应用于传播活动领域，这是传播科技发展的必然趋势。未来，手机媒体将在现有通信、支付等功能技术上，融合更多最新的技术，在不断升级、完善硬件性能的同时，实现更高水平的应用服务品质。

首先，从外观展示、电池续航、快充技术、处理器及手机容量等方面进一步提升手机性能。未来的手机媒体硬件更加美观、便携，电池不再成为瓶颈，续航时长更久。语言文字输入不再是门槛，先进的语音识别技术，将打破语言输入法对部分人群产生的知识技能障碍。此外，随着多语音识别技术的成熟与完善，借助手机媒体的跨语言、跨文化传播将趋向便捷、容易。

其次，人工智能也将被纳入到手机媒体的技术应用中。融合智能化语音、图像识别技术、指纹、虹膜等生物技术，智能机器人与自然语言处理等新技术，手机媒体的智能化应用领域和应用水平将大大提升。伴随生物技术与信息技术的融合应用，未来手机媒体的安全性将更加可靠。

再次，VR、AR已逐渐成为一种新的技术潮流，未来的手机媒体将融合

媒体融合

虚拟现实技术，为用户提供包括 VR、AR 在内的新型视听感官服务。目前，已经有部分儿童玩具，借助于手机媒体，将动画与虚拟场景融为一体，呈现出非常逼真的立体动画效果。未来，这种收视体验更好的应用必然与手机媒体这一普遍标配媒介实现更完美的融合。

最后，借助于大数据、人工智能与物联网技术，手机物联网应用将成为现实。物联网是在互联网基础上，通过射频识别、红外感应器、全球定位系统、激光扫描器等信息传感设备，按约定的协议，将任何物品与互联网相连接，进行信息交换和通讯，以实现智能化识别、定位、追踪、监控和管理的一种网络技术。未来，手机媒体将成为物联网的基础入口，或者说唯一的物联连接载体。或许这一载体的名称不一定为手机媒体，但一定是一种高度便携、兼容性强、功能多元的媒介，借助它，人们可以自由操控现实生活和虚拟生活的方方面面。

第二节　安全性能增强

2016 年中国新媒体蓝皮书之《个人信息安全与隐私保护研究报告》中的一项调查显示，近四成受访人群反对大数据应用，其主要原因是信息安全与用户隐私保护问题。手机媒体的安全性被提到了非常重要的位置。可想而知，信息安全问题一定是手机媒体相关行业未来重点关注的问题。在此驱动下，未来手机媒体的安全性能必将得到大幅提升，人们也会更加倾向于安全性更强的终端设备和 App 应用。

未来手机媒体安全性的增强，驱动力主要来自两个方面：经济层面和政策层面。经济层面，一方面依靠诸如生物唯一识别等先进的技术应用，实现信息的个性化、私密化的保护；另一方便，则依靠相关企业、全体用户的安全意识增强。只有提供服务的企业提高用户安全意识，才能从系统安全防护、用户信息保护等方面提高服务的水平。只有用户安全意识增强，才能在推动企业加强安全性防护的同时，避免因个人知识水平与素养缺失，给自身带来各种信息安全损失。

政策层面，随着互联网对全行业的颠覆，未来相关管理政策的制定与实施将更加符合互联网、移动互联网的发展特性，符合现代化、智能化、人性化的时代特征，相关监管政策将摆脱当前的时代滞后性，趋向于更加合理、科学、高效。

第三节　用户继续增长

由于手机媒体硬件性能更加完善，未来手机的市场增长速度会进一步放缓，但不会影响用户稳步增长的总体趋势。当前，中国的手机网民数量已高达6亿，仍有大批的手机用户只是利用手机的基本语音通信服务，尚未使用手机的移动互联网媒体功能。这类用户主要是年龄较大、对智能手机的使用技能水平低、接受能力较差的老年人和文化水平较低的人群，以智能化语音识别等为代表的新技术，将大大降低智能手机的使用门槛，为这些人群加入手机媒体的多种应用提供可能。与此同时，新生代从小接触各类电子产品，他们将随着成长自然地加入到手机媒体用户这一行列。因此，未来基于移动互联网的手机媒体的用户总量将继续保持增长态势。不同用户对于手机媒体应用的层次和水平不尽相同。

未来手机媒体的用户增长趋势，还将表现为优质App应用的用户规模的持续、有效增长。用户对手机媒体的应用，一面是数量少呈现百花齐放之势，一面是在应用水平上，呈现出精品深耕之态。

第四节　应用更加全面

手机媒体的各类应用，将在当前多元化的基础上发展得更为全面，无缝接驳人们日常学习、工作、生活中的各种需求。

经过当前的激烈竞争，App市场必然经历一次产品联合与分化，资本市场对互联网应用领域的投资行为将更加趋于理性，未来基于手机媒体的App应用竞争将更加有序。不同于当前App应用呈现的资本化、寡头化和爆发性发展现状，未来的App将更加注重产品和服务的品质。

> 媒体融合

随着技术的不断更新完善和市场逐渐趋向理性，未来针对手机媒体的App应用数量和种类将更加多元，功能将更加丰富，全面覆盖各个应用领域。

第五节　服务更加人性化

在人类社会的任何一个发展阶段，传播媒介都是围绕"人"的活动来展开服务的，移动互联网时代，手机媒体也不例外。

手机媒体的服务对象是人，人性化服务，是手机媒体作为媒介应用的终极追求。人性化就是以人为本，在手机媒体应用服务的设计理念中，必须尊重人的生理、情感和心理诉求。就是充分了解传播受众的真实需求，为用户提供优质的服务。移动互联网时代，用户的需求越来越多元，服务的人性化，更多地表现为个性化，即对不同个体不同需求的不同程度满足。"今日头条"的精准化信息服务能够取得今日的成功，正是因为其将应用服务回归用户之本心，依靠数据分析和精准推送，使服务更加人性化、个性化。未来手机媒体的服务更加人性化，还表现为对用户个人权益的尊重，对用户隐私权的合理有效保护。

第六章　推动我国手机媒体进一步发展的对策建议

我国手机媒体用户整体规模大，覆盖范围广，社会影响力大。作为一种快速发展的新兴媒体，手机媒体在当前发展中也存在着不可避免的问题与弊端，相关管理制度、法规不健全，行业性监督与自律的缺失等，都非常不利于手机媒体的健康发展。在此，笔者认为，必须从以下几个方面着手，科学、适当地监管，为手机媒体的进一步良性发展提供合理的应对之策，为手机媒体的健康发展提供规范、有序的传播秩序和社会秩序。

第一节　完善政策法规体系

我国还没有针对手机媒体正式发布的政策法规和管理条文。加强手机媒体的政策法规监管，首先要根据手机媒体的发展现状和传播特性，尽快建立起相关政策和法规体系，规范应用主体、应用领域、应用内容和应用范围。

手机媒体应用领域广泛，横跨教育、生活、金融、文化等各个领域，单以手机淘宝应用为例，其作为一项手机购物应用，基本涵盖了人类物质文化消费的各个方面，对其制定的管控措施必然涉及到不同的行业监管部门，因而在政策法规制定与监管工作实施的过程中，必须根据实际情况，多部门联合管控，并强化权责意识，做到管理有据、管理有序。

完善政策法规体系，还表现为政策法规的与时俱进。当前以手机媒体为代表的新媒体在发展中出现各种乱象，一方面是由于相关管理政策法规的缺失，另一方面则是由于已有的相关政策法规严重滞后。政策法规的制定必须结合时代发展特点，全面与时俱进，条款的制定应当广泛结合行业实践的经验，实现一定的预见性。突发性情况即便不能做到充分的预见性，也应根据实际情况，做到尽快尽早地完善。此外，还应避免因不确定性导致政策法规的迟迟不推出、不执行，这就对相关部门的管理能力和水平提出了更高的要求。

第二节 加强政府管控力度

加强手机媒体的监管，要切实加强对其管控的力度。目前，政府及相关部门对新媒体的管控还主要集中于基于 PC 的互联网，对手机媒体的管控重视与关注不够，投入较少。很多手机媒体的服务尚未纳入到政府相关部门的管控范围内。因此，对于手机媒体这个政策监管的媒介真空地带，政府及相关部门必须加大先进技术的研发投入，加大人力、财力以及其他相关资源的投入，用政策法规手段与技术手段双管齐下，合理管理，有效管理。

明确管理监督主体。要明晰手机媒体的管控责权主体单位和管控的责权范畴，实现手机媒体在参与社会实践的过程中，有主管部门可咨询和实施管理，避免交叉行业的部门间互相推诿，避免管理的真空地带出现。比如手机医药类 App，就可能需要卫生部门监管相关资质、药品质量，广电部门监管发布的内容是否符合信息传播的基本要求，工商部门监管该 App 上是否有违规广告等，新媒体的出现带来新经济的发展，也为政策监管提出了无数复杂、困难的管理课题，这是政府监管部门必须面对和解决的问题。

创新信用管理方式。加强手机媒体的监管，还应当适应手机媒体的传播特点和发展趋势，创新管理手段和管理办法。手机媒体拥有数亿的用户规模，每天海量信息同步传播，一一监管难度很大且效率低下。因此，政府在对其实行管控的时候，用传统的、中心化的管理办法必然效率低下，还容易引发各种各样的网络舆情问题。因而，应当采取与去中心化传播手段相适应的管理手段，对其进行适当管理和约束。

近年来，淘宝、滴滴快车等互联网产品的运营经验给予我们一项重要启示，那就是信用评价体系的建立。作为一种去中心化的互联网产品，淘宝、滴滴在接入服务的买卖双方时，基本做到了最大程度的开放性，通过开放吸纳大量的店主、买家、司机、乘客加入到产品、服务的买卖中，而信用积分，则是一种有效的手段，监督双方在履行一定规则的前提下开展市场行为评分这一信用机制，有效地约束了参与者的行为。

在手机媒体的政府管控方面，可充分利用大数据技术，建立一套信用机制，通过手机媒体的网络行为数据，为手机媒体的各类参与者建立信用评分，并将该信用评分以公开的方式呈现和监督，以此来实现有效的行为监控。这将大大减少借助手机媒体进行的各类谣言传播、诈骗活动的发生率。此外，信用评分还可以与国家整体信用体系结合起来，对社会成员的各种行为，在个人基本道德和社会公德方面，形成有效的监督和约束。

推进行业多重监督。加强手机媒体的监管，还应积极依靠行业的监督力量，实现行业性自律。手机媒体服务领域横跨众多行业，单将手机媒体的传播活动分割成内容、产品、网络去监管都不够科学、合理，因此，应当借助相关传统行业的监管政策，实现传媒领域与应用行业的多重监管。因而，既要从通信、互联网服务行业的角度加强对其的行业性管控，也要从内容传播的视角对其进行监管，还应根据手机媒体提供的产品、服务所属传统行业类别，利用相关传统行业的管理经验，加强对其在新媒体领域实践活动的监督和管理。

推行行业的多重监督，还应根据实际情况，特别重视不同行业、领域知识产权的保护措施与力度，营造健康的新型产业生态环境。

第三节　加强企业行业自律

在商业利益驱动下，一些企业推出的手机应用，其盈利手段游走于灰色地带，缺乏对用户需求的合理考量，常常泄露用户隐私，侵害用户权益。这种侵害行为大都发生在为用户提供应用服务的企业内部，有的是企业整体用户服务意识和法律意识淡薄，直接导向企业性违规行为，有的是个别技术、运营、管理人员用户服务意识与法律意识淡薄，导向个人违法违规行为。

加强企业行业自律，还应当用道德标准约束企业的商业行为。部分企业以商业模式属于企业商业机密为由，表面说一套，实际做另一套。商业模式中夹杂各种对用户的欺诈行为，如游走在电信运营商周围的"渠道商"，将"刷量"这一灰色做法作为盈利的主要手段。这些方式游离于合法与非法边缘，如果相关企业、行业内部不能自律与自我约束，其他行业和用户是很难了解真实情况的。这种状况亟待整治。

因此，手机媒体作为人们的虚拟生存空间，应当像现实社会一样，建立一套伦理道德体系，通过道德自律和情感约束，实现手机媒体的健康、有序发展。

第四节　强化用户自强自律

用户是手机媒体的使用者，在使用手机媒体的过程中，用户应该自强自律。自强，是用户在个人信息安全保护方面，应当积极运用新的信息技术知识武装自己，保护自己。手机是人的延伸，用户在借助手机媒体连接世界时，首先应保障自身的信息安全和生命财产安全，积极提高自身信息安全意识，对可能存在的信息安全隐患提高警惕，防患于未然。积极抵制、打击各种损害人们信息安全和利益的恶劣行为，保护网络世界的健康有序发展。

自律，是用户通过手机媒体进行各类社会活动时，应当守住社会公德和个人道德底线，在信息传播、发布时，用一种负责任的媒体主人翁态度，对不良信息内容进行鉴别，不盲目跟风，不参与各类谣言的传播活动，共同为整治当前移动互联信息传播的乱象出一份力。

随着新技术的应用与发展，手机媒体必将给我们的社会生活和实践带来更多的便利，只有科学应用，健康管理，才能扬长补短，趋利避害，才能真正做到以人为本，让手机媒体真正良性、有序地服务于我们的工作和生活。

（本文为中央级公益性科研院所基本科研业务费专项资金资助项目"我国手机媒体发展现状与趋势研究"成果，课题组组长杨驰原，成员匡文波、童文杰、杨春兰、高方、冉然、左志新、鲁艳敏、杜静菊。由匡文波、童文杰执笔。）